사진과 일러스트 보면서 따라하는

개정증보판

퀼트선물 만들기

퀼트사랑
Handmade 배움터

Contents

Let's Make

Basic Information

Photo Index

01.딸기 키링 & 머리방울 ⇒ 8p

02.곱창밴드 ⇒ 12p

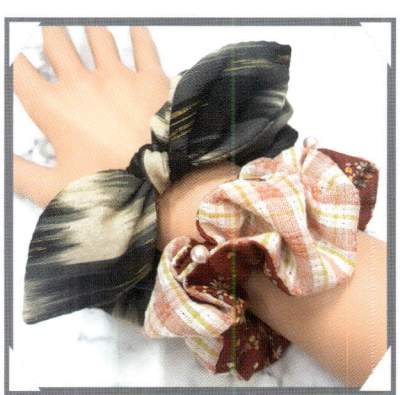

02.응용: 투톤 곱창밴드 ⇒ 14p
리본장식 헤어 악세사리 ⇒ 15p

03.장미 코사지 & 머리끈 ⇒ 20p
응용: 장미 스마트톡 ⇒ 21p

04.장미 머리핀 ⇒ 22p

05.메시지 책갈피 ⇒ 24p

05.응용: 자수 책갈피 ⇒ 27p

06.모노톤 수면안대 ⇒ 28p

06.하트 수면안대 ⇒ 28p

Let's Make

만드는 방법

01. 딸기 키링 & 머리방울

탱글탱글 먹음직스러운 딸기~

자투리 천으로 만들 수 있고 난이도도 쉽지만
활용도 만큼은 무궁무진한 매력적인 아이템이에요.

키링으로 머리방울로
밋밋한 가방에 대롱대롱 매달아도 멋지고요.
바구니 한가득 담아 장식해도 좋아요~~

♥ 필요한 재료
공통 : 조각 2종‥검정 씨드비즈‥방울솜
키링 : 고리용 끈(민세사)‥키링장식, 머리방울 : 고무줄

♥ 완성크기
대 : 3 x 4cm , 중 : 2.7 x 3.7cm , 소: 2.4 x 3.4cm (고리 제외)

실물본 A면

1,열매 만들기

배치방법

안

0.5cm

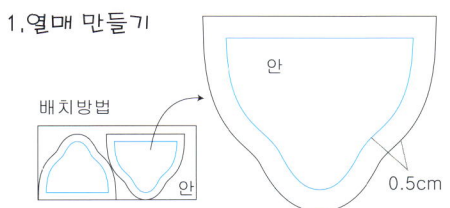

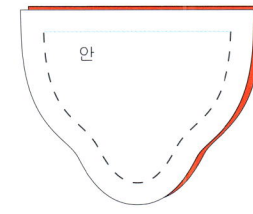

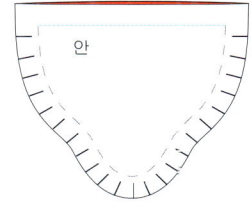

① 열매용 천을 2장 재단한다. 천 안쪽에 그리고
시접은 0.5cm 따로 둔다.

② 겉끼리 마주 보게 포개어 핀을 꽂은 후
곡선 부분을 꿰맨다.

③ 곡선 부분에 가윗집을 준 후
겉으로 뒤집는다.

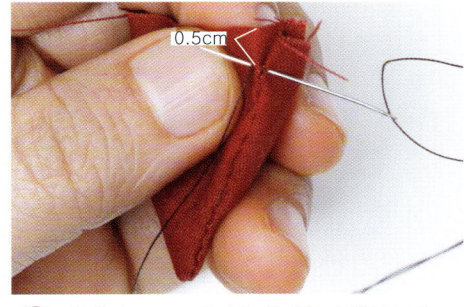
0.5cm

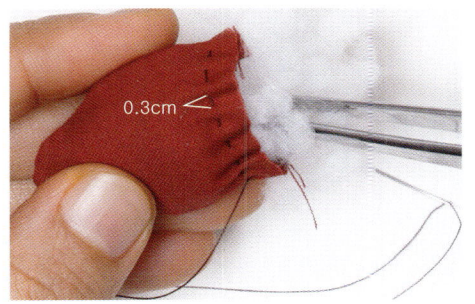
0.3cm

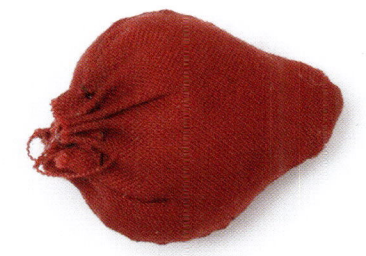

④ 끝에서 0.5cm 내려온 둘레를 홈질하는데
처음 시작 부분은 꼭 되박음질해준다.

⑤ 0.3cm 땀으로 홈질한 후 마무리하지 않고
실을 그대로 둔 후 방울솜을 채운다.

⑥ 홈질한 실을 당겨 고정한다.
=> 열매 완성

2,고리 만들기

딸기 한개로 만들 때 :
줄을 8~9cm로 자른 후 두 줄을 모아 고리가 1.7cm되게 매듭짓는다.

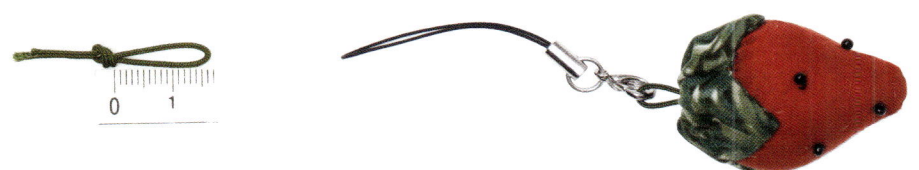

줄 길이를 다양하게 하여
딸기 다발을 만들어도 좋아요~

딸기 두개로 만들 때 :

키링용 :

줄을 16cm로 자른다.
끝에서 각각 0.5cm 띄운 곳에
매듭이 생기도록 양 끝을
각각 묶는다.
0.5cm
0.5cm

머리방울용 :

고무줄을 20cm로 두 줄 자른다.
끝에서 각각 0.5cm 띄운 곳에
매듭이 생기도록 양 끝을
각각 묶는다.

3. 꼭지 만들기

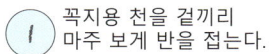

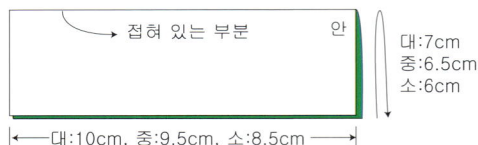

접혀 있는 부분　안
대:7cm
중:6.5cm
소:6cm

├── 대:10cm, 중:9.5cm, 소:8.5cm ──┤

① 꼭지용 천을 겉끼리 마주 보게 반을 접는다.

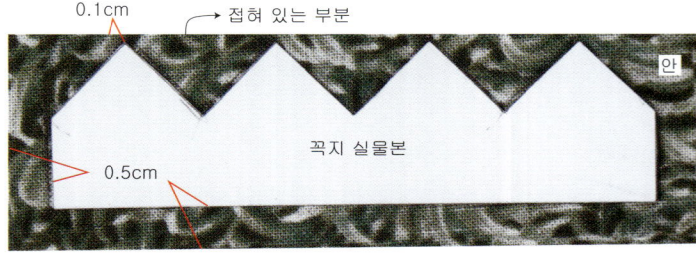

0.1cm　→ 접혀 있는 부분
0.5cm
꼭지 실물본
안

② 접혀 있는 곳에서 0.1cm 내려온 곳에 뾰족한 곳을 맞춰 놓는다. 본을 그린 후 옆과 아래에 시접 0.5cm를 남겨두고 자른다.

안

③ 산 모양으로 된 부분을 꿰맨다.

④ 사진처럼 정리한다. 쏙 들어간 중심(빨강선으로 표시된 곳)엔 가윗집을 준다.

겉
겉

⑤ 아랫부분 천 한 겹을 겉이 보이게 위로 들춘다.

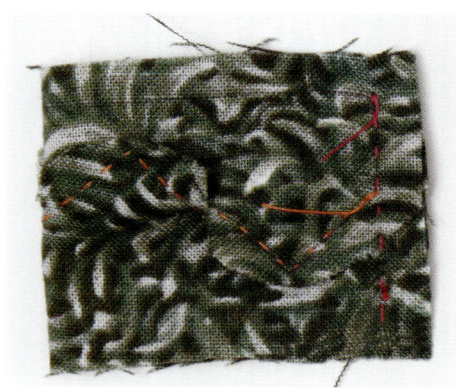

⑥ 겉끼리 마주 보게 반을 접어 옆을 꿰맨다. 산 모양 부분의 시접은 서로 엇갈리게 넘어가도록 한 후 꿰맨다.

⑦ 꿰맨 곳 시접을 사진처럼 서로 엇갈리게 넘긴다.

⑧ 가위를 이용해 산 모양 부분을 밀어 넣고 겉이 보이도록 윗부분을 접어 내린다.

⑨ 뾰족한 모양을 잘 빼주며 모양을 잡는다.

⑩ 모양을 잘 잡은 상태

0.5cm

⑪ 끝에서 0.5cm 내려온 둘레를 0.5cm 땀으로 홈질한다. 처음엔 꼭 되 박음질한다. 홈질 후 마무리하지 않고 실을 그냥 남겨 놓는다.

12 사진처럼 고리용 줄을 사이에 넣고 홈질한 실을 잡아당긴다.

13 실을 잡아당긴 후 시접 부분을 실르 여러 번 돌려 감아 풀어지지 않게 한다.

14 고리용 줄의 매듭이 시접 끝부분에 위치하도록 줄을 잡아당긴다.

15 매듭과 시접을 여러 번 통과해가며 고정시켜 줄이 빠지는 경우를 대비한다.

16 매듭이 속으로 들어가도록 젖힌다.
=> 꼭지 완성

17 열매와 꼭지를 포개 핀을 꽂은 후 공그르기 해서 연결한다.

4. 적당한 위치에 검정 씨드비즈를 꿰맨다.
   반대쪽 딸기도 크기를 달리하여
   같은 방법으로 만든다.

5. 키링고리에 끼우면 완성

1 키링고리 아래 구멍으로 줄을 통과시킨다.

2 사진처럼 뒤로 줄을 넘긴다.

3 잡아당겨 모양을 정리한다.

O2. 곱창밴드

간단하게 만드는 패션 아이템 !!

옷을 선물할 때 어울리는 천으로 만들어
함께 선물하면 너무 좋아요~~

♥ 필요한 재료
곱창밴드용 원단 10x54cm‥8mm 고무줄 20cm‥진주 2종(4mm, 6mm) 각 4개씩

♥ 완성크기
바깥원 지름 12cm

원단의 폭과 길이를 다양하게 사용해도 좋아요,

① 10 x 54cm(시접 포함)로 자른 원단의 안쪽에 0.7cm시접선과 창구멍 위치를 표시한다.

② 겉끼리 마주보게 반을 접은 후 윗선을 꿰맨다. 이 때 창구멍은 꿰매지 않는다.

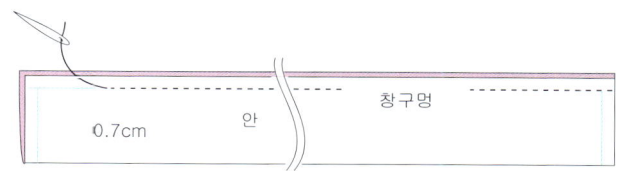

③ 옷핀을 창구멍에서 멀리 떨어진 끝 안쪽으로 넣어서 1cm가량 통과시켜 잠근다.

④ 옷핀을 안으로 밀어 넣고 왼손으로 지긋이 눌러 잡는다. 오른손으로는 주름을 펴가며 뒤집는다

⑤ 옷핀을 꽂은 쪽이 반대쪽 끝으로 살짝 나오게 뺀 후 옷핀은 제거한다-. (반만 뒤집은 상태)

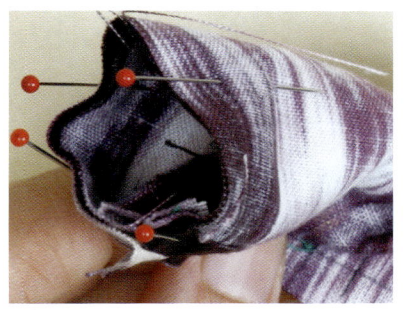

⑥ 옷핀을 꽂았던 끝과 반대쪽 끝을 잘 맞춰 핀을 꽂는다. (겉면끼리 마주 닿아 있는 상태가 되게 핀을 꽂는다)

⑦ 그려진 선 따라 빙 둘러 꿰맨다. 시접은 가름솔로 넘긴 후 꿰맨다.

⑧ 창구멍으로 잡아 빼내 겉이 보이게 뒤집어 모양을 정리해준다.

⑨ 둘레를 8등분 하는 곳에 각각 핀을 꽂아 표시한다. 등분 표시한 곳에 6mm 진주와 4mm 진주를 번갈아 가며 꿰매준다. 6mm 진주는 ② 에서 바느질한 곳에 꿰매고 4mm 진주는 띠 중앙 부분에 꿰매는데 뒷면이 꿰매지지 않도록 주의한다. 창구멍에 진주를 꿰매야 하는 경우가 생기면 맨 마지막 단계인 창구멍을 공그르기 한 후 꿰매도록 한다

⑩ 고무줄을 끼운다. 고무줄 한쪽에는 옷핀을 고정하고 반대쪽은 창구멍 근처에 핀을 꽂아 고정해놓는다. 옷핀을 끈 속으로 넣어 한 바퀴 통과시킨다.

⑪ 고무줄의 양 끝 부분을 1.5cm 포갠 후 감침해서 연결한다.

⑫ 고무줄은 시접이 없는 쪽이 중심이 되게 보내고 창구멍은 공그르기 한다.

 **투톤 곱창밴드**

두가지 원단을 사용해 만드는 것으로 진주를 꿰매는 것에 따라 약간씩 다른 느낌이 나는 곱창밴드~~

♥ **필요한 재료**

원단 2종 각 6.5 x 54cm
8mm 고무줄 20cm
진주 6mm 4개

① 6.5 x 54cm(시접 포함) 로 자른 원단 중 하나의 안쪽에는 0.7cm시접선과 창구멍 위치를 표시한다.

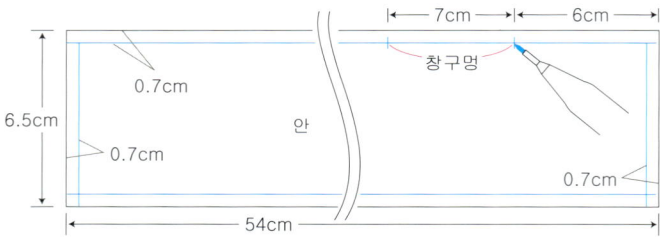

② 두장을 겉끼리 마주보게 포개어 핀을 꽂은 후 위와 아래를 각각 꿰매는데 이 때 창구멍은 꿰매지 않는다.

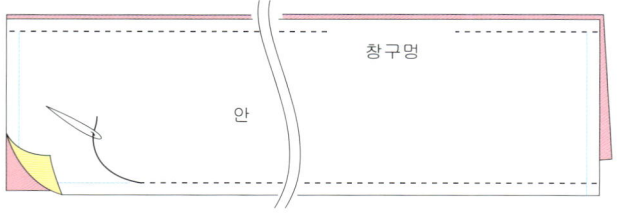

③ ~ ⑧ 앞장의 과정과 동일한 방법으로 꿰맨 후 겉으로 뒤집어 모양을 정리해준다.

⑨ 길게 반을 접고 둘레를 4등분 하는 곳에 각각 핀을 꽂아 표시한 후 각각 사진처럼 6mm 진주를 꿰매준다. 이때 어느쪽을 안으로 접히게 하느냐에 따라 두가지 다른 느낌으로 완성된다.

옅은 쪽이 안이 되게 진주를 꿰맨 모습

⑩ 같은 방법으로 고무줄을 끼우고 창구멍을 공그르기하여 완성한다.

리본장식 헤어 악세사리

자투리 천으로 리본을 만들어 밋밋한 헤어 악세사리에 묶어주기만 하면 멋지게 재탄생~~
머리띠, 고무줄, 곱창밴드, 핀 어디든 묶어만 주세요. 망가지면 리본은 풀어서 또 다른 곳에 사용할 수도 있어서 더 좋아요~

1cm폭 머리띠에
중간 리본을 묶어 준 것

앞에서 만든 곱창밴드에
큰 리본을 묶어 준 것

머리를 묶지 않을 때는
손목에 걸쳐주면
팔찌를 한듯한 효과~~

♥ 필요한 재료
밋밋한 헤어 악세사리 (고무줄, 곱창밴드, 헤어밴드, 핀 등)
원단 : 큰 리본 : 25 x 17cm , 중간 리본 : 22 x 15cm , 작은 리본 : 17 x12cm

♥ 완성크기
큰 리본 : 12 x 3.5cm , 중간 리본 : 12 x 3.5cm , 가는 리본 : 10 x 3cm   실물본 C면

참고 : 곱창밴드에는 큰 리본이나 중간 리본, 머리띠 고무줄 핀 등에는 중간 리본이나 작은 리본을 사용하되 취향에 따라 리본 크기는 자유로이 사용한다.
실물본을 확대 축소 복사해서 다양하게 응용해도 좋다.

① 리본 만들기(두건소녀의 두건 만들기랑 동일)

정바이어스 방향으로 배치해
두장 재단한다.

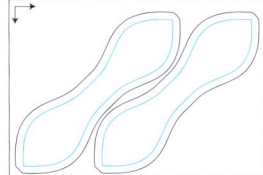

겉끼리 마주닿게 포갠 후
중앙에 2.5cm정도 창구멍을
남기고 꿰맨다.

창구멍(2.5cm)

코너와 곡선 부분(창구멍 제외)에
가윗집을 준다. 곡선부분엔 5mm
간격으로 ㄱ-윗집을 준다.

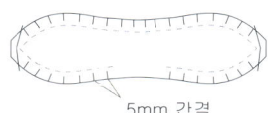

5mm 간격

겉으로 뒤집어 모양을
정리한 후 창구멍은
공그르기 한다.

② 리본 묶기

고무줄에 사용하는 경우를
예로 들었으나 다른 것도
방법은 같다.

리본 가운데에 고무줄을 놓고
양끝을 겹친다음 위에 올려져
있는 부분을 오른손 중지가
가리키는 곳으로 통과시킨다.

③ 모양 잡기

모양을 가다듬으며
양쪽으로 잡아
당긴다.

03. 장미 코사지

가방, 신발, 모자 어디에 매치해도
고급스러우면서도 멋스러운
포인트가 됩니다.

장미 머리끈

때로는 눈에 확 티는 색상으로
과감하게 변신해 보아요~~

O4. 장미 머리핀

탐스럽게 피어난 장미꽃들이
화려하면서도 정돈된
헤어스타일을 만들어 주어요~~

장미 만들기

꽃 만들기

홈질하는 간격에 따라 약간씩 다른 느낌의 장미가 완성된다. 똑같은 장미보다는 약간씩 다른 것도 좋으니 홈질 간격에 너무 연연해 하지 않아도 된다. 약간 두꺼운 원단의 경우 너무 촘촘하게 홈질하면 밑동이 커질 수 있으니 주의한다.

1. 재단하기

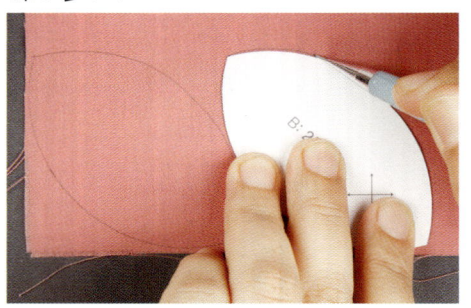

정바이어스 방향으로 배치하여 그린다.

중심 1장, 작은 꽃잎 2장, 큰 꽃잎 2장 재단한 모습

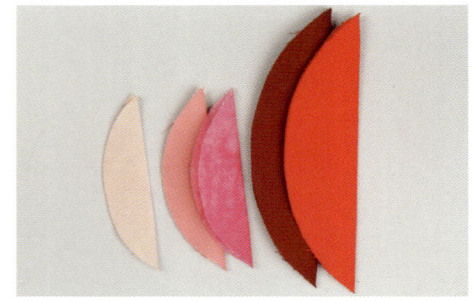

손자국을 내거나 다림질하여 반을 접어 놓는다.

2. 큰 꽃잎 만들기

① 큰 꽃잎 중 하나를 반접은 후 손자국을 내어 중앙을 표시한다.

앞 단계에서 표시한 중앙

② 다른 한쪽 꽃잎의 끝을 표시한 중앙에 맞춰 올려놓는다.

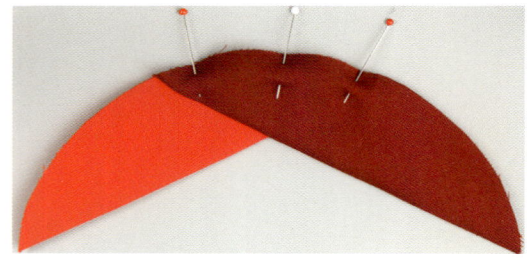

③ 천 끝을 맞춰가며 핀을 꽂는다.

0.6~0.7cm

④ 한쪽 꽃잎이 원이 되게 핀을 꽂는다.
끝 부분은 0.6~0.7cm가량 겹치게 한다.

주의: 사이에 다른 꽃잎이 끼워져 있는 상태의 원이 되게 한다.

⑤ 나머지 꽃잎도 원이 되게 하여 핀을 꽂는다.

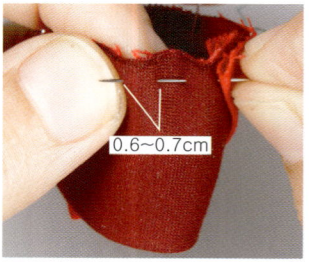

0.6~0.7cm

⑥ 끝에서 0.5cm 띄운 위치를 0.6~0.7cm 땀으로 홈질한다.

⑦ 홈질한 실을 당긴 후 풀리지 않게 마무리한다.

큰 꽃잎 완성

3. 꽃중심 만들기

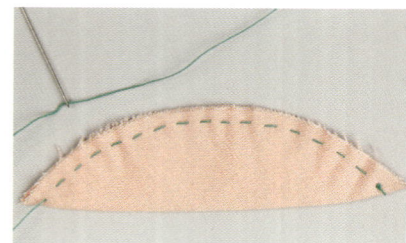

① 천 끝에서 0.3cm 안쪽을 0.3cm의 땀 간격으로 홈질한다.

② 실을 잡아당긴다. 주름 길이가 4cm 정도 되면 되박음해서 주름이 느슨해지지 않게 한다.

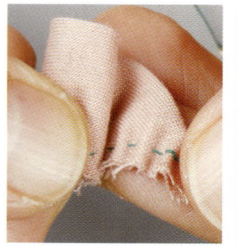

③ 천 끝을 맞춰가며 돌돌 감은 후 밑동을 여러번 왔다갔다 통과해주어 고정시킨다.

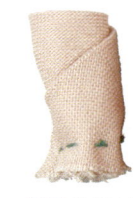

꽃중심 완성

4.작은 장미 완성하기

① 큰 꽃잎과 같은 방법으로
두 장의 꽃잎이 원이 되게
핀을 꽂는다.

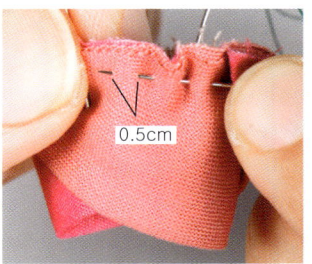

② 끝에서 0.3cm 띄운 위치를
0.5cm 땀으로 홈질한다.

③ 실을 약간 당긴 후 꽃 중심을
가운데 끼워넣고 마저 당긴다.
밑동을 통과해가며 고정시킨다.

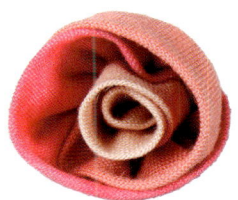

작은 장미 완성

5.큰 장미 완성하기

① 큰 꽃잎을 벌려놓고 중앙에
글루건을 쏜다.

② 작은 장미를 중앙에
올려놓는다.

③ 글루가 굳기 전에 큰 꽃잎을
오므리며 모양을 잡아준다.

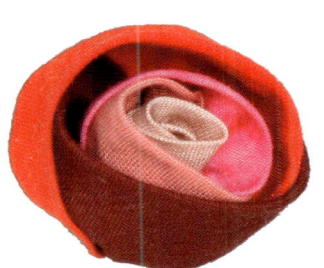

큰 장미 완성

잎 만들기

홈질하는 간격에 따라 약간씩 다른 느낌의 잎이 완성된다. 장미와 마찬가지로 홈질 간격에 너무 연연해 할 필요는 없지만
너무 간격이 촘촘하면 밑동이 넓어지므로 주의한다.

⇒

⇒

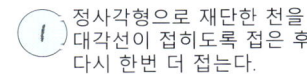

① 정사각형으로 재단한 천을
대각선이 접히도록 접은 후
다시 한번 더 접는다.

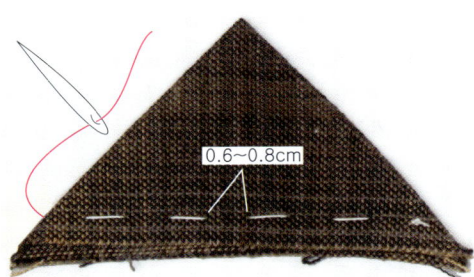

② 밑 끝에서 0.5cm 띄운 곳을 0.6~0.8cm
땀으로 홈질한다.

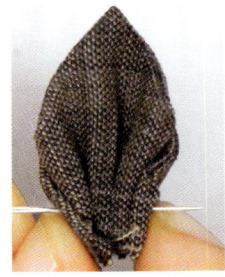

③ 홈질한 실을 당긴 후 밑동을 여러 번
통과하며 고정시킨다. 핀에 사용할 잎은
옆에 튀어나온 끝을 깔끔하게 잘라낸다.

잎 완성

03. 장미 코사지 & 머리끈

이렇게 만들었어요~

♥ 필요한 재료

장미 2종 ·· 잎 ·· 지름 3cm 코사지판 또는 코사지 고무줄 ·· 글루건

♥ 완성크기

지름 8cm 실물본 D면

주의 : 글루작업을 하기전에 미리 어느 위치에 배치할 것인지 시연해보고 글루를 쓴 후에는 신속하게 작업하고 굳을 때까지 눌러주어 확실히 고정시킨다.

1 재단하기 (모두 시접 포함)

짙은색 장미
A,C : 2장씩
B : 4장

옅은색 장미
A: 1장
B,C : 2장씩

잎 3장: 7x7cm

참고 : 좀 더 풍성한 꽃을 원하는 경우는 장미 스마트톡에서와 같이 장미 송이를 모두 큰 장미로 만든다.

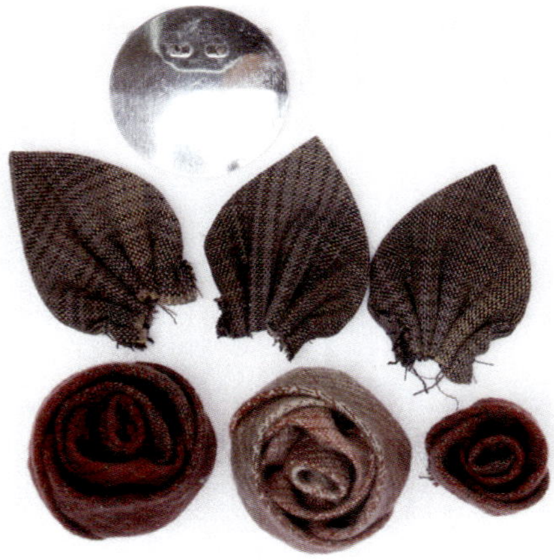

2 장미 만들기를 참조하여 잎 3개
큰 장미 2개, 작은 장미 1개를 만든다.
(머리끈은 큰장미 3송이로 만들었어요.)

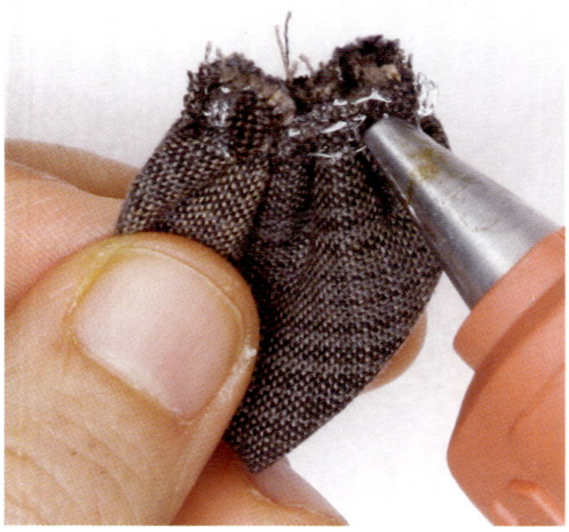

3 잎 끝 0.5cm가량에 글루건을 쏜다.

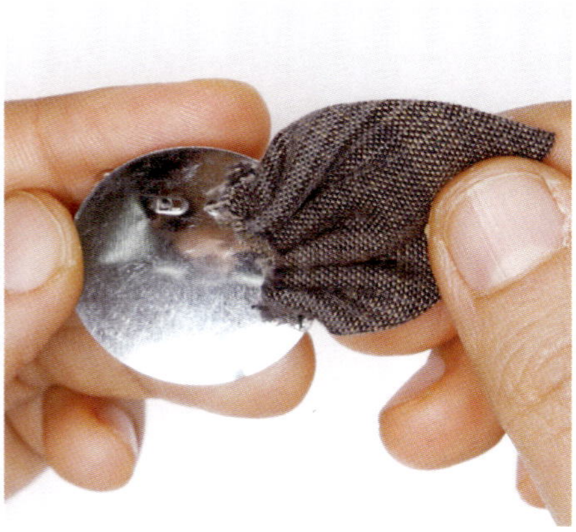

4 브로치판 가장자리에 잎을 붙인다.
나머지 잎들도 고르게 위치하게 붙인다.

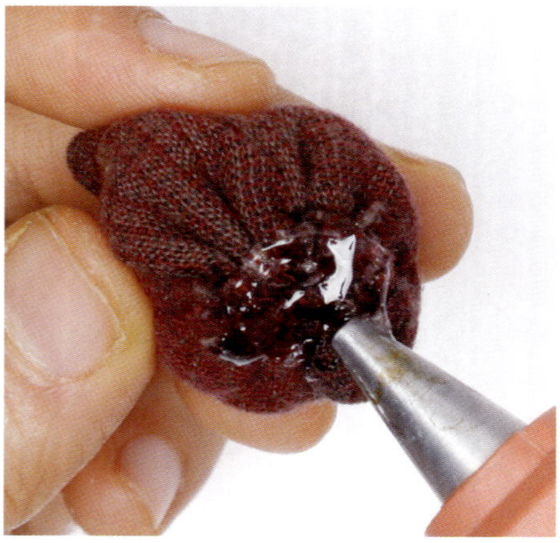

5 큰 장미 밑동에 고르게 글루건을 쏜다.

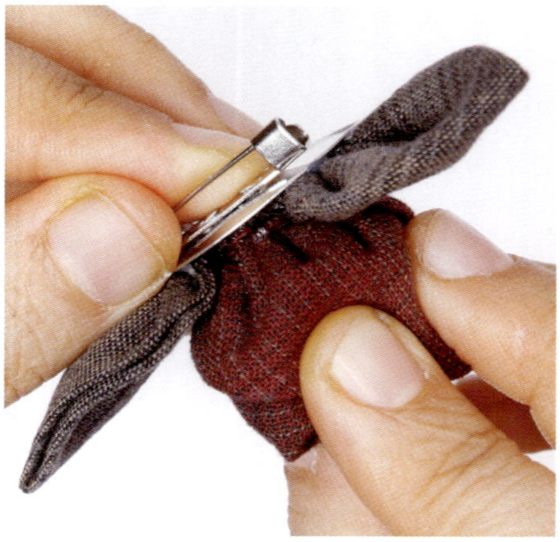

6 잎과 잎 사이에 붙인다. 살짝 바깥쪽으로 기울여 붙인다.

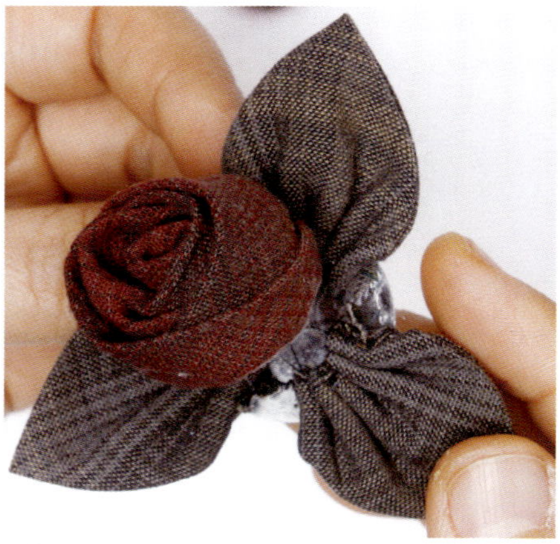

7 위에서 본 모습

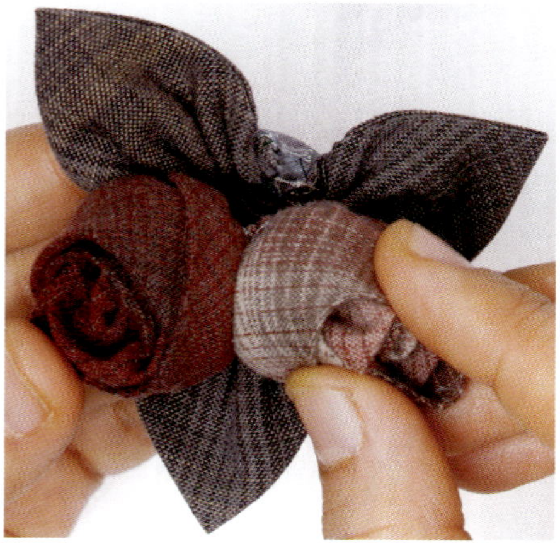

8 같은 방법으로 나머지 큰 장미를 붙인다.

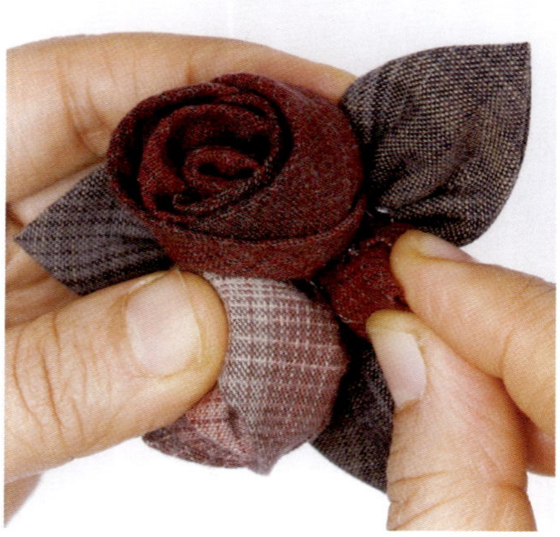

9 마지막에 작은 장미를 붙인다.

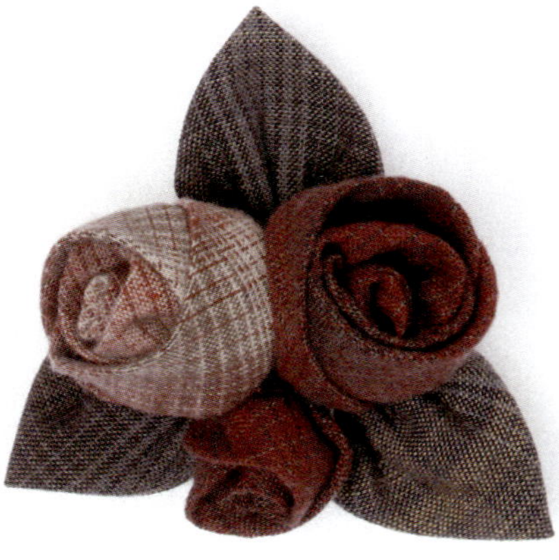

10 완성.

장미 스마트톡

과하다 싶을 정도의 화려함이 물씬 풍겨나는 인싸템~
화려함이 조금 부담스럽다면
탈부착 가능한 스마트톡으로 만들어
기분 전환하고 싶은 날에 사용해보세요~~
보는 것만으로도 기분 전환 성공~

♥ **필요한 재료**

장미용 그라데이션 원단‥잎
스마트톡(윗지름 약 4cm)‥글루건

♥ **완성크기**

약 8cm   실물본 D면

주의 : 글루작업을 하기전에 미리 어느 위치에
배치할 것인지 시연해보고 글루를 쏜 후에는
신속하게 작업하고 굳을 때까지 눌러주어
확실히 고정시킨다.

1 **재단하기** (모두 시접 포함)

그라데이션 장미   잎 3장: 7x7cm
  A : 3장
  B,C : 6장씩

2 장미 만들기를 참조하여 잎 3장과
큰 장미 3송이를 만든다.

3 잎의 끝에서 0.8cm 위치를 표시한 후
글루를 쏘아준다.

4 스마트톡 가장자리에서 1cm 안쪽에
잎 끝이 위치하도록 붙인다.
나머지 잎도 세등분 위치에 붙인다.

5 스마트 톡 가장자리 0.5cm는 남겨
두고 중앙에서부터 글루를 충분히
쏘아 준다. 잎 끝부분에도 쏜다.

6 꽃잎을 잎과 잎 사이에 붙인다.
살짝 바깥쪽으로 기울여 붙인다.

7 세송이를 재빨리 자리잡아 붙인 후
굳을때까지 누르면 완성.

04. 장미 머리핀

이렇게 만들었어요~

♥ **필요한 재료**
　　장미 2종‥잎‥핀대(10cm)‥글루건

♥ **완성크기**
　　가로 14.5cm x 세로 6cm　　실물본 D면

주의 : 글루작업을 하기전에 미리 어느 위치에 배치할 것인지 시연해보고 글루를 쏜 후에는 신속하게 작업하고 굳을 때까지 눌러주어 확실히 고정시킨다.

1 재단하기 (시접 포함)

짙은색 장미	옅은색 장미	잎
A : 3장	A : 2장	7x7cm : 2장
B : 7장	B,C : 4장씩	6x6cm : 3장
C : 4장		

2 장미 만들기를 참조하여 잎 5개
큰 장미 4개, 작은 장미 1개
꽃봉오리(실물본 B로 자른 천으로
꽃중심을 만든 것) 1개를 만든다

0.7cm

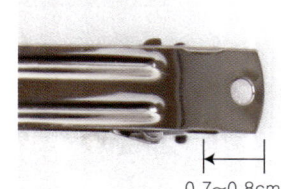
0.7~0.8cm

3 핀대의 끝에서 0.7~0.8cm 띄운 곳에
작은 잎을 각각 붙인다.
잎 끝 0.7cm가량에 글루건을
쏜 후 핀대에 붙인다.

4 핀대의 정중앙 아래쪽에 작은 잎을 붙이고
큰 잎은 사진처럼 끝에 붙인 잎에서
조금 띄워 비스듬하게 붙인다.
글루는 잎 끝 0.5cm 정도에 쏜다.

5 큰 장미를 붙이기 위해
잎 사이 핀대에 글루건을 쏜다.

6 큰 장미를 붙인다.

7 큰 장미를 양쪽에 붙인 모습

8 나머지 큰 장미는 중앙에 있는 잎 양옆에 각각 붙인다. 잎에 글루가 묻지 않도록 손가락으로 밀면서 글루를 쏘고 장미를 붙인다.

9 작은 장미와 꽃봉오리도 장미에 글루가 묻지 않도록 손가락으로 장미
사이를 벌리면서 글루를 쏘고 붙인다. 잎 있는 쪽에 꽃봉오리를 붙인다.

10 완성된 모습

O5. 메시지 책갈피

말로 전하는 마음보다 정성을 담아 전하는 마음은
더더욱 오래오래 기억됩니다~

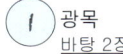 **이렇게 만들었어요~**

♥ **필요한 재료**
광목‥조각천(바람개비 : 2종, 하트 : 4종, 벌집 : 7종)‥퀼팅솜 접착 2온스‥수실

♥ **완성크기**
가로 5.8cm x 세로 9.8cm (끈 길이 제외) 　실물본 6면

1. 재단하기 (모두 시접 0.5cm따로)

도안 그리는 방법

① **광목**
바탕 2장
뒷면용 : 천 안쪽에 재단
겉면용 : 천 겉면에 재단 후
　　아플리케 위치와 원하는 글씨 도안을 그린다.

② **아플리케용 :** 모두 안쪽에 재단
하트
실물본 A~D : 각 1장씩
(주의: A 와 D는 꼭 뒤집어서 그린다)
벌집
실물본 E : 7종 각 1장씩
바람개비
실물본 F : 2종 각 4장씩

재단한 광목 겉면에
하트를 그린다.

수놓을 글씨를 그리기 위해
실물본 위에 올려놓는다.

비치는 선을 따라
글씨를 그린다.

2. 아플리케 패턴 연결하기 (모두 완성에서 완성선까지 꿰맨다)

벌집 연결하기

재단한 원단을 배치한다.

각 단을 꿰맨다. (시접 화살표 방향으로)

단과 단을 잇는다. (시접 화살표 방향으로)

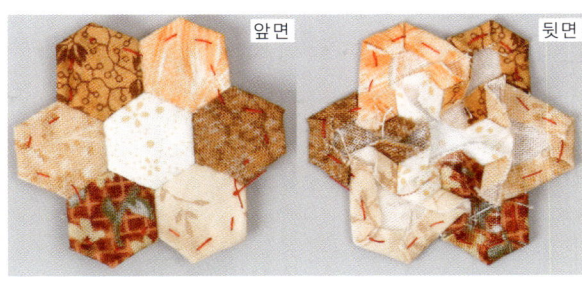
단과 단을 모두 이은 후
끝부분 시접을 접어가며
시침한다.

하트 연결하기

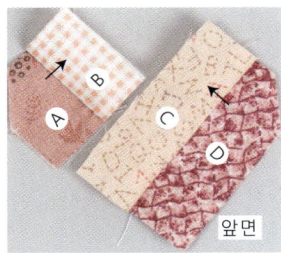
A와 B, C와 D를 각각 연결한다.
시접은 B, C쪽으로 넘긴다.

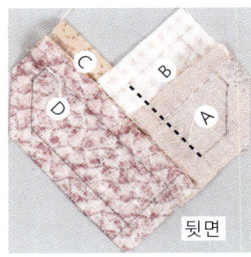
이어놓은 것을 연결한다.
시접은 C쪽으로 넘긴다.

시접을 접어가며 시침한다.

바람개비 연결하기

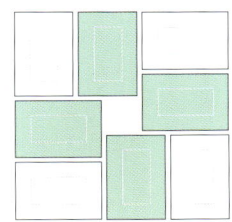
재단한 원단을 배치한다.

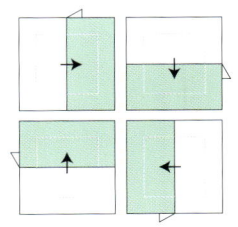
두 장씩 꿰매고 시접은
화살표 방향으로 넘긴다.

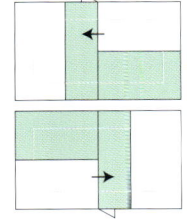
다시 두 장씩 잇고
시접을 넘긴다.

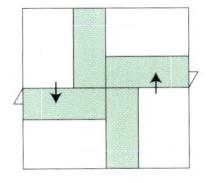
마저 잇고 시접을
넘긴다.

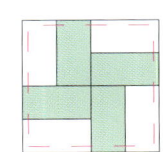
시접을 접어가며
시침한다

3. Top 만들고 퀼팅하기까지

바탕천을 도려낸
뒷면모습

① 완성선에 맞춰 핀을 꽂고 아플리케한다.
시침실은 제거하고 아플리케 아래 바탕천은
시접을 남기고 도려낸다.=> Top 완성

퀼팅솜

② 퀼팅솜 위에 Top을 올려놓고 수놓을
곳을 대충 시침한 후 수실 2겹으로
박음수를 놓는다.

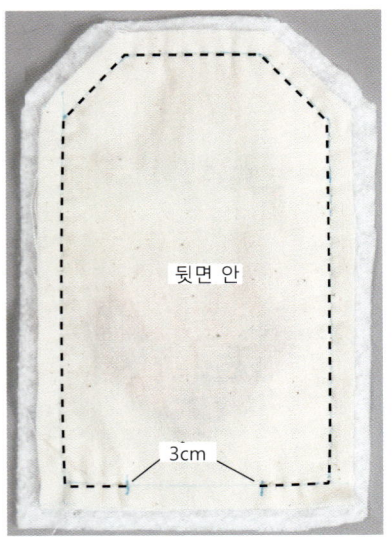

뒷면 안

3cm

③ 그 위에 뒷면의 안이 보이게 포갠 후
아래 중앙에 3cm 정도의 창구멍을
남기고 꿰맨다.

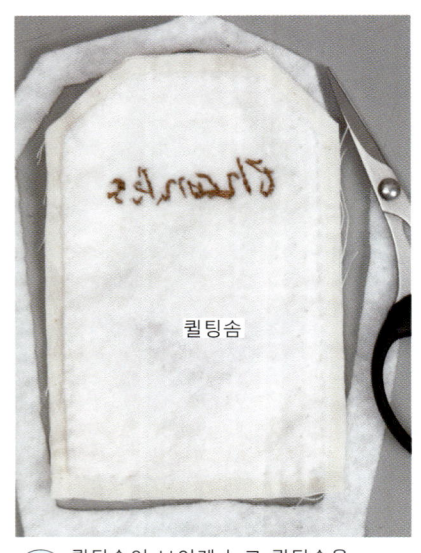

퀼팅솜

④ 퀼팅솜이 보이게 놓고 퀼팅솜을
완성선 가까이 정리한다.

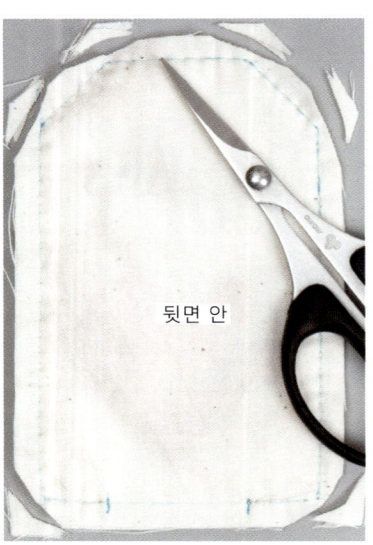

뒷면 안

⑤ 다시 뒷면이 보이게 놓고 코너에
가윗집을 준 후 겉으로 뒤집는다.
창구멍을 공그르기하고 접착솜이
붙도록 다림질한다.

thanks

0.3cm

0.1cm

0.7cm

⑦ 끈 위치 표시.
끝에서 0.7cm
내려온 중앙을
표시한다.

수실 2겹으로 퀼팅

퀼팅실로 퀼팅

⑥ 끝에서 0.3cm 띄운 위치를 그린 후 수실 2겹으로 약간
넓게 퀼팅한다. 패턴 주위와 이음선 (0.1cm 띄워 시접이
넘어간 반대편)을 따라가며 퀼팅실로 퀼팅한다.

4. 끈 만들어 완성하기

① 6가닥으로 되어 있는 십자수실 45cm를
큰 바늘에 끼워 끝을 맞춘다.

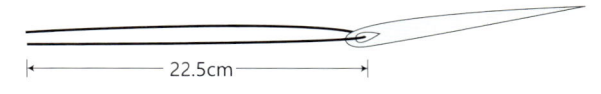

22.5cm

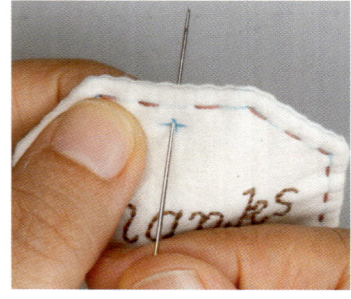

② 표시해 놓은 중심 살짝 옆을
찔러 뒷면으로 바늘을 보낸다.
앞면에 실을 7cm가량 남긴다.

③ 다시 뒷면에서 중심 살짝 옆으로
나온다.(중심을 사이에 두고
땀을 뜬 모양)

④ 7cm가량 나오게 한 후 실을
잘라 바늘을 제거한다.

⑤ 앞면에 있는 실을 나란히 잡고
사진처럼 통과시켜 당긴 후
적당한 길이로 잘라 완성한다.

응용

자수 책갈피

한 땀 한 땀 정성스럽게 수를 놓아 마음을 전해보세요~

간단한 하트 아플리케로
만들어도 좋아요~

이렇게 만들었어요~

♥ **필요한 재료**
　광목·· 수실 8종(줄귀,잎,꽃 4종,글씨,테두리)·· 퀼팅솜 2온스

♥ **완성크기**
　가로 5.8cm x 세로 9.8cm (끈 길이 제외)　　**실물본 B면**

1. 재단하기

바탕 2장 (시접 끝 0.5cm따로)
　뒷면용 : 천 안쪽에 재단
　겉면용 : 천 겉면에 재단한 후 수놓을 도안을 그린다.

2. 수놓기

퀼팅솜 위에 겉면을 올려놓고 대충 시침한 후 수실 두겹으로 수를 놓는다.

박음수
줄기수
매듭수
채움수

꽃 수놓는 방법:

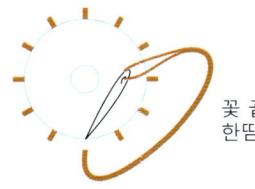 

꽃 끝을
한땀씩 뜬다.

그림처럼 바늘을 뺀 후
앞에서 떠 놓은 땀 밑으로
바늘을 통과 시킨후 처음
나왔던 바로 옆으로 넣는다.

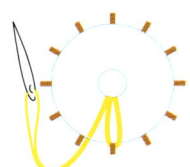   

살짝 옆으로 바늘을
뺀 후 같은 방법으로
옆 꽃잎을 수놓는다.

12개 꽃잎을
수 놓는다.

꽃잎 가운데를
길게 한땀으로
채운다.

매듭수를
여러번 놓아
중심을 채운다.

줄기수:　　　　　　박음수:　　　　　매듭수:　　　채움수:

3. 나머지 방법은 앞 작품과 동일

06. 수면안대 2종

눈을 부드럽게 감싸주어
어느샌가 스르륵 잠의 세계로 빠져듭니다
편안한 잠을 선물해 보세요~

질리지 않는 모노톤의 고급진 느낌으로~
직선 연결이라 쉽게 완성할 수 있어요.

하트 하트 사랑스러운 느낌으로~
사랑하는 연인에게
로맨틱한 선물로 딱이에요~

이렇게 만들었어요~

♥ **필요한 재료**
　공통 : 안감··고무줄 길이 조절용 검정무지 ··8mm 고무줄 24cm 2줄··퀼팅솜 3온스
　모노톤 안대 : 조각천 4종
　하트 안대 : 바탕천··조각천 3종··하트 단추 2개··수실

♥ **완성크기**
　남성용 사이즈 : 19.5cm x 높이 9.5cm (중심 높이 7.5cm)
　여성용 사이즈 : 18cm x 높이 9cm (중심 높이 7cm)　　実물본 A면

1, 안감과 고무줄 길이 조절용 무지 재단하기(모노톤 안대와 하트 안대 동일한 방법으로 재단)

안감 1장: 천의 안쪽에 재단 (시접 0.7cm 따로)
　전체 실물본을 그대로 올려놓고 외곽선과
　고무줄 위치, 중앙, 창구멍 위치를 표시한다.

길이 조절용 무지 1장: 4 x 4cm (시접 포함)

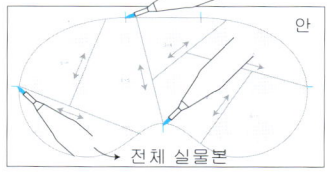

전체 실물본

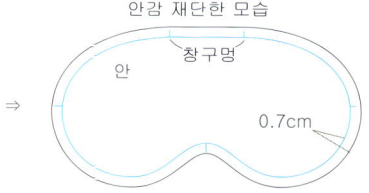

안감 재단한 모습

안　　창구멍

0.7cm

2, 겉 재단하기

모노톤 안대 : 천 안쪽에 실물본을 뒤집어 놓고 그려 재단 (시접 0.7cm 따로)
　조각천 3종: 실물본 2종을 각 1장씩 재단
　조각천 1종: 실물본 1종으로 1장 재단

　　재단 주의사항 :
　　　실물본이 좌우대칭이
　　　아니므로 꼭 실물본을
　　　뒤집어놓고 그려야 한다.

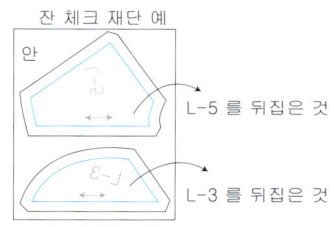

잔 체크 재단 예

안

L-5 를 뒤집은 것

L-3 를 뒤집은 것

하트 안대 : 겉쪽에 재단

바탕 : 실물본을 사용하여 1장 재단 (시접 0.7cm 따로)
　하트와 수놓을 선을 그린다.
　고무줄 위치, 창구멍, 중앙 위치도 표시해 놓는다.

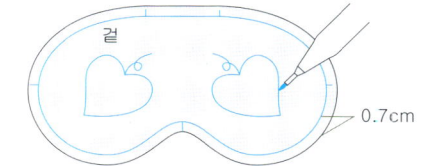

겉

0.7cm

아플리케 3종: 실물본을 사용하여 각 1장씩 재단 (시접 0.5cm 따로)

3, Top 만들기

모노톤 안대 :

① 재단한 조각들을 겉면이 보이게 배치한다.

② 1번과 2번을 겉끼리 마주 보게 포개어 핀을 꽂은 후 완성선에서
　완성선까지 꿰맨다. 시접은 2번 쪽으로 넘긴다.

③ 1번과 2번을 연결해 놓은 것에 3번을 꿰매고 시접은 3번 쪽으로
　넘긴다.

완성된 Top의 겉모습

④ 나머지도 같은 방법으로 번호 순서대로 연결하고 시접은
　나중 번호 쪽으로 넘긴다 => Top 완성

하트 안대 :

① 하트 만들기

1.A에 B를 아플리케한 후
C를 아플리케한다.
쏙 들어간 중심은
완성까지만 꿰매고
나머지는 시접까지
꿰맨다.

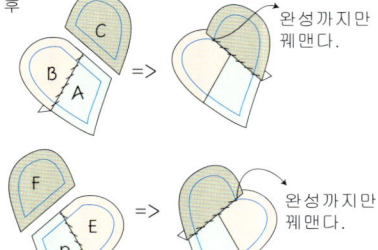

→ 완성까지만
꿰맨다.

2.같은 방법으로
D에 E를
아플리케한 후
F를 아플리케한다.

→ 완성까지만
꿰맨다.

② 바탕에 하트를 각각 아플리케하고 하트 아래의 바탕천은 시접 0.7cm
남겨두고 오려낸다 => Top 완성

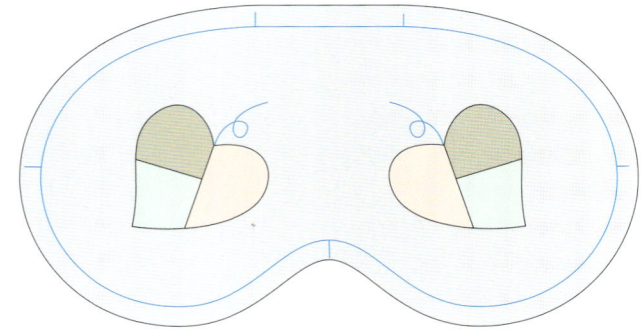

4.고무줄 위치에 각각 고무줄(24cm)을 시침하고 퀼팅솜 위에 Top을 겉이 보이게 올려놓는다.

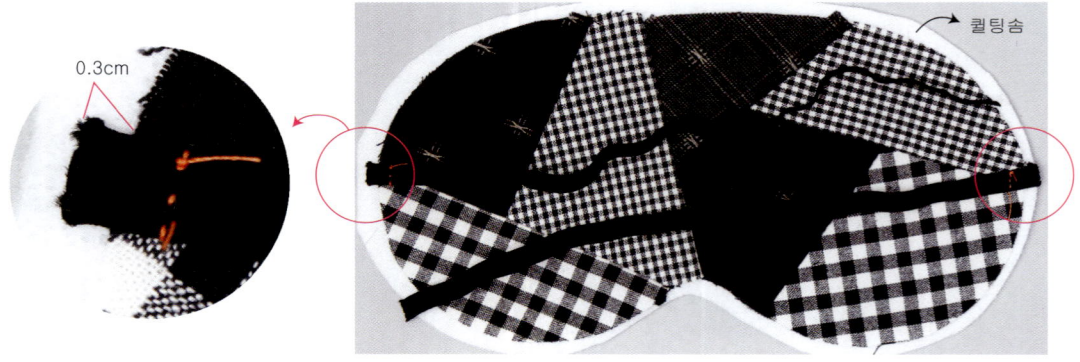

0.3cm

→ 퀼팅솜

고무줄 시침하는 방법 : 고무줄 끝이 Top보다 0.3cm 튀어 나가게 하고 고무줄 위치에 고무줄 중앙을 맞춰 시침한다.

5.Top 위에 안감을 포갠 후 작업하기

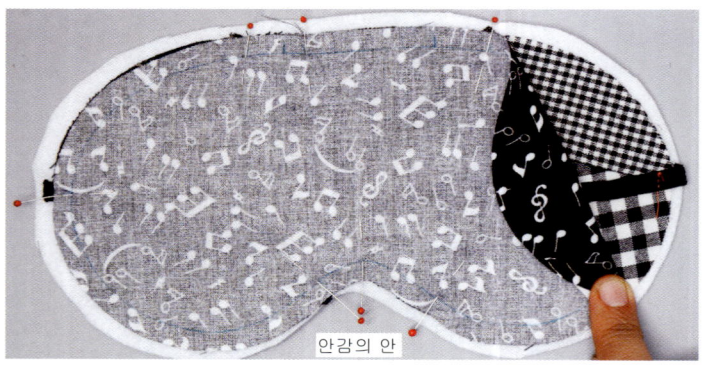

안감의 안

① 고무줄을 Top 위에 잘 정리해 놓고 그 위에 안감의 안이 보이게 포갠다.
안감에 표시해둔 곳과 탑의 각 위치를 잘 맞춰 핀을 꽂은 후 나머지
사이사이도 핀을 맞춰 꽂는다.

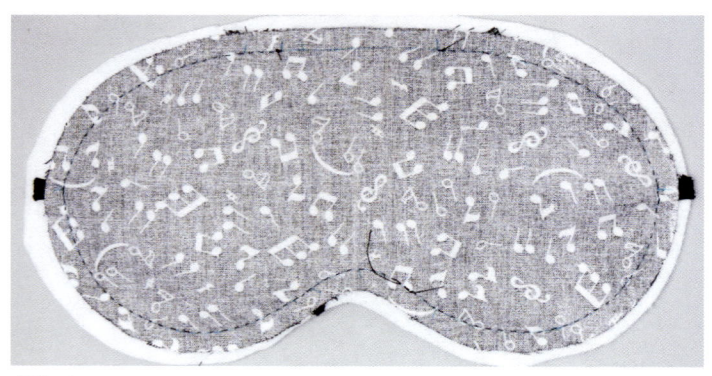

② 창구멍을 남기고 꿰맨다. 고무줄 있는 부분은 튼튼하게 꿰맨다.

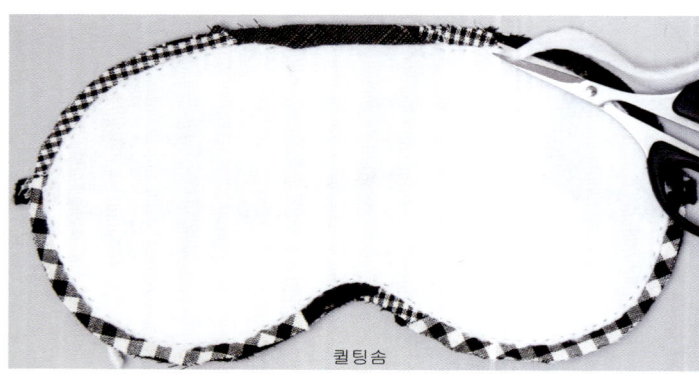

퀼팅솜

③ 퀼팅솜이 보이게 놓고 완성선 가까이 퀼팅솜을 정리한다.

④ 다시 안감이 보이게 놓고 창구멍을 제외한 곡선 부분에 가윗집을 주고
겉으로 뒤집어 모양을 정리한다.

6. 겉으로 뒤집어 모양을 잘 정리한 후 창구멍을 공그르기한다.

7. 전체적으로 시침한 후 퀼팅한다.

모노톤 안대 : 조각 연결선을 따라가며 시접이 넘어간 반대편에 0.1cm 가량 띄워가며 퀼팅한다.

하트 안대 : 하트 주위를 0.1cm 가량 띄워가며 퀼팅한다. 수실 2겹으로 줄기수를 놓고 하트 단추는 안감까지 떠지도록 꿰맨다.

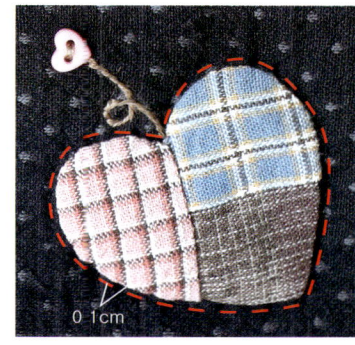

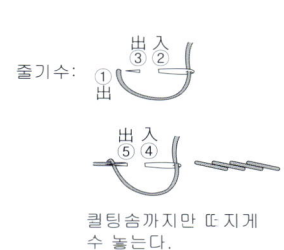

줄기수 :

퀼팅솜까지만 또 지게 수 놓는다.

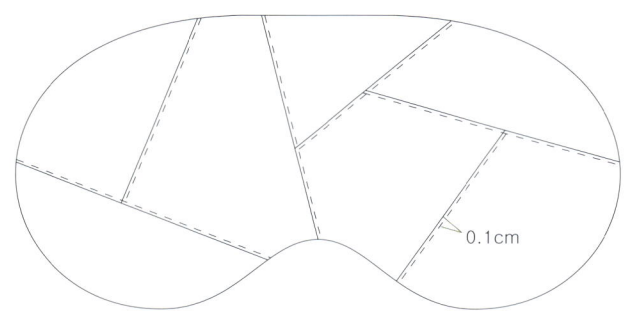

0.1cm

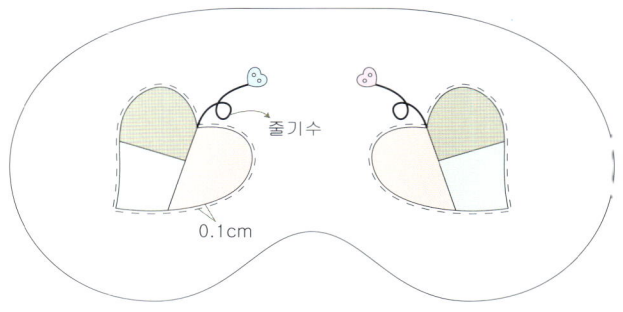

줄기수

0.1cm

8. 고무줄 길이 조절 가능하게 만들기

참고 : 구분 편의상 튀는 색상들을 사용하였으나 비슷한 색상들로 작업한다.

길이 조절용 무지 접기

① 고무줄 끝을 0.5cm 접은 후 다시 0.7cm를 접는다. 튼튼하게 여러번 감침한다.

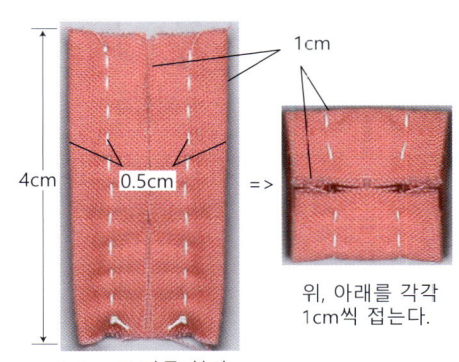

1cm

4cm

0.5cm

1cm

=>

위, 아래를 각각 1cm씩 접는다.

4x4cm로 자른 천의 양쪽을 1cm씩 접고 0.5cm 위치를 홈질한다.

② 양쪽 고무줄을 나란히 포개 놓고 접어놓은 길이 조절용 천으로 둘러싼다.

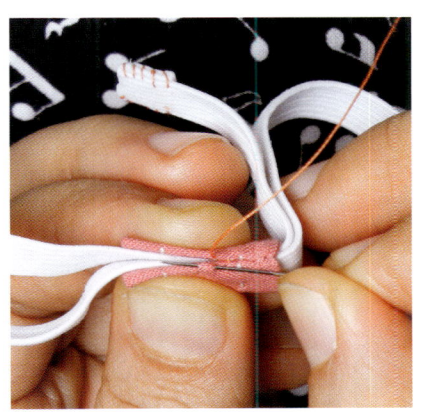

③ 공그르기로 연결하면 완성.

07.
스마트톡 & 자석홀더
새큼달콤 사과와 딸기
알록달록 귀여운 무당벌레
자석이 붙는 재질이면
어디든 착~~

항상 똑같은 스마트톡은
이제 그만~

메탈 재질 스마트톡에 붙였다 떼었다
그날그날 기분에 따라 바꿔주세요~~

사이즈 비교해 보세요~
큰 것은 스마트톡 용이고 작은 것은 볼마커 용이에요.

♥ 필요한 재료
공통 : 2mm 면끈 ·· 퀼팅솜 3온스 ·· 우레탄 고주파 자석(지름 20mm)
사과 : 조각천 3종 ·· 수실, 딸기 : 조각천 2종, 무당벌레 : 조각천 2종 ·· 수실 ·· 눈 4mm 2개
option : 메탈 스마트톡

♥ 완성크기
딸기 : 가로 5cm x 세로 6cm (꼭지 제외)
사과 : 가로 5.8cm x 세로 5cm (잎과 꼭지 제외)
무당벌레 : 몸통지름 4.8cm (다리 제외)

실물본 B면

일반 DIY용 스마트톡에
고무철지를 붙이거나
자석거치용 철판을 붙이면
메탈 스마트톡으로 변신해
자석을 붙일 수 있어요~

 고무철지 부착
 자석거치용 철판 부착

1, 재단하기 (모두 시접 0.5cm 따로두고 정바이어스 방향으로 재단)

사과 재단하기

실물본 A :
앞면 : 겉면에 재단
뒷면 : 안쪽에 재단
　　　창구멍 위치 표시

실물본 B :
앞면 : 겉면에 재단
　　　하트 위치를 표시하고 쏙 들어간 부분에 가윗집을 준다.
뒷면 : 안쪽에 재단
　　　쏙 들어간 부분과 중앙에 창구멍을 위한 가윗집을 준다.
　　　(창구멍은 작은게 좋지만 요령이 없는 경우는
　　　사용할 자석보다 살짝 작게 자른다.)

앞면　　겉
뒷면　　안
자석보다 작게 가윗집을 준다.

아플리케용 하트 : 겉면에 재단
씨와 외곽 선을 그린 후 쏙 들어간 부분에 가윗집

딸기 재단하기

실물본 C :
앞면 : 겉면에 재단
뒷면 : 안쪽에 재단
　　　창구멍 위치 표시

실물본 D :
앞면 : 겉면에 재단
뒷면 : 안쪽에 재단
　　　줄기 위치를 표시하고
　　　창구멍으로 중앙에
　　　2cm정도 가윗집을 준다.

무당벌레 재단하기

실물본 E : 겉쪽에 재단
　　　머리 중앙 표시
실물본 F : 겉쪽에 재단
　　　다리 위치와 중앙선 표시.
뒷면 : 전체 실물본으로 안쪽에 재단.
　　　다리 위치와 중앙 표시
　　　사과처럼 중앙에 창구멍을 위한
　　　가윗집을 준다.

F 겉　　뒷면 안

2, 사과 잎 만들기

① 앞면과 뒷면을 겉끼리 마주보게 포갠 후 창구멍을 남기고 촘촘하게 꿰맨다.

② 튀어나온 곳은 사진처럼 가윗집을 준다.

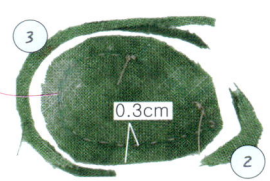
0.3cm

③ 창구멍을 제외한 나머지 시접은 0.3cm만 남겨두고 자른다

④ 겉으로 뒤집어 모양을 잘 정리한 후 창구멍을 공그르기한다.

3, 사과 완성하기

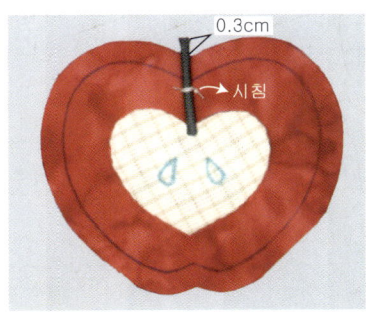
0.3cm
→ 시침

① 하트를 아플리케 한 후 바탕천은 0.7cm 남겨두고 오려낸다. 꼭지를 끝이 0.3cm 튀어나오게 시침한다. (수실 사용 시 : 매듭지어 사용)

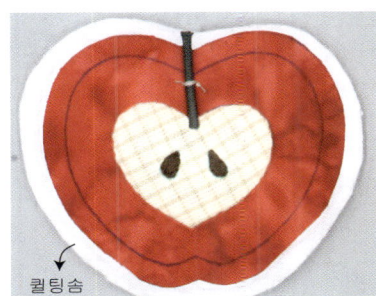
퀼팅솜

② 퀼팅솜 위에 올려놓고 수실 2겹으로 씨를 수놓는다. 바깥을 박음질한 후 안을 채운다.

씨 주위를 박음질 한다. / 가운데를 채운다. / 양쪽을 채운다.

꼭지가 빠지지않게 튼튼하게 꿰맨다

③ 뒷면 원단을 포갠 후 촘촘하게 꿰맨다. 퀼팅솜을 꿰맨 곳 가까이 정리한다.

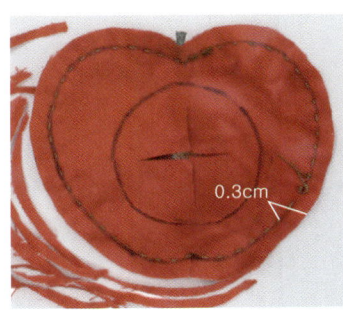
0.3cm

④ 시접을 0.3cm만 두고 정리한다. 앞면과 뒷면을 따로 정리하거나 꼭지 부분은 그냥 두어 꼭지가 잘리지 않도록 주의한다.

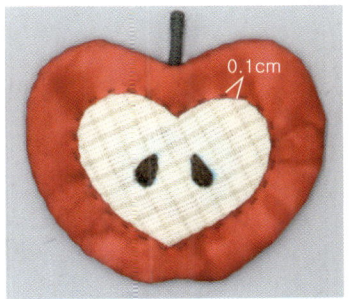
0.1cm

⑤ 뒤집어 모양을 잡은 후 하트 주위를 0.1cm 띄워 퀼팅 한다. 창구멍은 자석에 가려지므로 그냥 두거나 대충 감침 한다.

⑥ 잎을 꼭지 바로 옆에 놓고 닿는 면을 공그르기 한다. 뒷면에 자석을 꿰맨다.

4.딸기 꼭지 만들기

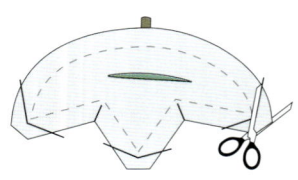

① 줄기위치에 줄기를 시접밖으로 0.3cm 튀어나오게 시침한 후 뒷면을 포개 핀을 잘 맞춰 꽂는다.

② 촘촘하게(줄기부분은 튼튼하게) 꿰맨 후 뾰족한 부분과 쏙 들어간 부분에 가윗집을 준다.

③ 시접을 0.3cm만 남겨두고 정리한다. 줄기 있는 곳은 그냥 두거나 앞면과 뒷면을 따로따로 정리해 줄기가 잘리지 않도록 주의한다.

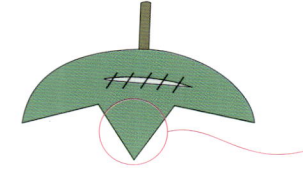

④ 뾰족한 부분은 조그만 가위나 샤프 꼭지 같은 것을 넣어 모양을 빼주거나 큰 바늘로 조심스럽게 모양을 잡아준다. 창구멍은 가려질 부분이므로 감침을 해도 되고 안해도 된다. (볼마커처럼 작게 만들 경우는 감침을 안 하는 것이 좋다)

5.딸기 완성하기

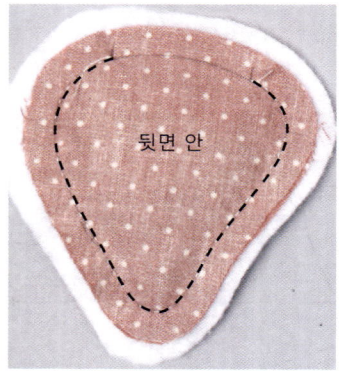
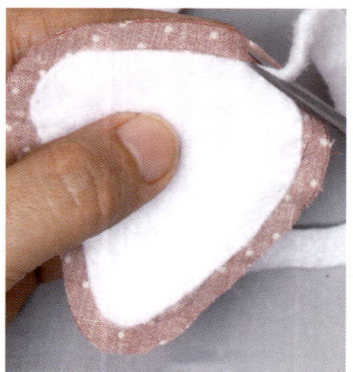

① 퀼팅솜 위에 앞면과 뒷면을 겉끼리 마주보게 핀을 꽂은 후 창구멍을 남기고 꿰맨다.

② 퀼팅솜을 완성선 가까이 정리한 후 창구멍을 제외한 시접을 0.3cm 남겨두고 정리한다.뒤집어 창구멍은 공그르기 한다.

③ 열매보다 꼭지가 약간 올라가게(뒷면 모습 참조) 올려놓고 닿는 곳 주위를 공그르기 한다. 뒷면에 자석을 꿰맨다. 앞면이 땀이 떠지지 않게 주의한다.

6.무당벌레 완성하기

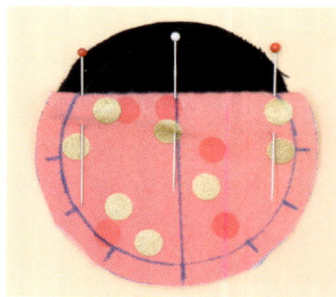
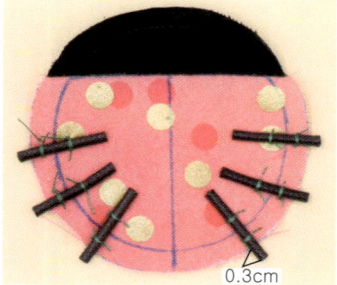
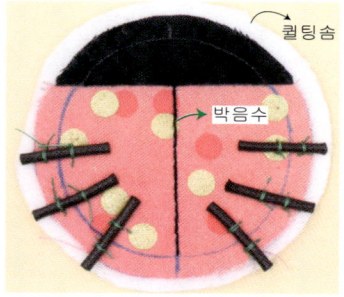

① E에 F를 아플리케한다. (또는 안에서 조각잇듯 꿰매도 된다.)

② 다리 위치에 면끈을 시침한다. 시접보다 0.3cm 나오게 시침. (수실 사용시: 매듭지어 사용)

③ 퀼팅솜 위에 올려놓고 중앙에 그려놓은 선을 수실 2겹으로 박음수를 놓는다.

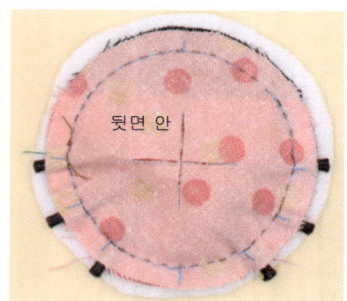

④ 뒷면 원단을 포갠 후 사과와 같은 방법으로 진행한다.

1.다리 부분이 빠지지 않게 튼튼하게 꿰맨다.
2.퀼팅솜을 완성선 가까이 정리한다.
3.시접을 0.3cm만 남겨두고 정리한다. 다리 부분이 잘리지 않게 앞면과 뒷면을 따로따로 정리한다.

⑤ 뒤집어 모양을 잡은 후 눈을 꿰매고 뒷면에 자석을 꿰맨다.(앞면에 땀이 떠지지 않게 주의). 적당한 길이로 다리를 정리한다.

필드에서 톡톡튀는 개성 만점 볼마커
왠지 더 플레이가 잘 될 것 같은 느낌적인 느낌~~
귀엽고 앙증맞아 메모홀더로도 좋아요~

이렇게 만들었어요~

♥ **필요한 재료**
공통 : 네오디움 자석(지름 20mm 두께 1mm)
딸기 : 조각천 2종··수실, 사과 : 조각천 3종··수실 2종, 무당벌레 : 조각천 2종··수실 2종··눈 3mm 2개

♥ **완성크기**
딸기 : 가로 3.9cm x 세로 4.5cm (꼭지 제외)
사과 : 가로 4.4cm x 세로 3.6cm (잎과 꼭지 제외)
무당벌레 : 몸통지름 3.8cm (다리 제외)

실물본 B면

아래 사항을 제외한 모든 과정은 스마트톡과 같은 방법으로 진행한다.

♣ 퀼팅솜을 사용하지 않고 바느질한다.

♣ 면끈 대신 수실을 매듭지어 사용한다.
수실(6가닥)을 한번 묶어 매듭짓고
매듭을 완성선 가까운 시접 부분게 위치하게 한다.
길이는 넉넉하게 했다가 작품을 완성한 후
적당한 길이로 자른다.

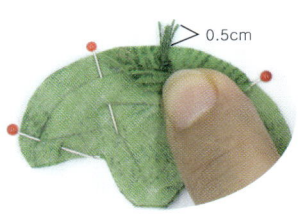
0.5cm

♣ 우레탄 고주파 자석 대신 일반 네오디움 자석을 사용한다.
네오디움 자석을 싸개 단추하듯 만든 후 공그르기로 꿰맨다.
(기본정보 : 자석 관련 사항 참조)

09. 고깔 냄비집게

작아도 쓰임새 만점인 데다
포개 놓아도, 매달아 놓아도 너무 귀여워요~

이렇게 만들었어요~

♥ **필요한 재료**
조각천 4종··안감(21 x 11cm)··퀼팅솜 4온스··십자수실 45cm (또는 고리용 줄 15cm)

♥ **완성크기**
지름 8.5cm x 높이 8.5cm (고리 제외)   실물본 D면

1. 재단하기

① **조각천** (시접 0.7cm 따로)

실물본 A: 3종 각 2장씩 (안에 재단)

중심: 1장 (겉에 재단)
겉면에 맞춤선들을 표시하여 재단하고 곡선 부분의 시접을 접어가며 시침해둔다

겉면에 실물본을 놓고 그린다.
맞춤선들도 표시한다.

본을 치우고 완성선 안쪽에도
맞춤선들을 표시한다.

곡선 부분 시접을 접어 넣어가며
시침한다

시침한 안쪽모습

② **안감 1장** (시접 0.7cm 따로)
천의 안쪽에 그리고
창구멍 위치를 표시한다.

2. Top 만들기

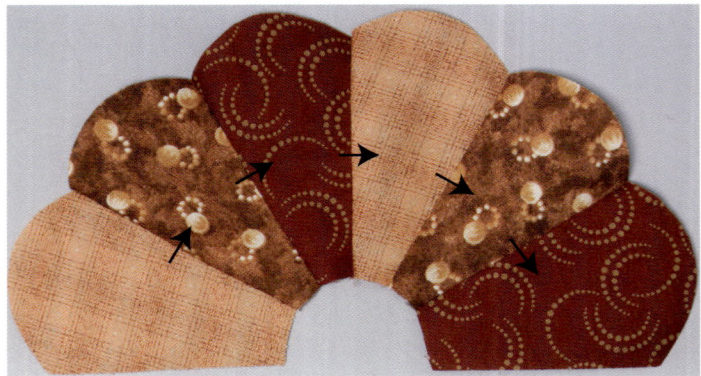

① 순서대로 이어 붙인 후 시접은 시계방향으로 넘긴다.

② 준비해 놓은 중심을 아플리케한다. 맞춤선을 잘 맞춰 아플리케하고 시침해 두었던 시침실은 제거한다. => Top 완성

3. 퀼팅솜 -> Top -> 안감순으로 작업하기

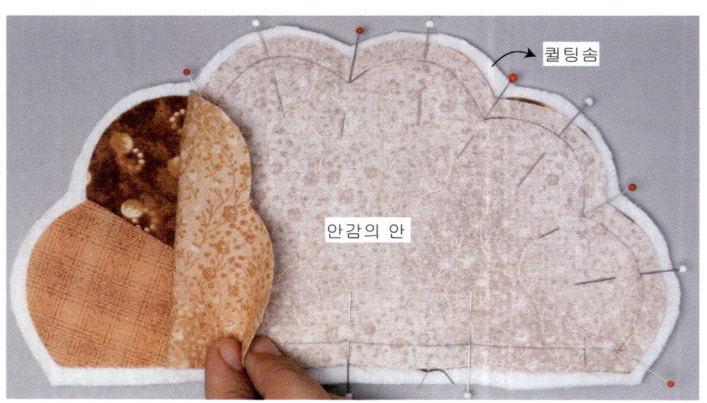

① 퀼팅솜 위에 Top의 겉면이 보이게 올려놓고 그 위에 안감을 안이 보이게 포갠 후 Top과 안감을 잘 맞춰 핀을 꽂는다.

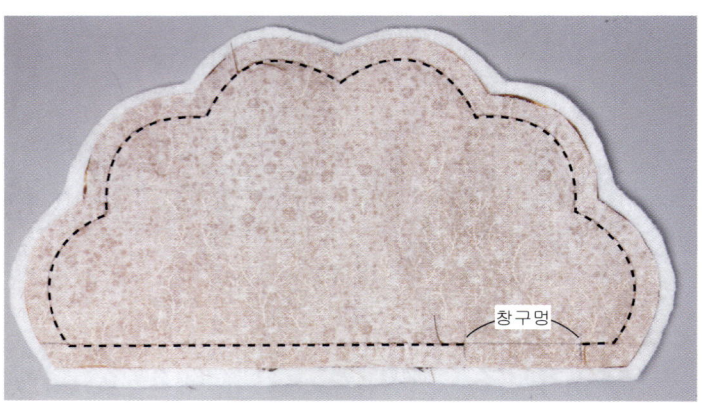

② 창구멍을 남기고 꿰맨다.

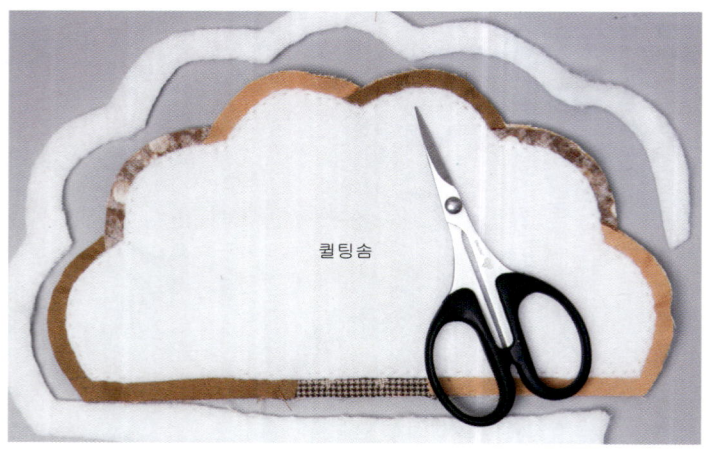

③ 퀼팅솜이 보이게 놓고 완성선 가까이 퀼팅솜을 정리한다.

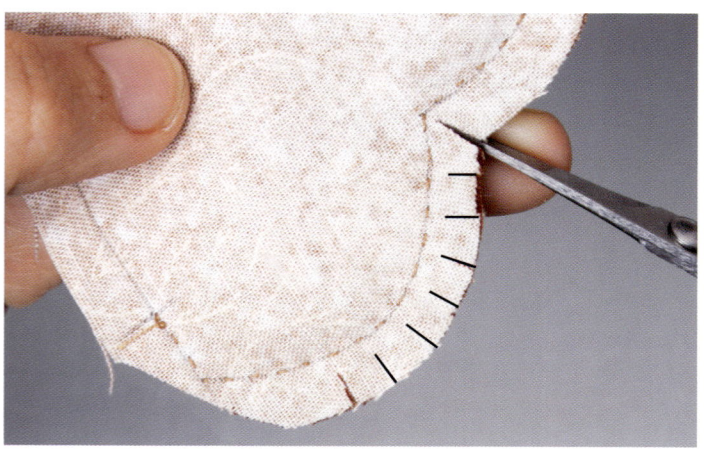

④ 다시 안감이 보이게 놓고 코너와 곡선 부분에 가윗집을 주고 겉으로 뒤집어 모양을 정리한다.

4.퀼팅하기

창구멍은 공그르기 하고
시침한 후 퀼팅한다.
조각 연결선을 따라가며
시접이 넘어간 반대편에
0.1cm가량 띄워 퀼팅한다.

0.1cm

5.고리 시침하기

십자수실 세 가닥을 땋아 만든 고리를 정중앙에 시침한다.

고리용 줄 만드는 방법

매듭짓기

10cm

십자수실을 15cm씩 세 줄을 자른 후 세 줄을 모아 매듭을 짓는다.
사진처럼 어딘가에 고정시켜 놓고 땋는다.
매듭 사이의 길이가 10cm가량 되게 매듭지어 마무리한다.

6.옆 연결하기

겉끼리 마주보게 반을 접은 후 겉과 겉을 공그르기 하여 연결한다.

공그르기

7.겉으로 뒤집으면 완성

10. 플라워 보울 (Flower Bowl)

인테리어 효과도 내면서
자질구레한 소품을 수납하기 좋아요~

이렇게 만들었어요~

♥ **필요한 재료**
조각천 4종‥퀼팅솜 접착4온스

♥ **완성크기**
대:윗지름 21cm x 밑지름 11cm x 높이 7.5cm
중:윗지름 19cm x 밑지름 10cm x 높이 7cm
소:윗지름 17cm x 밑지름 9cm x 높이 5.5cm

실물본 C면

1, 재단하기

① **옆면용 3종 총 12장** (시접 0.7cm 따로)
앞면용 각 2장씩: 겉면에 재단하고 퀼팅선(하트)을 그린다.
뒷면용 각 2장씩: 안쪽에 재단하고 창구멍 위치를 표시한다.

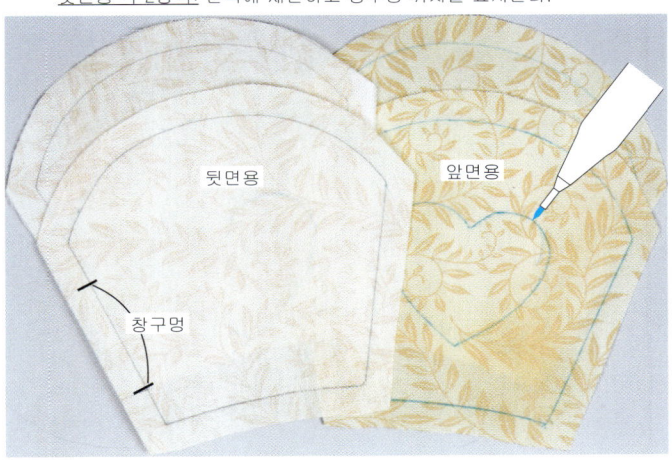

뒷면용 · 앞면용 · 창구멍

② **밑면용** (시접 0.7cm 따로)
앞면용: 겉면에 재단하고 퀼팅선과 맞춤선(6곳)을 표시한다.
뒷면용: 안쪽에 재단하고 창구멍과 맞춤선(6곳)을 표시 한다.

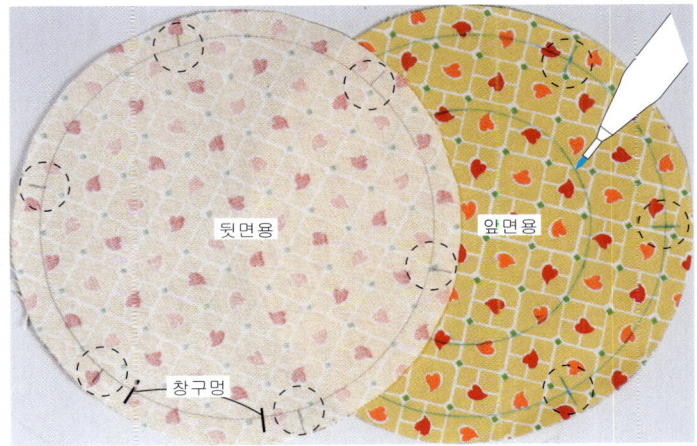

뒷면용 · 앞면용 · 창구멍

2.조각 완성하기

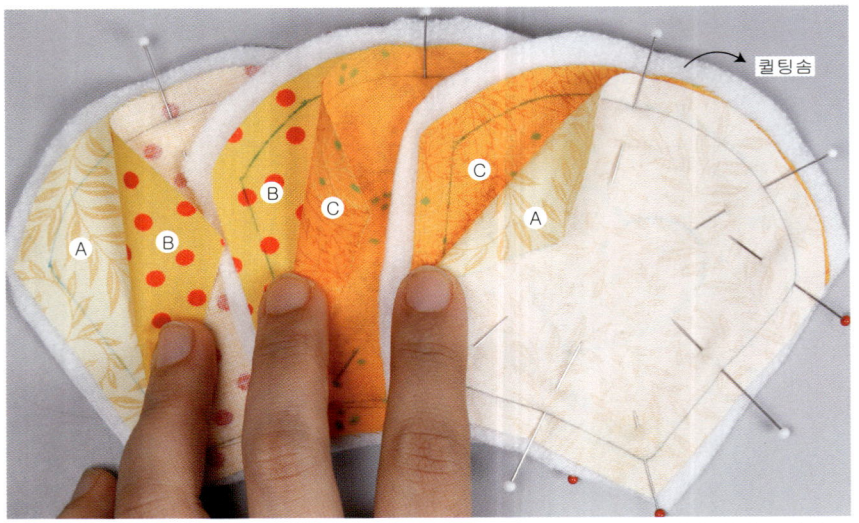

1 퀼팅솜 위에 하트가 그려진 앞면의 겉이 보이게 올려놓고 그 위에 뒷면을 안이 보이게 포개어 핀을 꽂는다. 위와 같은 조합으로 나머지도 진행한다.

2 창구멍을 남기고 꿰맨다.

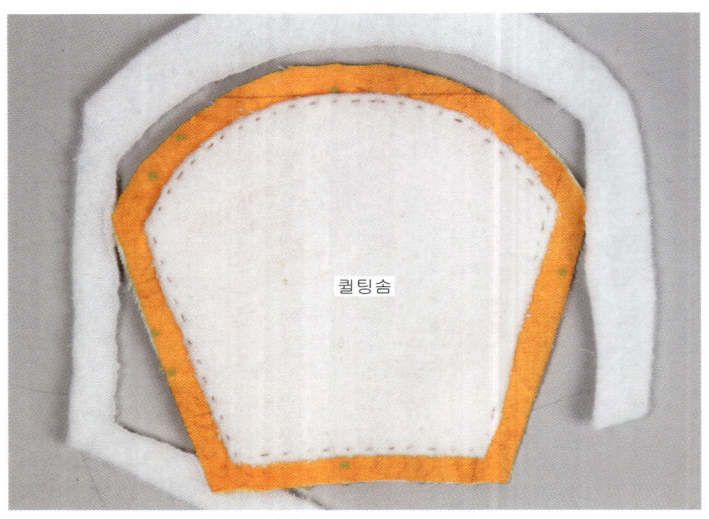

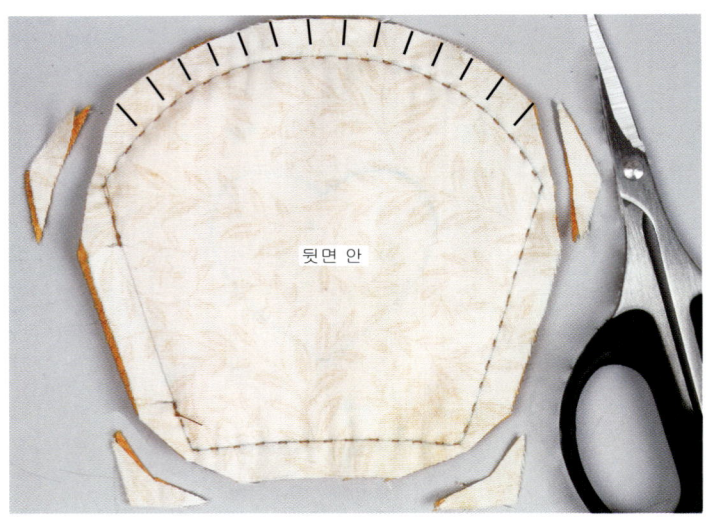

3 퀼팅솜이 보이게 놓고 퀼팅솜을 완성선 가까이 정리한다.

4 다시 뒷면이 보이게 놓은 후 코너와 곡선 부분에 가윗집을 준다.

5 뒤집어 창구멍은 공그르기 하고 접착솜이 천에 붙도록 다림질한 후 그려놓은 선을 퀼팅한다.

6 같은 방법으로 나머지도 만든다.
밑면의 경우는 표시해둔 맞춤선들을 잘 맞춰 핀을 꽂고 바느질한다.

3. 조각 연결하기

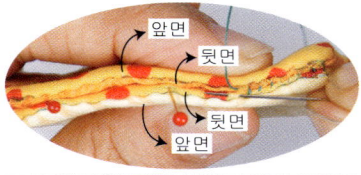

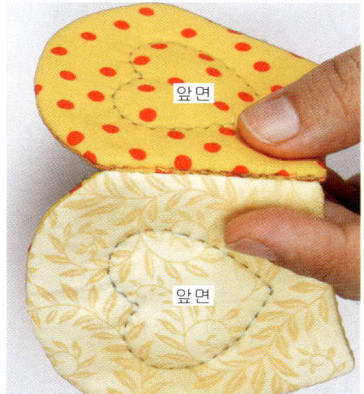

① 뒷면끼리 마주 닿게 포갠 후 뒷면과 뒷면을 공그르기 한다.

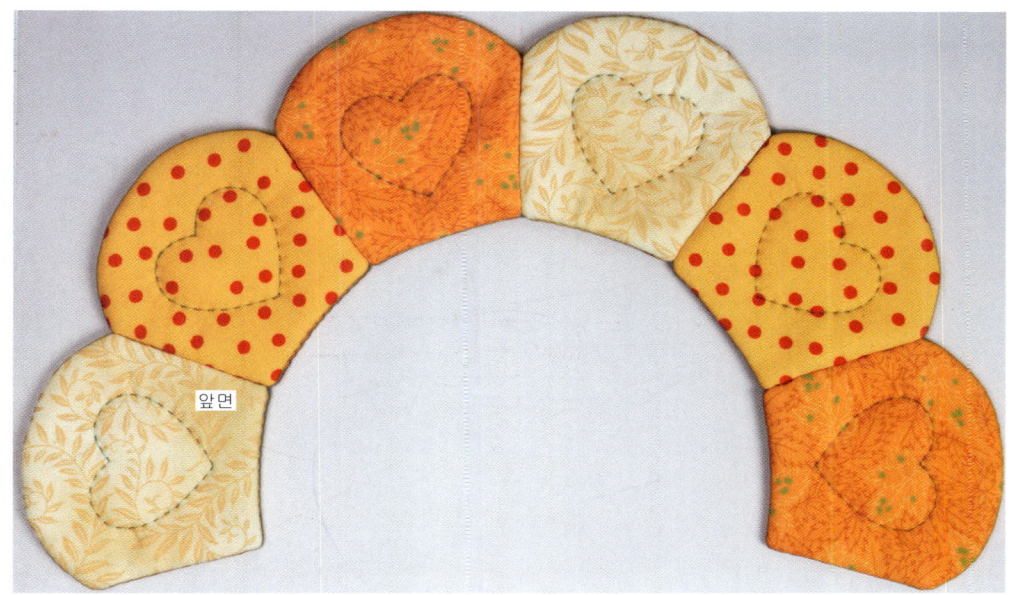

② 같은 방법으로 나머지도 공그르기 하여 연결한다.

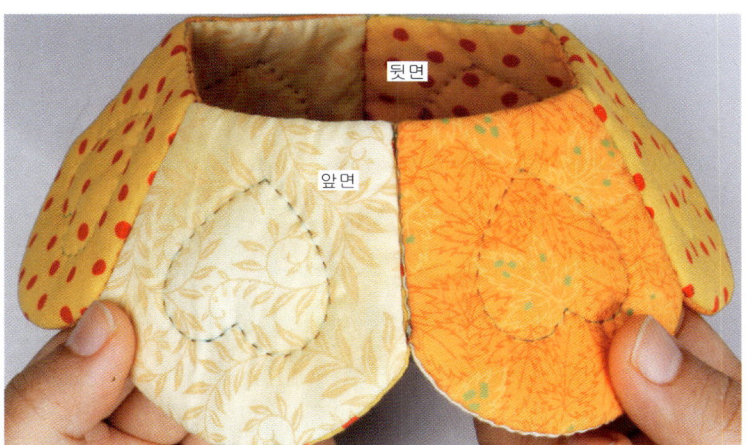

③ 처음과 마지막을 연결하여 원통형으로 만든다.

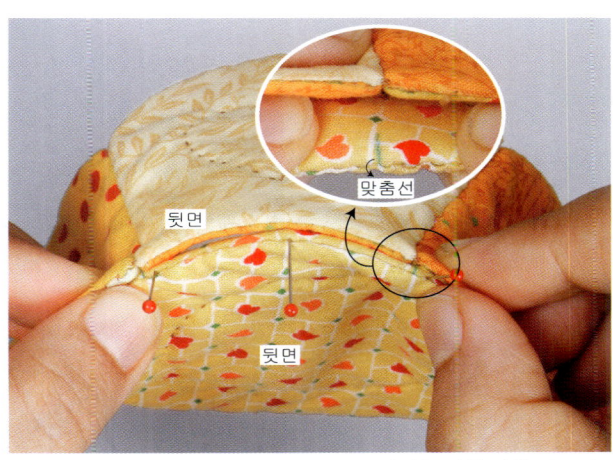

④ 뒤집어 뒷면이 보이는 상태로 놓고 밑면을 맞춰 핀을 꽂는다. 밑면의 맞춤선과 연결선을 맞춘 후 사이를 맞춘다.

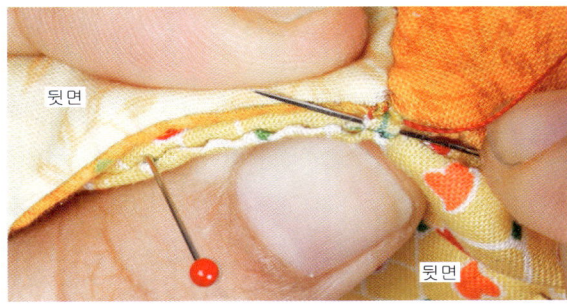

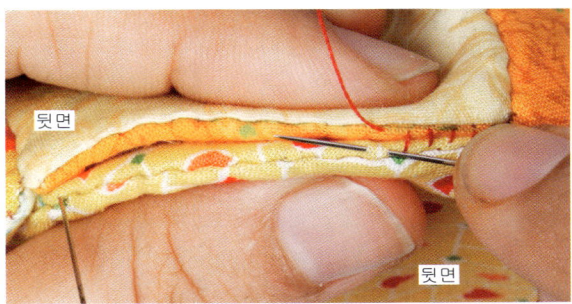

⑤ 마주 닿아 있는 앞면끼리 공그르기 하여 밑면을 연결한다. 연결부분과 만나는 곳은 튼튼하게 여러번 공그르기 한다.

⑥ 완성된 모습

11. 커피필터 가방

주방에 걸어두고 일회용 티백이나 커피믹스를 보관해도 예쁘고
꼬마 숙녀들 외출 가방으로 들고나가도 넘 귀여워요~

♥ 필요한 재료
옆면(6.5x32cm)‥조각천 5종‥안감 1/8마‥퀼팅솜 4온스‥면끈 27cm 6가닥

♥ 완성크기
가로 19cm x 세로 13cm x 옆 4.5cm (끈 길이 제외)   실물본 D면

1. 재단하기 (모두 안에 재단)

1 안감 (시접 0.7cm 따로)
앞(뒷)면 2장: 창구멍 위치 표시
옆면: 4.5 x 30cm

2 조각 5종 (시접 0.7cm 따로)
A~L: 앞면과 뒷면을 만들어야 하므로
각 2장씩 재단한다.

3 옆면
4.5 x 30cm (시접 0.7cm 따로)

2. 옆면 만들기

1 퀼팅솜 위에 겉감의 겉이 보이게 올려놓고
그 위에 안감의 안이 보이게 올려놓는다.

안감의 안   퀼팅솜

2 빙둘러 꿰맨다. 창구멍으로 5cm 가량 남긴다.

5cm

3 퀼팅솜이 보이게 놓고 완성선 가까이 퀼팅솜을 정리한다.

퀼팅솜

4 다시 안감이 보이게 놓고 코너 4곳에 가윗집을 준다.

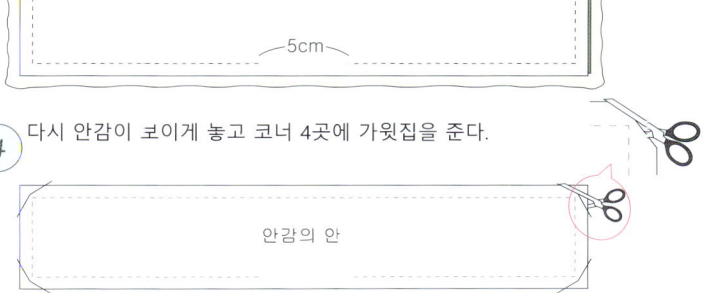
안감의 안

5 겉으로 뒤집어 모양을 정리한 후 창구멍은 공그르기 한다.

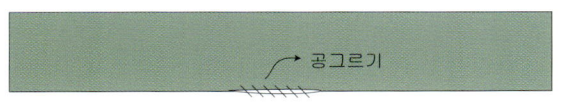
공그르기

6 중앙에 선을 그린 후 퀼팅한다. 밑중앙이 될 곳을 표시한다.

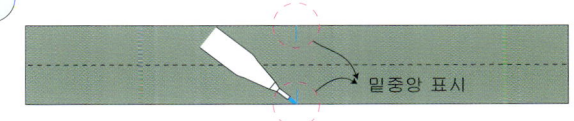
밑중앙 표시

3. 앞(뒷)면 Top 잇기

겉면이 보이게 배치한 후 위에서 아래로 꿰매간다.
빨간색 부분을 각각 꿰맨 후 파란색 부분을 꿰매 연결한다.
시접은 화살표 방향으로 각각 넘긴다.

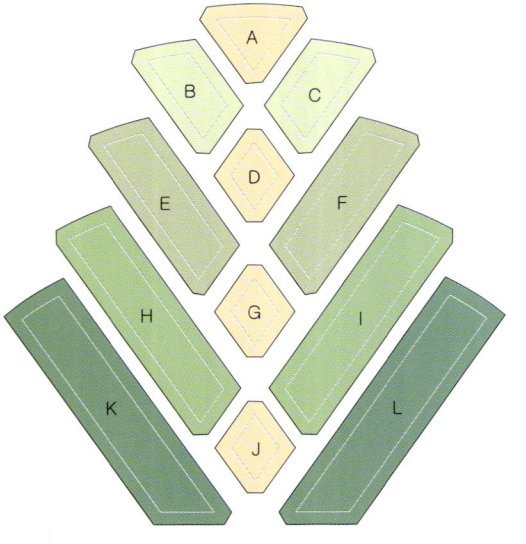

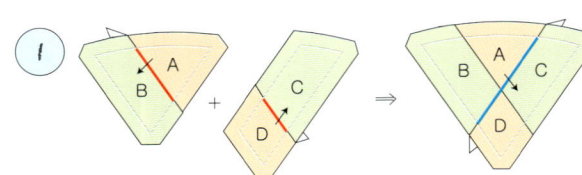

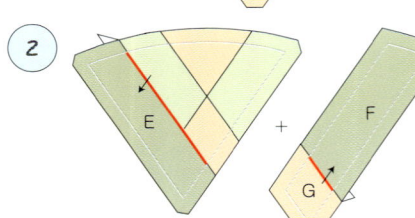
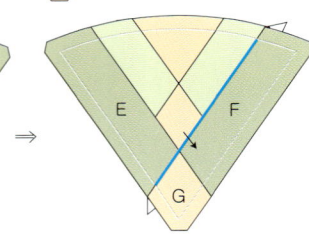

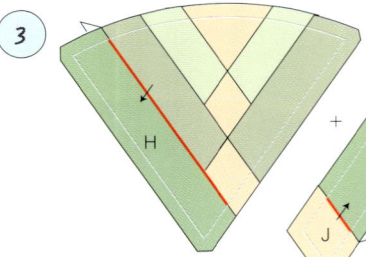
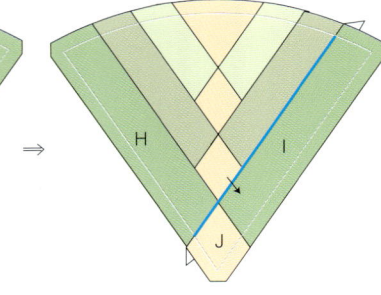

④ K와 L을 꿰맨 후 시접은 각각
K와 L쪽으로 넘긴다. 다림질하여
시접을 깔끔하게 정리한다.
=>2장 만든다.

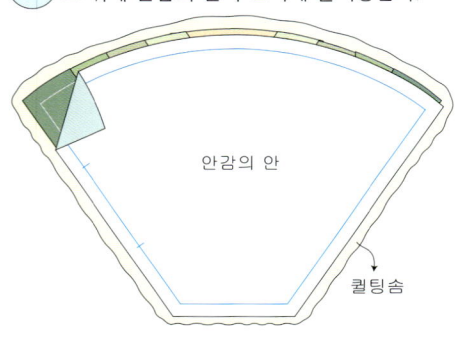

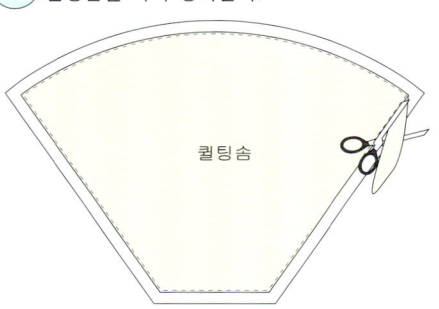

시접 넘긴 모습

4. 앞(뒷)면 완성하기

① 퀼팅솜 위에 Top의 겉이 보이게 올려놓고
그 위에 안감의 안이 보이게 올려놓는다.

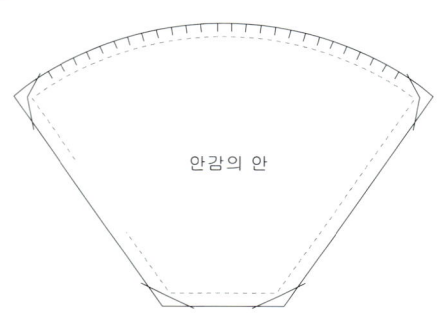

안감의 안

퀼팅솜

② 창구멍을 남기고 꿰맨다.

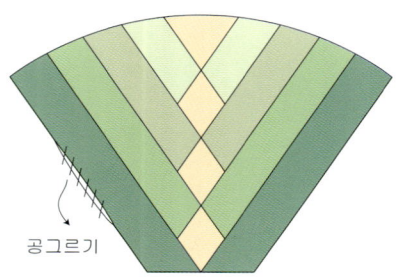

안감의 안

③ 퀼팅솜이 보이게 놓고 완성선 가까이
퀼팅솜을 바짝 정리한다.

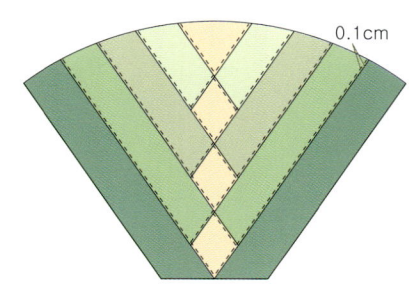

퀼팅솜

④ 다시 안감이 보이게 놓고 코너 4곳과
곡선 부분에 0.5cm 간격으로 가윗집을 준다.

안감의 안

⑤ 겉으로 뒤집어 모양을 정리한 후
창구멍은 공그르기 한다.

공그르기

⑥ 조각 연결선에서 0.1cm 띄워가며 시접이
넘어간 반대편에 퀼팅한다 => 2장 완성

0.1cm

5, 앞(뒷)면과 옆면 연결하기

① 앞면과 옆면을 겉끼리 마주 닿게 포갠 후 밑중앙을 맞춰 핀을 꽂는다.
끝끼리 맞춰 핀을 꽂고 나머지 사이를 맞춘 후 마주 닿아 있는 겉끼리
공그르기 하여 연결한다.

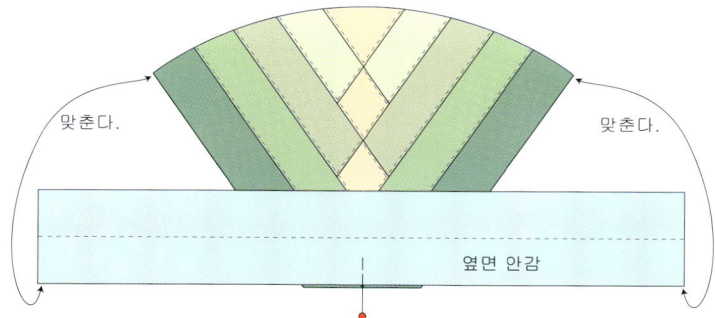

맞춘다.　　　　맞춘다.

옆면 안감

② 뒷면도 같은 방법으로 핀을 꽂은 후 공그르기 한다.

③ 겉이 보이게 뒤집는다 => 본체 완성

6, 손잡이 만들어 완성하기

① 27cm로 자른 면끈 3가닥을 맞춰 잡고 끝에서 1cm 띄운 정중앙을 통과한 후
주위를 빙 둘러 두 번 정도 감는다. 적당한 위치에 얹어놓고 안감과 끈 위를
통과해가며 고정시킨다. (실은 끈과 비슷한 색상을 사용한다)

1cm

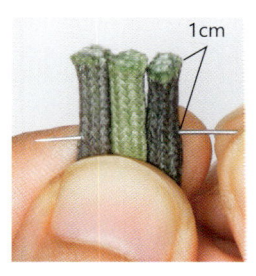

② 땋는다. 중간 이후부터는 3가닥의 남는 길이를 보면서 맞춰가며 땋는다.
처음 시작 부분과 같은 방법으로 끝에서 1cm 되는 위치를 고정시킨 후
본체에 꿰맨다.

1cm

③ 다른 쪽 끈도 같은 방법으로 완성한다.

12. 튤립 컵받침

그냥 매달아 놓는 것만으로도
멋진 인테리어 소품이에요~

이렇게 만들었어요~

♥ **필요한 재료**
　광목(12x33cm) ·· 조각천 4종 ·· 퀼팅솜 접착 2온스

♥ **완성크기**
　마름모 대각선 길이 13.5cm (한 변의 길이 9.5cm)　〔실물본 B면〕

1. 재단하기

① 바탕용 광목 (시접 0.7cm 따로)
뒷면: 전체실물본(10x10cm)으로 안에 그린 후 창구멍 위치를 표시한다.
바탕-A: 천 겉면에 그린다　　　나머지 바탕용: 각각 천 안쪽에 그린다.
　　　　　　　　　　　　　　　바탕-B와 바탕-BR에는 맞춤선을 표시한다. 
바탕-B, 바탕-BR 재단 예:

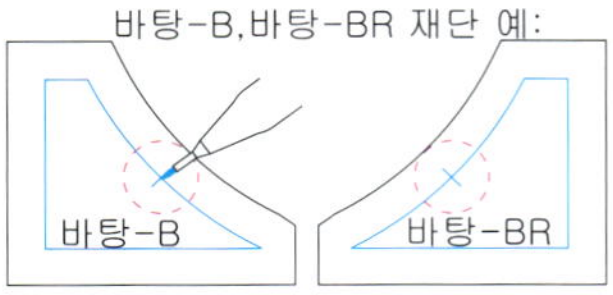

　바탕-A　　　　　바탕-B　　바탕-BR

② 꽃심 (시접 0.5cm와 0.7cm 따로)
아래 그림처럼 시접을 두어 겉
재단한 후 시접 0.5cm 둔 곳의
시접을 접어넣어 시침한다.

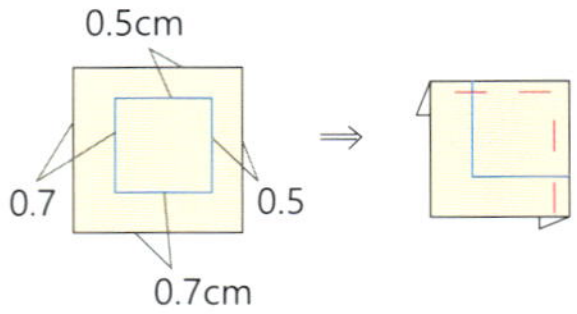

0.5cm
0.7　　0.5
0.7cm

③ 꽃, 줄기, 잎 (시접 0.7cm 따로)
각 1장씩 천 안에 재단한다.
꽃1과, 꽃2에는 맞춤선을
표시한다.

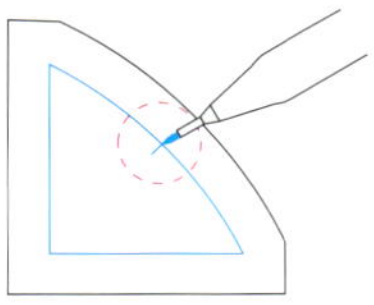

2. 튤립 블록 연결하기

① 바탕-A에 꽃심을 아플리케한다.

② 바탕-B와 꽃1을 연결한 후 시접은 꽃1 쪽으로 넘긴다.

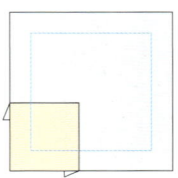
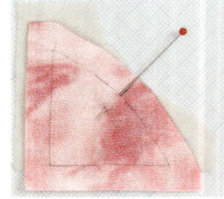
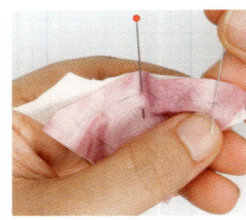
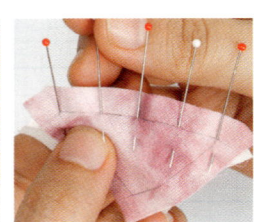

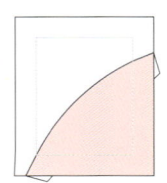

겉끼리 포갠 후 맞춤선을　　끝 완성선을 각각 맞춰 핀을　　나머지 사이사이도 맞춰　　앞 뒤 확인해가며 꿰맨다.　　꽃 쪽으로
맞춰 핀을 꽂는다.　　　　　 꽂는다.　　　　　　　　　 핀을 꽂는다.　　　　　　　　　　　　　　　　　시접을 넘긴다.

③ 같은 방법으로 바탕-BR 과 꽃2를 연결한다.
**　시접은 꽃2 쪽으로 넘긴다.**

④ 파란색 표시 부분을 각각 꿰맨다.
시접은 모두 아래쪽으로 넘긴다.

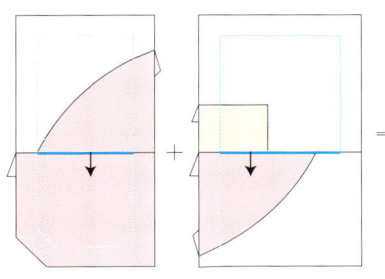

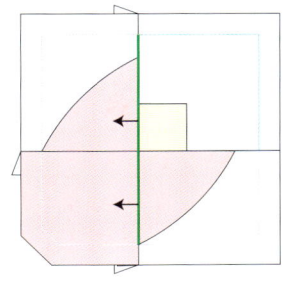

⑤ 초록색 표시 부분을 꿰맨다.
시접은 한꺼번에 왼쪽으로 넘긴다.

실제 뒷모습

⑥ 잎과 줄기를 연결한다.

빨간색 표시 부분을
각각 꿰매고 시접은
화살표 방향으로
모은다.

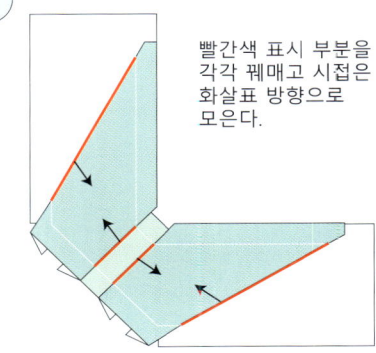

시접 들춰놓고 핀 꽂은 모습

꿰맨 후
→

실제 뒷모습

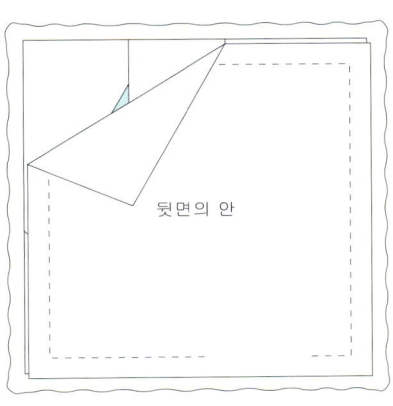

⑦ 파란색 표시 부분을 한쪽 면씩 맞춰가며 꿰맨다.
줄기 부분과 만나는 곳은 시접을 들춰가며
꿰맨다. 시접은 모두 잎과 줄기 쪽으로 넘긴다

⑧ 빨간색 부분을 꿰맨 후 시접은
화살표 방향으로 넘긴다.
다림질하여 정리한다 => Top 완성

3. 완성하기

퀼팅솜의 접착면

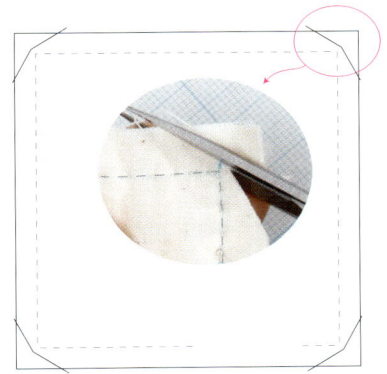

① 접착 퀼팅솜의 접착면 위에 Top의
겉이 보이게 올려 놓는다.

뒷면의 안

② 그 위에 뒷면의 안이 보이게 포갠 후
창구멍을 남기고 꿰맨다.

퀼팅솜

③ 퀼팅솜이 보이게 놓고 완성선
가까이 퀼팅솜을 정리한다.

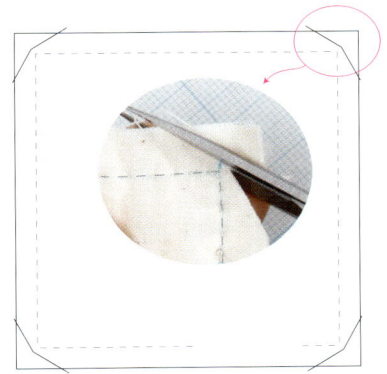

④ 귀퉁이 네 곳에 가윗집을 준 후
겉으로 뒤집는다.

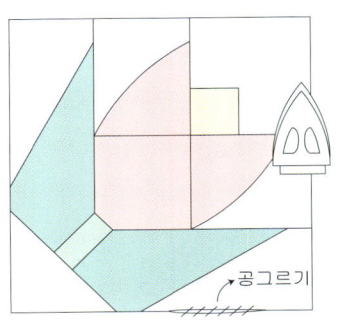

공그르기

⑤ 모양을 정리한 후 창구멍은
공그르기 하고 다림질한다.

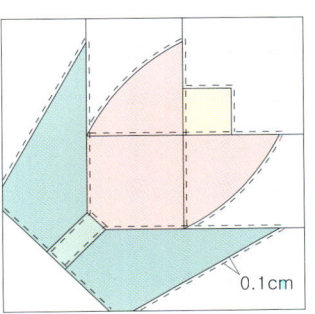

0.1cm

⑥ 시침한 후 위 그림을
참조하여 퀼팅 한다.

13. 튤립 식탁매트

식탁이 멋스럽고 아름다워져요~
화사한 튤립에 눈이 즐거워지니 음식 맛도 한층 더 살아나요~~

♥ 필요한 재료
광목 1/4마 ·· 조각천 4종 ·· 보더용 2종 각 1/8마 ·· 퀼팅솜 접착 2온스

♥ 완성크기
가로 39cm x 세로 29.5cm　　실물본 B면

1. 재단하기

① 바탕용 광목 (시접 0.7cm 따로)
　뒷면: 40x30cm로 안에 그린 후 창구멍 위치를 표시한다.
　(창구멍: 아래 모서리에서 6cm 띄운 곳부터 8cm가량 되게)

　바탕-A: 천 겉면에 그린다　　나머지 바탕용: 각각 천 안쪽에 그린다.
　　　　　　　　　　　　　　바탕-B와 바탕-BR에는 맞춤선을 표시한다.

　　　　　　　　　바탕-B, 바탕-BR 재단 예:

바탕-A　　　바탕-B　　바탕-BR

② 꽃심 (시접 0.5cm와 0.7cm 따로)
　다음처럼 시접을 두어 겉에
　재단한 후 시접 0.5cm 둔 곳의
　시접을 접어놓어 시침한다.

　0.5cm
　0.7　　0.5
　0.7cm

③ 꽃, 줄기, 잎 (시접 0.7cm 따로)
　각 1장씩 천 안에 재단한다.
　꽃1과, 꽃2에는 맞춤선을
　표시한다.

④ 보더용 2종 (시접 0.7cm 따로) 주의 : 2종류의 천이 대칭이 되게 그린다.
　천 안쪽에 2장씩 재단 : 한 원단에 매트-A 실물본을 그대로 그렸으면 다른 원단에는 실물본을 뒤집어서 그린다.

2. 튤립 블록 연결하기
　튤립 컵받침 설명을 참조하여 동일하게 만든다.

3. 보더끼리 연결하기
　빨간색 부분(완성선에서 완성선까지)을 꿰매고
　시접은 화살표 방향으로 모은다.

4. 튤립 블록과 보더를 연결해 Top 완성하기
　보더 가운데 튤립 블록을 한 면씩 맞춰가며 꿰맨다. 시접은 모두
　보더 쪽으로 넘긴 후 다림질하여 정리한다 => Top 완성

실제 뒷모습

5. 완성하기
　튤립 컵받침 설명을 참조

① 접착 퀼팅솜의 접착면 위에 Top의
　겉이 보이게 올려놓는다.

② 그 위에 뒷면의 안이 보이게 포갠 후
　창구멍을 남기고 꿰맨다.

③ 퀼팅솜이 보이게 놓고 완성선
　가까이 퀼팅솜을 정리한다.

④ 귀퉁이 네 곳에 가윗집을 준 후
　겉으로 뒤집는다.

⑤ 모양을 정리한 후 창구멍은
　공그르기 하고 다림질한다.

⑥ 옆 그림을 참조하여 퀼팅선을 그린 후
　충분히 시침하고 퀼팅 한다.

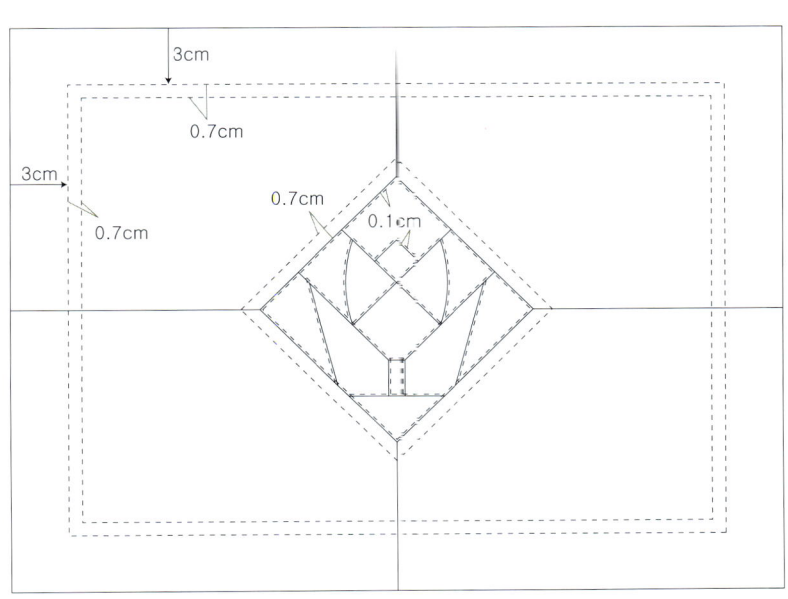

3cm
3cm
0.7cm
0.7cm
0.7cm
0.1cm

14. 세조각 하트 동전지갑

손에 쏙 들어오는
앙증맞은 크기의 동전지갑이에요.

묵주나 반지처럼
작고 소중한 물건을 넣어 두기에도 좋아요~

♥ **필요한 재료**
바탕체크(17.5x11.5cm)‥조각체크 3종‥안감 1/8마‥정바이어스 3.5x40cm‥지퍼 15cm
장식단추(6mm) 4개‥십자수실‥퀼팅솜 3온스

♥ **완성크기**
가로 9.5cm x 세로 7cm x 밑폭 3cm   실물본 A면

1, 재단하기

① **바탕 체크** (시접 포함)
실물본에 이미 시접이 포함되어
있으므로 본대로 재단한다.
겉면에 하트와 밑면위치
수놓을 도안을 그린다.
수놓을 도안은 펜이 들어갈 수
있게 도려낸 본을 만들어 그린다.

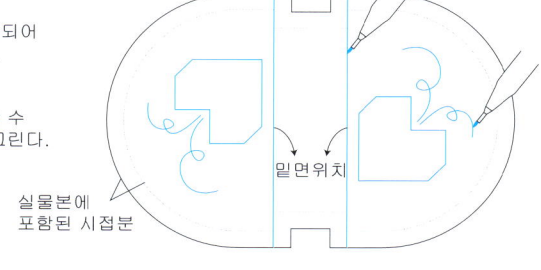

실물본에
포함된 시접분

밑면위치

② **안감**
<u>본체용</u>: 퀼팅솜은 바탕체크보다 0.5cm 크게 자르고
안감은 퀼팅솜보다 0.5cm 크게 자른다.
<u>밑폭정리용 2장</u>: 5x4cm (시접 포함)

③ **조각체크** (시접 0.5cm 따로)
A,B,C 각 2장씩: 겉면에 재단

④ **정바이어스** (시접 포함)
<u>바인딩용 2장</u>: 3.5 x 20cm

2, 아플리케용 하트 만들기

① A에 B를 아플리케한다.
② 그 위에 C를 아플리케한다.
③ 시접을 접어 넣어가며 시침한다.
④ 시침이 완성된 뒷모습

3, 아플리케하기

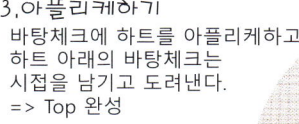

바탕체크에 하트를 아플리케하고
하트 아래의 바탕체크는
시접을 남기고 도려낸다.
=> Top 완성

아플리케 아래 바탕천 도려내는 모습

0.7cm

4, 퀼팅하기

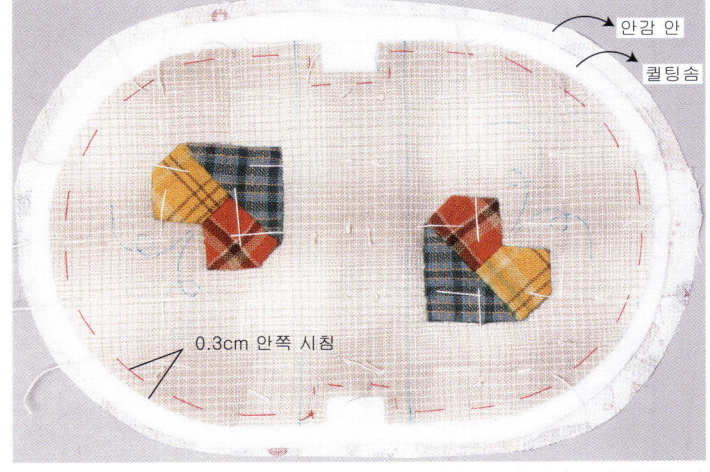

안감 안
퀼팅솜

0.3cm 안쪽 시침

① 안감의 안쪽 위에 퀼팅솜을 올려놓고 그 위에 Top의 겉이 보이게 얹는다.
충분히 시침한다. Top 끝에서 0.3cm 안쪽 둘레도 시침한다.

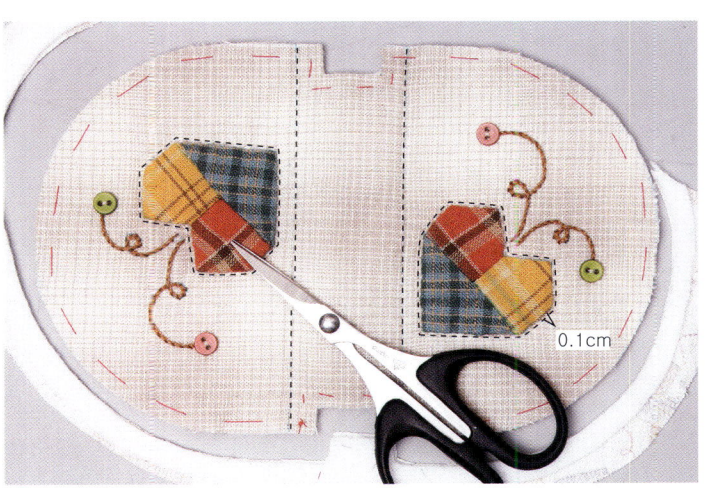

0.1cm

② 하트 둘레와 밑면 선을 퀼팅한다. 수실 2겹으로 퀼팅솜까지만 떠지게
줄기수를 놓고 단추는 안감까지 떠지게 꿰맨 후 Top에 맞춰 퀼팅솜과
안감을 정리한다. 가장자리 시침실은 남겨두고 나머지는 제거한다.

5. 파인 곳을 제외한 나머지 부분 바인딩하기

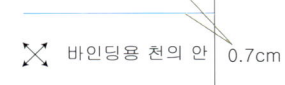

1　3.5 x 20cm 정바이어스로 재단한 천의 안쪽에 0.7cm 선을 그린다.

✕ 바인딩용 천의 안　0.7cm

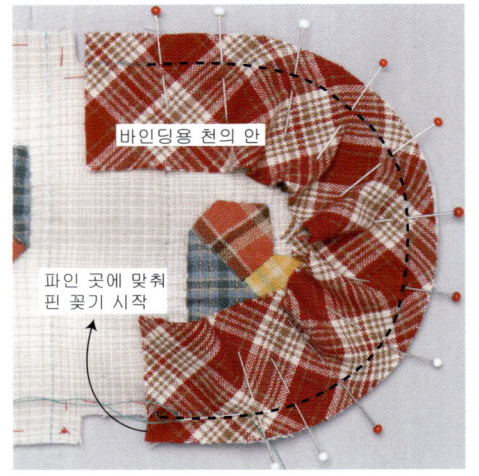

바인딩용 천의 안

파인 곳에 맞춰 핀 꽂기 시작

2　바인딩천 끝과 Top 끝을 맞춰가며 핀을 꽂은 후 반박음질로 꿰맨다.

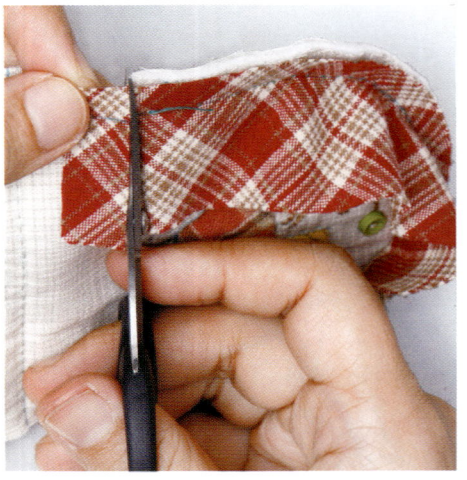

3　여유분은 파인 곳에 맞춰 정리한다.

4　바인딩 천 겉이 보이게 안감쪽으로 넘겨 정리한다.

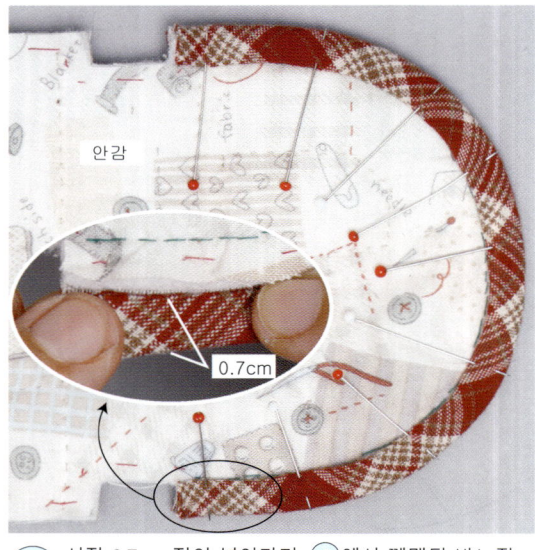

안감

0.7cm

5　시접 0.7cm 접어 넣어가며 ②에서 꿰맸던 바느질 선이 살짝 가려지게 핀을 꽂고 공그르기 한다.

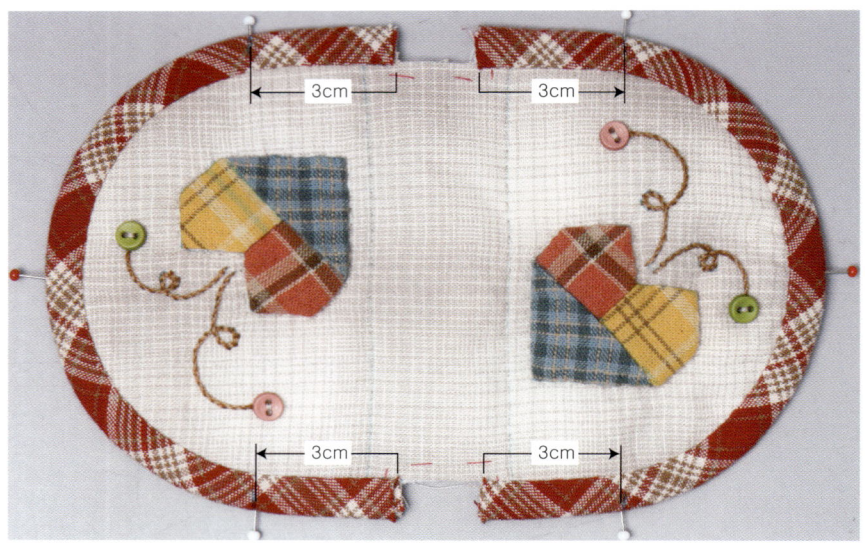

3cm　3cm

3cm　3cm

6　나머지 한쪽도 같은 방법으로 바인딩 한 후 정중앙 위치(빨간색 핀 꽂은 위치)와 코너에서 3cm 띄운 곳(흰색 핀 꽂은 위치)를 각각 표시한다.

7　안끼리 마주보게 반 접은 후 3cm 표시한 곳을 맞춰 두세 번 감침한다.

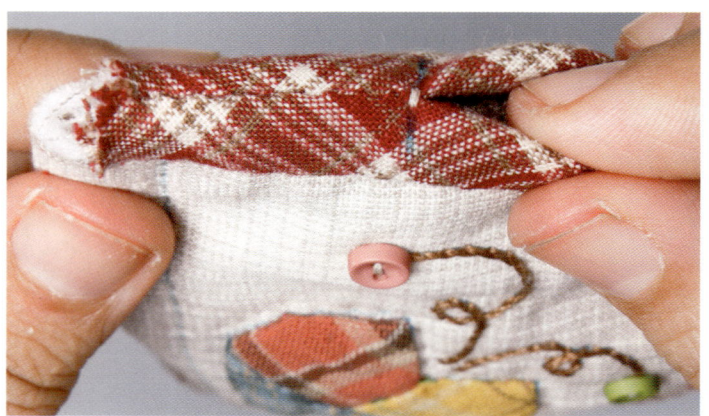

8　나머지 아래쪽을 공그르기로 연결한다.

6. 지퍼 꿰매기

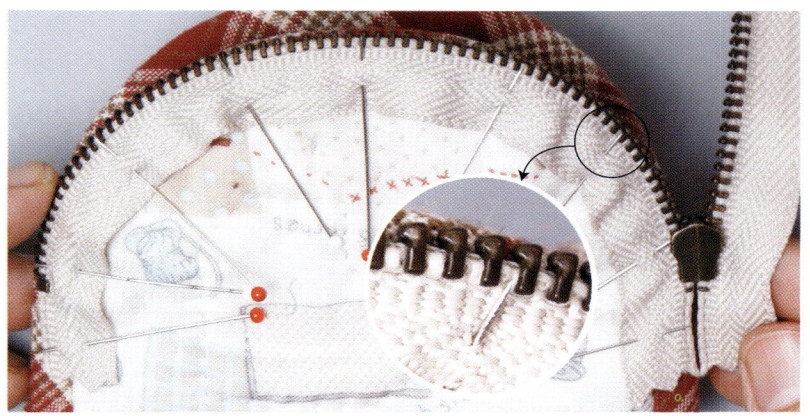

① 지퍼의 중앙과 본체의 중앙을 맞춰 핀을 꽂은 후 양쪽으로 핀을 꽂아 나간다.
바인딩 끝과 지퍼 쇠끝을 맞춘다. 양 끝은 약간 안으로 들어가게 핀을 꽂는다.

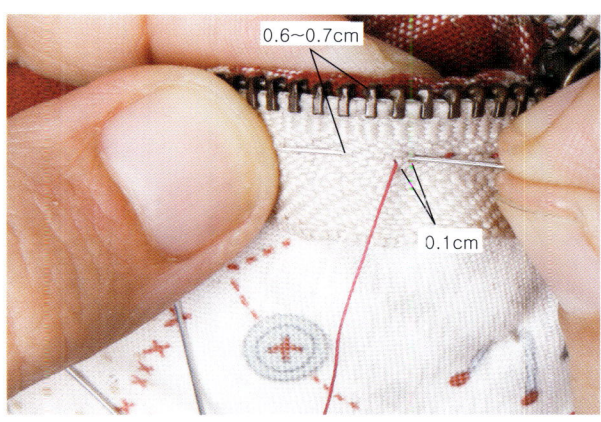

② 지퍼 쇠끝에서 0.6~0.7cm 아래를 반박음질로 꿰맨다.
뒤로 가는 땀은 0.1cm 정도가 되게 뜬다.

③ 지퍼 아래는 홈질로 들뜨지 않게 정리한다.

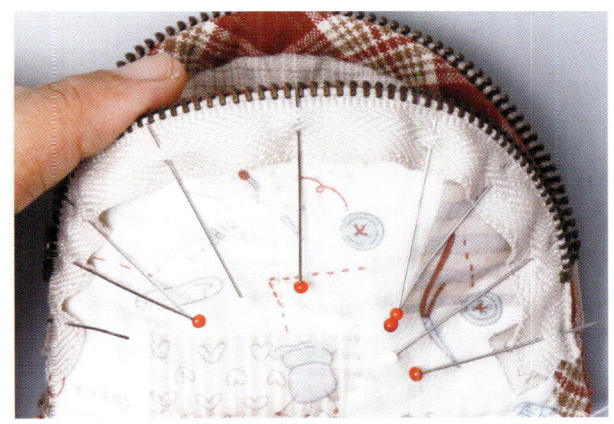

④ 반대쪽도 같은 방법으로 핀을 꽂고 꿰맨다.

7. 밑폭 꿰매고 완성하기

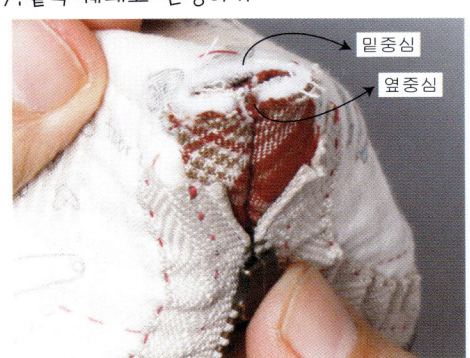

① 옆중심과 밑중심을 맞춰 핀을 꽂는다.

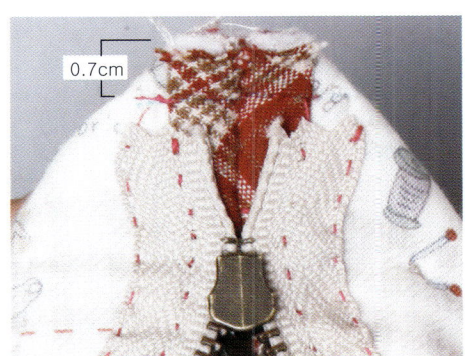

② 0.7cm 선을 그린 후 꿰맨다.

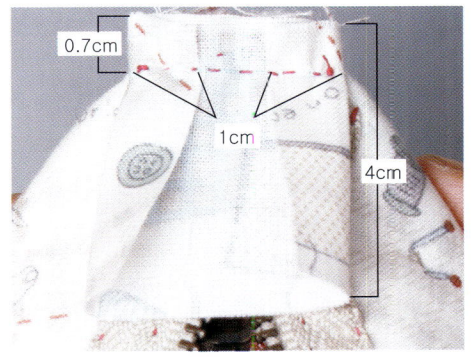

③ 그 위에 5x4cm로 자른 안감의 양 끝을 1cm 가량 접어 올려놓은 후 꿰맨다.

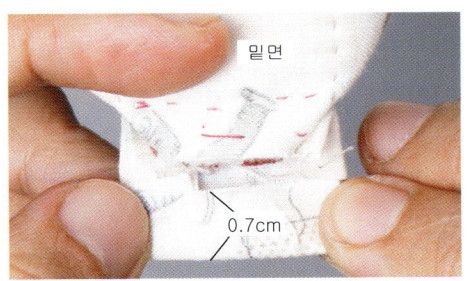

④ 밑면 쪽에서 시접 0.7cm 접어 넣고 공그르기 한다.

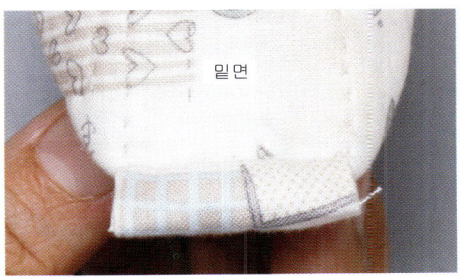

⑤ 다른 쪽도 같은 방법으로 밑폭을 정리한다.

⑥ 밑폭을 정리한 옆면모습.
겉으로 뒤집으면 완성.

15. 스트라이프 키지갑

지갑 형태라 남자분들이 쓰기에도 부담 없고
카드 키나 비상금을 보관할 수 있는
포켓이 있어 좋아요~

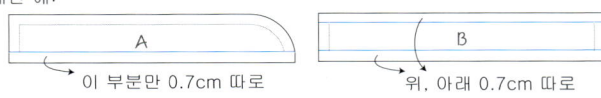

이렇게 만들었어요~

♥ **필요한 재료**
조각천 5종‥본체안감(21 x 13cm)‥포켓용(13.5 x 10.5cm)‥정바이어스 3.5x58cm
접착심‥퀼팅솜 4온스‥4구 열쇠장식‥싸개 스냅단추(13mm)

♥ **완성크기**
가로 18.5cm x 높이 11cm (펼쳤을 때)

실물본 A면

1.재단하기

① 조각천 5종 (안쪽에 재단) **(외곽선: 시접 포함, 연결부분:시접 0.7cm 따로)**
실물본 A~E :1장씩
실물본의 외곽선에는 이미 시접분이 포함되어 있으므로
연결될 부분에만 시접을 따로 두어 재단한다.

재단 예:

| A | B |

← 이 부분만 0.7cm 따로　　　↙ 위, 아래 0.7cm 따로

② 기타 **(시접 포함)**
안감: 21 x 13cm
포켓: 13.5 x 10.5cm
바인딩용 정바이어스: 3.5 x 58cm
힘받이용 접착심: 9 x 11.5cm

2.Top 연결하기
각각을 잘 맞춰 연결하고
시접은 안쪽으로 모은다.
(화살표 방향으로)

3.안감 –> 퀼팅솜 –> Top순으로 놓고 시침 후 퀼팅한다.
전체적으로 시침한 후 가장자리(Top 끝에서 0.3cm 안쪽)를 시침한다.
조각 연결선에서 0.1cm가량 띄우며 시접이 넘어간 반대편에 퀼팅한다.

퀼팅솜

안감의 안

4.퀼팅이 끝난 후 가장자리 시침을 제외한 나머지 시침실은
제거하고 퀼팅솜과 안감을 Top에 맞춰 정리한다.

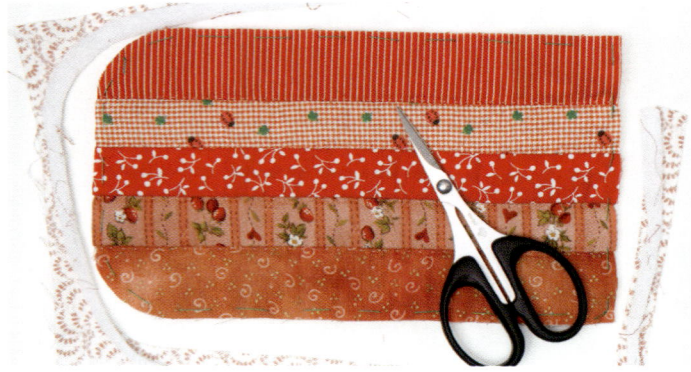

5.포켓을 만들어 중앙에 시침한다.
포켓의 이음선이 안쪽으로 향하도록 중앙에 올려놓고
위 끝과 아래 끝을 각각 맞춰 시침한다.

0.3cm 안쪽을
시침한다.

포켓 만드는 방법

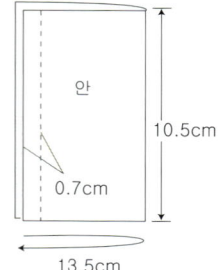

안

10.5cm

0.7cm

13.5cm

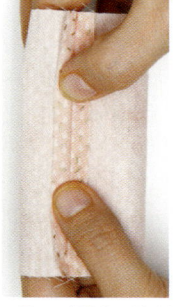

11.5cm

접착면

① 겉끼리 마주 닿게
접는다. 0.7cm 선을~
그린 후 꿰맨다.

② 시접은 가름솔
한 후 겉으로
뒤집는다.

③ 접착심을 접착면이
겉으로 보이게 접는다.

④ 접착심을
포켓 속으로
끼워 넣는다.

⑤ 접착심이 천에
붙도록 다린다.
=> 포켓완성

6.가장자리를 3.5x58cm 정바이어스로 바인딩 처리한다.
오른쪽 중앙에서 시작하여 바인딩 처리한다. (기본 정보: 각진 곳 바인딩하는 방법과 둥근 곳 바인딩하는 방법 참조)

① Top 끝에 맞춰가며 바인딩 천을 꿰맨다.

② 안쪽에서 시접분을 접어 넣어가며 공그르기 한다.

7.열쇠장식과 스냅단추를 달아 완성한다.

바인딩 끝과 나란하도록

① 열쇠장식을 포켓 위에 올려놓고 구멍 위치를 수성펜으로 표시한다.

② 구멍 위치 중앙에 송곳을 찔러 구멍을 넓힌다. 구멍에 가윗집을 내면 헐거워질 수 있으므로 송곳을 이용하고 포켓에만 구멍을 낸다.

③ 고정용 부속 중 긴 것을 포켓 안쪽에서 바깥쪽으로 나오도록 밀어 낸다.

④ 고정용 부속 중 짧은 것을 끼운다.

스냅단추(ᴗ)

카드나 비상금 수납을 위해 공그르기로 본체에 붙인다.

⑤ 포켓의 왼쪽 부분은 본체에 공그르기 하여 고정시키고 싸개 스냅단추(ᴗ)는 바인딩 안쪽 끝에 맞춰 공그르기 한다.

1.5cm

스냅단추(ᴗ)

⑥ 나머지 스냅단추(ᴗ)는 겉면에 꿰맨다. 바인딩 끝에서 1.5cm 띄운다.

16. 두건소녀 미니 파우치

기분 좋은 행복 바이러스를 선물해 보세요~
환하게 웃고 있는 소녀를 바라보다 보면 입가에 미소가 번져요~

이렇게 만들었어요~

♥ 필요한 재료
바탕체크 ‥소녀용 2종 ‥옆면 무지 ‥안감(20x22cm) ‥눈 단추(9mm 2개) ‥진주(4mm 2개) ‥십자수실 2종
퀼팅솜 4온스 ‥7cm 일자프레임(Hobby & Land #700)

♥ 완성크기
가로 9cm x 세로 7.5cm x 밑폭 5cm   실물본 B면

1, 재단하기

① 바탕체크 (시접 0.7cm 따로)
본체: 겉에 재단. 밑중앙선, 세로 퀼팅선,
얼굴위치, 아플리케 맞춤선,
수놓을 도안을 그린다.

주의: 퀼팅선을 그릴 때 글씨
근처는 그리지 않는다. 글씨가
있는 부분도 퀼팅을 해야 하지만
수놓을 부분과 겹쳐 그리면
수놓을 때 혼동될 수 있다.

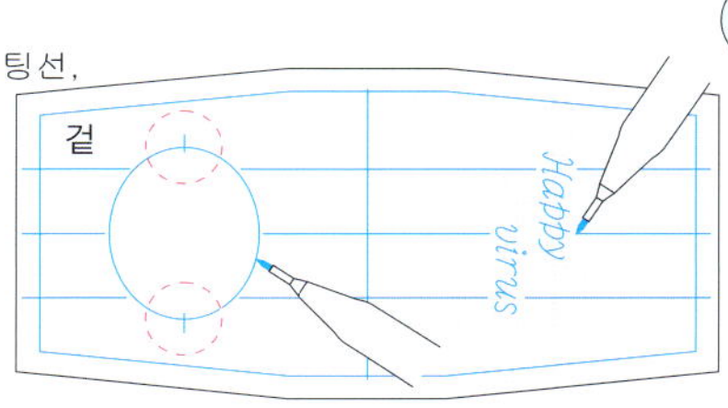

② 안감 (안에 재단) (시접 0.7cm 따로)
본체: 밑중앙과 창구멍 표시

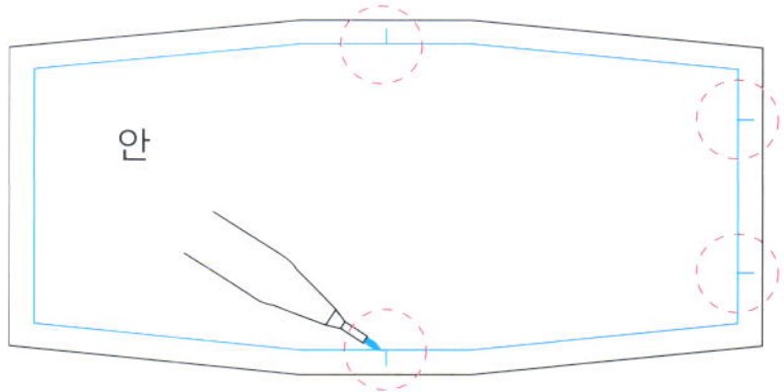

옆면 2장:
밑중앙과 창구멍 표시

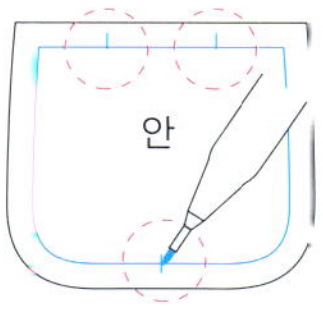

③ 무지 (시접 0.7cm 따로)
옆면 겉감 2장: 겉에 재단
밑중앙 위치를 표시

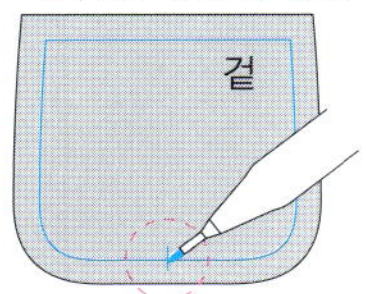

④ 소녀용 2종 (시접 0.5cm 따로)
두건 매듭 2장: 안에 재단(정바이어스 방향)
하나에는 창구멍 위치를 표시한다.

얼굴: 겉에 재단
입을 그린다.

두건: 겉에 재단
맞춤 위치 표시

→ 옆 그림처럼
얼굴에 두건을
아플리케한다.

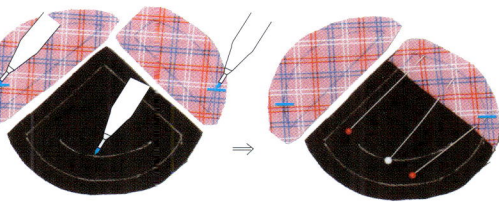

2, 두건 매듭 만들기

① 겉끼리 마주닿게
포갠 후 창구멍을
남기고 꿰맨다.

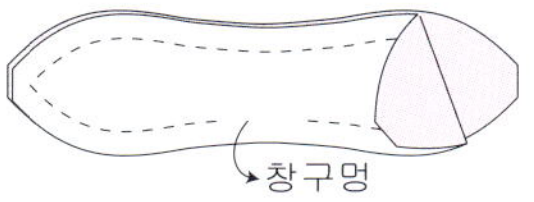

← 창구멍

② 코너와 창구멍을 제외한
곡선 부분에 가윗집을 준다.
3mm간격으로 가윗집을 준다.

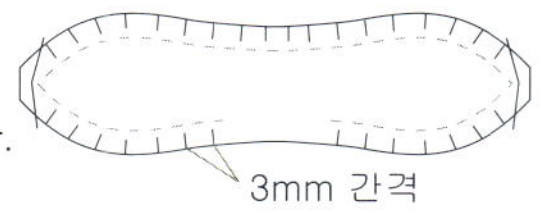

3mm 간격

③ 겉으로 뒤집어 모양을 정리한 후
창구멍은 공그르기 한다.

④ 끝을 겹쳐
고리를
만든다.

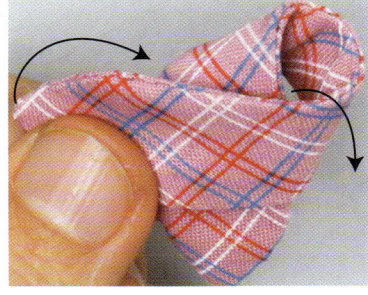

⑤ 고리 사이로
끝을 빼낸다.

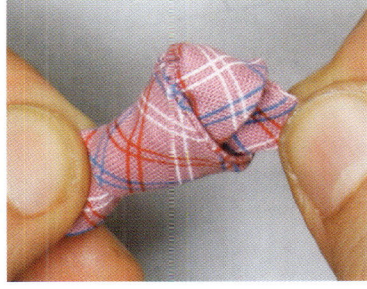

⑥ 모양을 정리하며 당긴다.
=> 두건 매듭 완성

3. 옆면 만들기

안감의 안

퀼팅솜

① 퀼팅솜 위에 겉감 겉이 보이게 놓고 그 위에 안감 안이 보이게 포갠다. 밑중앙과 코너를 먼저 맞춰 핀을 꽂고 나머지 사이를 맞춘다.

창구멍

② 창구멍을 남기고 꿰맨다.

퀼팅솜

③ 퀼팅솜이 보이게 놓고 완성선 가까이 퀼팅솜을 정리한다.

④ 안감이 보이게 놓고 코너와 곡선 부분에 가윗집을 준다

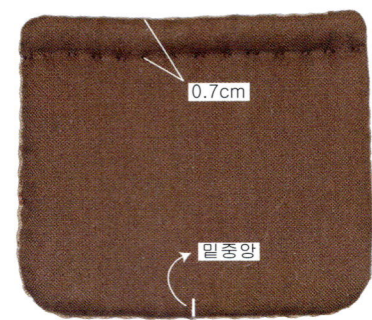

0.7cm

밑중앙

⑤ 겉으로 뒤집어 창구멍은 공그르기 한다. 위 끝에서 0.7cm 띄운 선을 그린 후 퀼팅한다. => 2장 만든다.

4. 본체 만들기

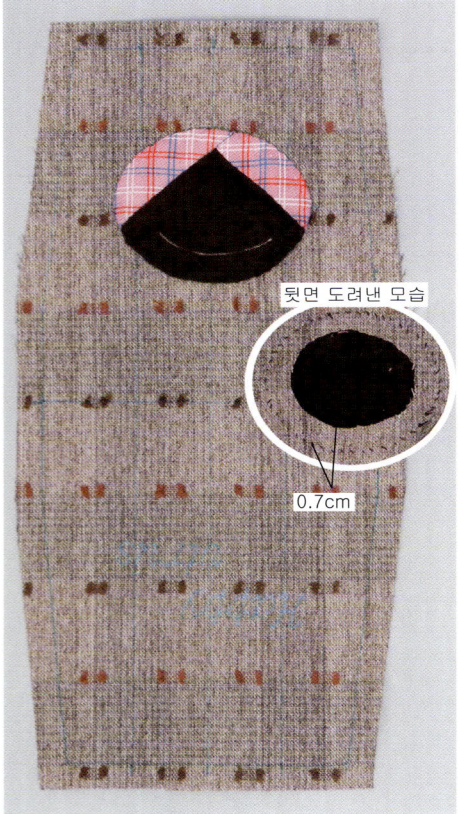

뒷면 도려낸 모습

0.7cm

① 소녀를 아플리케한 후 아래 바탕천은 0.7cm 가량 남겨두고 도려낸다 => Top 완성

퀼팅솜

안감의 안

창구멍

② 퀼팅솜 위에 Top 겉이 보이게 놓고 그 위에 안감 안이 보이개 포갠다. 잘 맞춰 핀을 꽂은 후 창구멍을 남기고 꿰맨다.

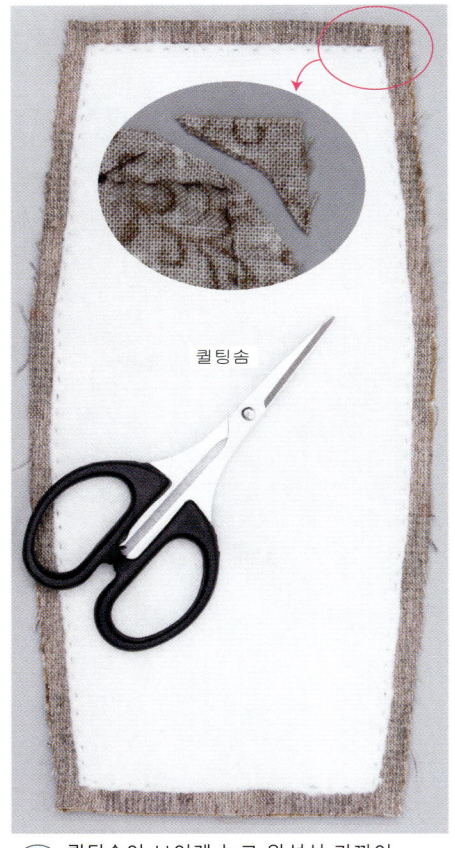

퀼팅솜

③ 퀼팅솜이 보이게 놓고 완성선 가까이 퀼팅솜을 정리한다. 다시 안감이 보이게 놓고 코너 4곳에 가윗집을 준다.

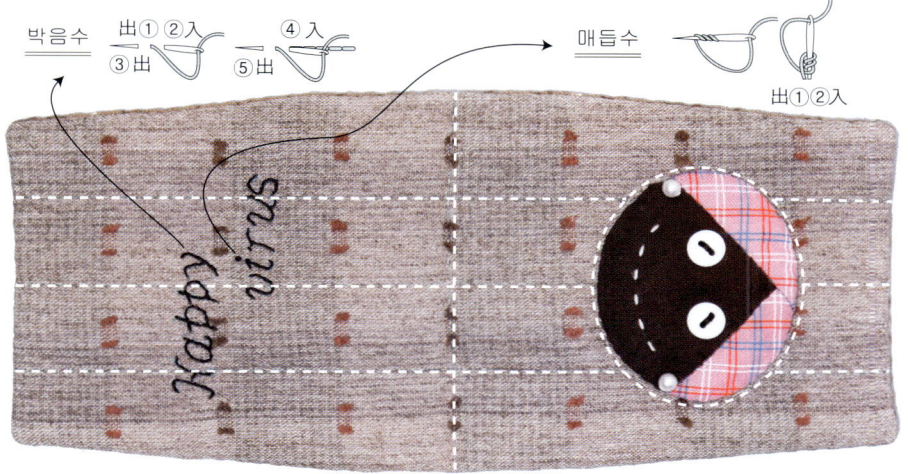

박음수 出①②入
③出 ④入
⑤出

매듭수
出①②入

④ 겉으로 뒤집어 모양을 정리한 후 창구멍은 공그르기 한다. 전체적으로 시침한 후 세로선을 퀼팅하고 얼굴 외곽 주위를 0.1cm 띄워가며 퀼팅한다. 수실 2겹으로 퀼팅솜까지만 떠지게 수를 놓고 눈과 진주는 안감까지 떠지게 꿰맨다.

⑤ 두건 매듭의 중심부분 위 1cm와 아래 1cm만 공그르기 하여 고정시킨다.

5.본체와 옆면 연결하기

2cm — 2cm

① 본체의 겉면과 옆면의 겉면이 마주 닿게 올려놓고 본체의 밑중앙과 옆면의 밑중앙을 맞춰 핀을 꽂는다. 양쪽 2cm씩 핀을 꽂아 4cm 정도만 마주 닿아 있는 겉과 겉을 공그르기 한다.

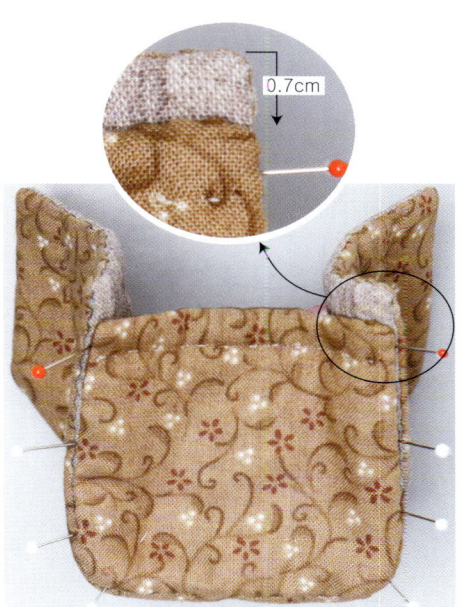

0.7cm

③ 본체 끝에서 0.7cm 띄운 곳과 옆면 끝을 먼저 맞추고 나머지 사이를 맞춰 핀을 꽂는다. 마주 닿아 있는 겉과 겉을 공그르기 한다.

0.7cm   0.7cm

4cm

② 공그르기 후 펼쳐 놓은 모습. 화살표 부분을 서로 맞춰 핀을 꽂은 후 나머지 사이를 맞춰 핀을 꽂는다 => ③

④ 같은 방법으로 나머지 옆면도 공그르기 로 연결한 후 겉으로 뒤집는다.

6. 입구에 프레임 달기

0.1cm

큰 바늘 같은 것을
이용해 프레임에 끼운다
본체 끝이 0.1cm 정도
튀어 나오게 한다.
(너무 튀어나오지 않게 주의)

① 프레임에 입구를 맞춰 끼워 넣고 퀼팅실 2겹으로 꿰맨다.
들어갔다 나왔다하여 끝까지 꿰맨 후 되돌아 올때는
반대로 들어갔다 나왔다하여 박음질처럼 보이게 꿰맨다.

② 반대쪽 프레임도 같은 방법으로 꿰맨다.
주의 : 프레임 옆면을 본체 밖으로 뺀 후 꿰맨다.

Tip 프레임을 비즈와 함께 꿰매면
또 다른 멋이 느껴집니다.

비즈로 꿰매는 방법 : 프레임 구멍으로 나온 후 비즈를 끼우고 나왔던 구멍으로
다시 들어간다.

frame

:측면모습

응용 두건소녀 지퍼 파우치

입구부분을 지퍼로 마무리 하면
또 다른 느낌의 소품 파우치가 완성됩니다~

프레임 대신
⇒ 15cm 지퍼 ·· 2cm 싸개 프라스틱 4개 ·· 싸개용 원단

지퍼 준비하기

① 싸개용 원단을
프라스틱 보다 0.7cm
크게 재단 후 끝에서
0.3cm 안쪽을 홈질한다.

0.7cm
0.3cm

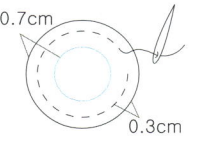

② 싸개용 프라스틱을
오목한 부분이
보이게 놓는다.

오목한 부분

③ 잡아당겨 마무리한다.
=> 4개 만든다.

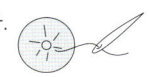

④ 지퍼 양끝을 싸개단추로 장식한다. 지퍼 끝을
삼각형으로 접어 감침한 후 싸개단추 사이에 끼워넣는다.
싸개단추를 공그르기로 연결한다. 지퍼 중앙을 표시한다.

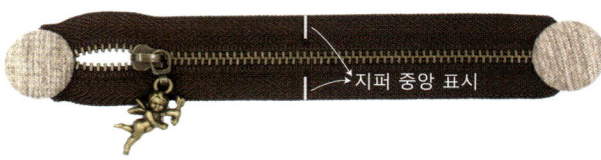

지퍼 중앙 표시

입구에 지퍼 꿰매기

① 윗부분 끝에서 0.7cm 띄운 선을
그리고 중앙위치를 표시해준다.

0.7cm 중앙표시

② 그려놓은 선에 지퍼 끝을 맞추고 지퍼의
중앙과 본체의 중앙을 잘 맞춰 핀을 꽂는다.

③ 지퍼 아래 끝에서
0.5cm 띄운 위치를
홈질로 꿰맨다.

0.5cm

④ 지퍼 끝쯤을
홈질로 정리한다.

⑤ 뒷면 지퍼도
같은 방법으로 꿰맨다.

17. 두건소녀 브로치 & 스마트톡

브로치핀을 꿰매주면 밋밋한 가방에 포인트 장식으로~
자석을 꿰매주면 메모홀더나
메탈 재질 스마트톡에 탈부착 장식으로 사용할 수 있어요~

이렇게 만들었어요~

♥ **필요한 재료**
소녀용 2종 ·· 눈(3mm 2개) ·· 진주(4mm 2개) ·· 퀼팅솜 2은스 ·· 십자수실 2종
브로치핀 또는 우레탄 고주파자석(20mm 두께 2mm)

♥ **완성크기**
가로 5.8cm x 세로 4.5cm

실물본 B면

우레탄
고주파자석
실제 모양

1. 재단하기 (시접 0.5cm 따로)

모두 안쪽에 정바이어스 방향으로 그린다
두건 매듭 2장: 하나에는 창구멍 위치를 표시한다.
얼굴 앞면 각 1장씩: 실물본을 뒤집어 그린다.
얼굴 뒷면 1장: 창구멍과 맞춤위치를 표시한다.

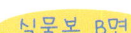
얼굴 뒷면
재단 예:
안

Tip

일반 DIY용 스마트톡에 고무철지를 잘라
붙이거나 자석거치용 철판을 붙이면
자석이 붙는 메탈 스마트톡으로 변신

고무철지
부착

자석거치용
철판 부착

2. 두건 매듭 만들기

앞 작품의 설명을 참조하여 만든다.

3. 얼굴 만들기

노랑선을 꿰맨 후 빨간선을 꿰맨다.
시접은 화살표 방향으로 넘긴다.
=> 앞면 완성

퀼팅솜 위에 앞면을 올려놓고 그
위에 뒷면을 포갠다. 핀을 잘 맞춰
꽂은 후 창구멍을 남기고 꿰맨다.

퀼팅솜을 완성선 가까이 정리한다.
창구멍을 제외 한 나머지 시접을
0.3cm만 남겨두고 정리한다.

겉으로 뒤집어 모양을 정리한 후
창구멍을 공그르기한다.

4. 두건과 진주 꿰매기

두건은 적당한 위치를 올려놓고
닿는면을 공그르기한다.

5. 얼굴 표정을 완성하기

수실 2겹으로 수놓는다.

한땀으로 꿰맨다.

매듭수:
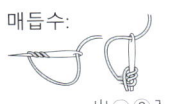
出①②入

모두 뒷면까지 떠지게 꿰맨다.

6. 브로치핀이나 자석 꿰매기

앞면에 땀이 떠지지않게 주의한다.

18. 귀여운 동물 키집

누구에게나 유난히 좋아하는 동물이 있지요.
항상 말없이 웃음 지으며
수호천사가 되어줄 거예요~

이렇게 만들었어요~

♥ 필요한 재료
공통 : 안감‥수실‥키링‥나무구슬 2개
　　　면끈‥퀼팅솜 3온스
고양이 : 조각천 2종‥코단추(8mm)
코알라 : 조각천 3종‥눈단추(8mm) 2개
곰 : 조각천 2종‥코단추(8mm)‥눈단추(9mm)

♥ 완성크기
가로 5.8cm × 세로 9.8cm (끈 제외)　실물본 C면

1-1.고양이 재단하기

① 바디용 체크 (시접 0.7cm 따로)

앞면 얼굴: 겉면에 재단
귀위치와 수놓을 도안을 그린다. 수놓을 도안은
펜이 들어갈 수 있게 도려낸 본을 만들어 그린다.

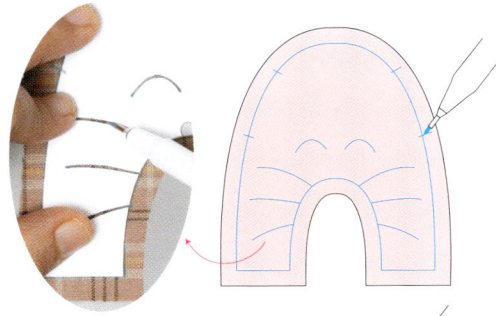

뒷면: 겉면에 재단
귀 앞면용(좌, 우 1장씩):
겉면에 재단하고
아플리케 위치를 표시한다.

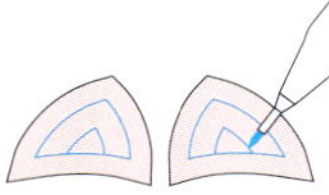

귀 뒷면용(좌, 우 1장씩): 안쪽에 재단

② 옅은 체크 (시접 0.5cm 따로)
귀 아플리케용(좌, 우 1장씩): 겉면에 재단
주둥이: 겉면에 재단하고 수놓을 도안을 그린다.

③ 안감 : 2장 (시접 0.7cm 따로)
뒷면 실물본으로 천 안쪽에 재단하고 창구멍 위치를 표시한다.

1-2.곰 재단하기

고양이와 같은 방법으로 재단한다.

1-3.코알라 재단하기

① **바디용 체크** (시접 0.7cm 따로)
앞면: 겉면에 재단
귀 위치, 코, 수놓을 도안을 그린다.
뒷면: 겉면에 재단
귀 앞면용 A, C: 겉면에 재단
귀 뒷면용(좌, 우 1장씩):
귀 전체실물본으로 안쪽에 재단

② **옅은 체크** (시접 0.7cm 따로)
귀 앞면용 B, D: 겉면에 재단
A, C와 맞춰야하는
위치를 표시한다.

③ **코** (시접 0.5cm 따로)
천 겉면에 재단

④ **안감 : 2장** (시접 0.7cm 따로)
뒷면 실물본으로 천 안쪽에 재단하고
창구멍 위치를 표시한다.

2.귀 만들기

코알라 귀 아플리케

① 귓속 부분을 아플리케한다.
코알라는 A에 B를 아플리케하고 C에 D를 아플리케한다.

② 뒷면의 안이 보이게
올려놓고 핀을 꽂는다.

③ 아래를 창구멍으로
남기고 꿰맨다.

④ 창구멍을 제외한 코너와
곡선에 가윗집을 준다.

⑤ 겉으로 뒤집어 모양을
정리한다 => 귀 완성

3.앞면 만들기

① 아플리케한다. 코알라 코 아래의 바탕천은
시접을 남기고 도려낸다 => Top완성

② 퀼팅솜 위에 Top 겉면이 보이게 올려놓고
귀 위치에 귀의 뒷면이 보이게 시침한다 .

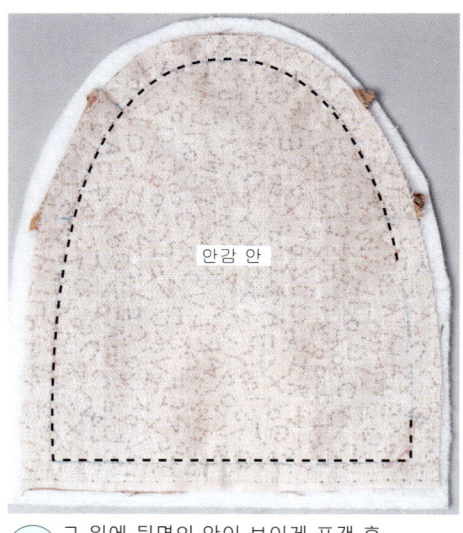

③ 그 위에 뒷면의 안이 보이게 포갠 후
창구멍을 남기고 꿰맨다.

④ 퀼팅솜이 보이게 놓고 퀼팅솜을 완성선
가까이 정리한다.

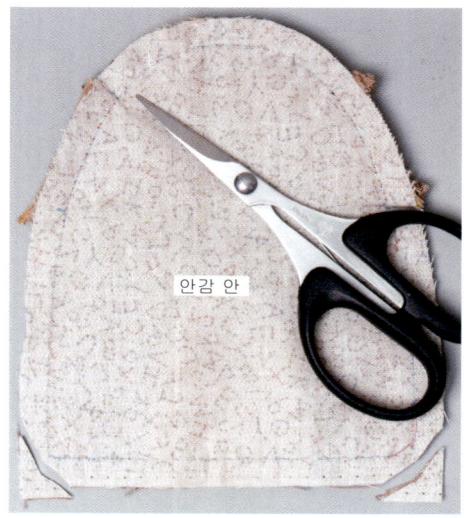

⑤ 뒷면이 보이게 놓고 코너와 곡선에 가윗집을
준다. 겉으로 뒤집어 창구멍은 공그르기 한다.

⑥ 뒷장에 설명해 놓은 퀼팅과 수놓는 방법을
참조하여 퀼팅과 수를 놓는다.
눈이나 코를 적당한 위치에 꿰맨다.

앞면 퀼팅과 수놓는 방법

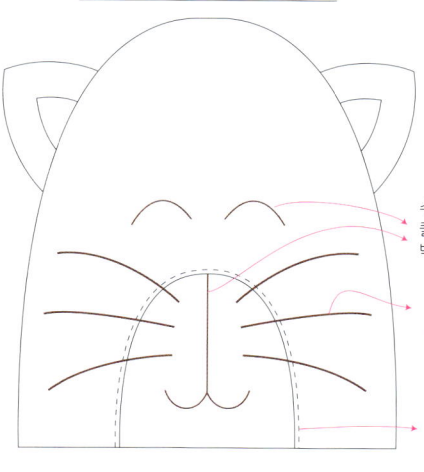

수실 두겹으로
퀼팅솜까지만 떠지게
박음수를 놓는다.

수실 두겹으로
퀼팅솜까지만 떠지게
줄기수를 놓는다.

아플리케한 곳에서 0.1cm
띄워가며 퀼팅실로
안감까지 떠지게 퀼팅

코알라와 곰은 모두 박음수를 놓는다.

4.뒷면 만들기
퀼팅솜 -> 뒷면 -> 안감순으로
포갠 후 창구멍을 남기고 꿰맨다.
퀼팅솜은 완성선 가까이
정리하고 코너와 곡선 부분에
가윗집을 주고 뒤집어
창구멍은 공그르기 한다.

5.열쇠고리 끈 만들기

① 키링에 면 끈을 끼운다.
(샘플은 37cm 사용)

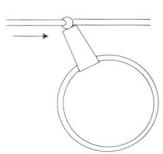

② 끈에 나무구슬을 끼우고 끝을 두번
감아 묶는다. (면끈이 두껍거나 구슬
구멍이 작으면 한 번만 묶어도 된다.)

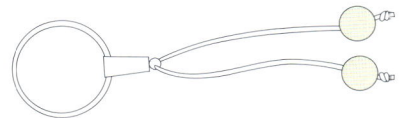

③ 한쪽 줄을 나머지 한쪽에
감은 후 그림처럼
통과시켜 묶는다.

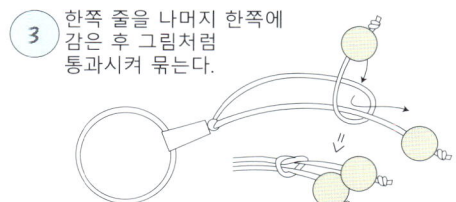

6.뒷면과 앞면 사이에 열쇠고리를 끼워 넣는다.

7.옆을 공그르기로 연결하면 완성.

끈이 움직일 수 있도록
0.5~0.6cm 정도는
공그르기 하지 않는다.

앞면의 겉과 뒷면의 겉을
공그르기 한다.
귀부분은 귀 뒷면의 겉과
공그르기 한다.

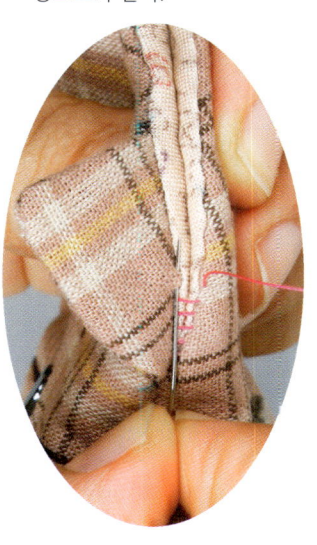

19. 스마트 키집

자동차 스마트 키에게 멋진 집을~

유연한 원단의 특성으로 기종의 제약을 덜 받고
자투리 천으로 쉽게 만들 수 있어 자꾸 만들게 됩니다.

얇은 퀼팅솜을 사용하면 키를 꺼내지 않고도
버튼을 사용할 수 있어 더 좋아요~

이렇게 만들었어요~

♥ **필요한 재료**
무지(8x40cm)‥체크(8x16cm)‥스냅단추(8mm)‥스티치 단추(11.5mm)‥퀼팅솜 2온스
키링‥라벨(종이원단, 네임펜 또는 스탬핑 도구)
옵션 : 키링

♥ **완성크기**
가로 5cm x 세로 7.5cm x 밑폭 1.5cm   실물본 C면

1. 재단하기

1 무지
안감: 전체 실물본으로 안에 재단 (시접 0.5cm 따로)
창구멍과 여밈장식
밑중앙 위치를
표시한다.

안

실물본 A, C: 각 1장씩 안에 재단(시접 0.5cm 따로)
여밈장식 2장: 겉면과 안에 각 1장씩 재단 (시접 0.5cm 따로)
키링용 끈: 5x3.5cm (시접 포함)

2 체크 (겉에 재단)
실물본 B: 밑중앙선을 그린다.(시접 0.5cm 따로)

겉

2. 키링용 끈 만들기

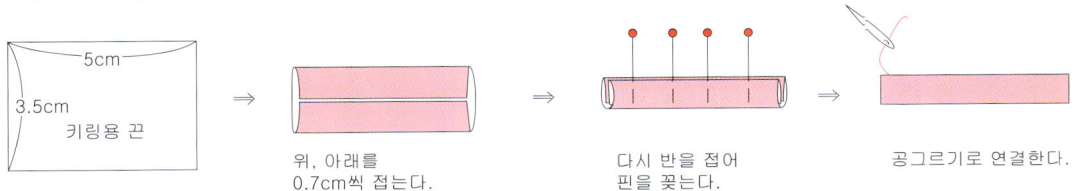

5cm
3.5cm
키링용 끈

→ 위, 아래를
0.7cm씩 접는다.

→ 다시 반을 접어
핀을 꽂는다.

→ 공그르기로 연결한다.

3. 여밈장식 만들기

① 겉에 재단한 것의 겉면 중앙에 키링용 끈을 올려놓고 끝쯤을 시침한다.

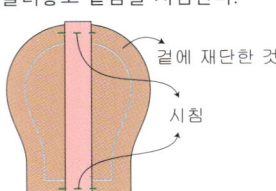
겉에 재단한 것
시침

② 아래 끝에서 2cm 띄운 선을 그린다.

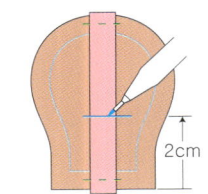
2cm

③ 아래는 키링을 끼울 곳이므로 2cm 윗부분만 그림처럼 꿰매 고정시킨다.

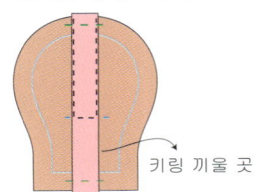
키링 끼울 곳

④ 그 위에 나머지 한장(안에 재단한 것)을 안이 보이게 올려놓는다.

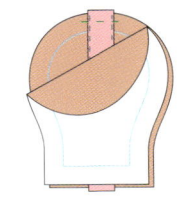

⑤ 아래를 창구멍으로 남기고 꿰맨다.

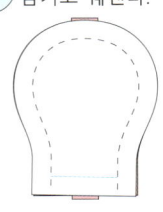

⑥ 가윗집을 준다.

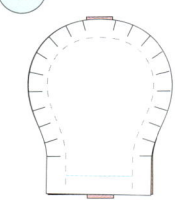

⑦ 겉으로 뒤집는다.

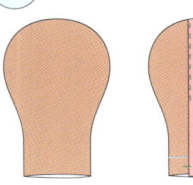
앞면 모습   뒷면 모습

⑧ 끝에서 0.3cm 띄워가며 퀼팅한다.

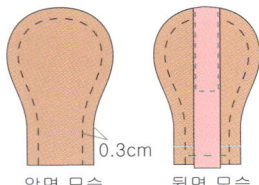
0.3cm
앞면 모습   뒷면 모습

4. 라벨 만들기 (키집 샘플에 사용된 라벨 크기 : 가로 2.5~2.7cm, 세로 0.8~1cm)

① 종이원단을 완성하고자 하는 크기보다 약간 크게 자른 후 스탬핑을 하거나 네임펜으로 원하는 문구를 쓴다.

② 완성크기로 자른다.

③ 양 옆 끝에서 0.3cm 띄운 곳에 큰 바늘로 구멍을 낸다.

5. 본체 만들기

C   B   A

실물본 A

① A(무지), B(체크), C(무지)를 각각 꿰맨 후 시접은 A, C쪽으로 보낸다.

② 실물본 A를 무지천 위에 올려놓고 여밈장식 위치를 표시한다.
=> Top 완성

퀼팅솜   Top 겉
여밈장식의 뒷면
시침

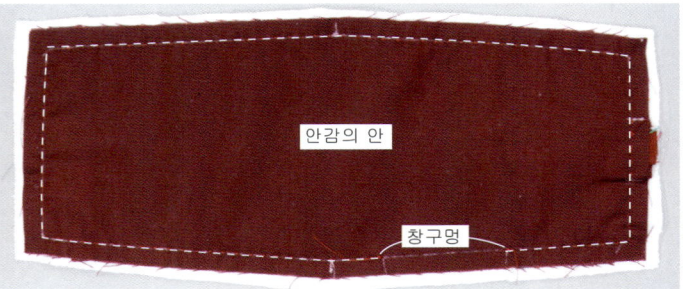
안감의 안
창구멍

③ 퀼팅솜 위에 Top을 겉이 보이게 올려놓는다. Top의 여밈장식 위치에 여밈장식을 뒷면이 보이게 올려놓고 끝쯤을 시침한다.

④ 그 위에 안감을 안이 보이게 포갠 후 밑중앙과 코너를 맞춰 핀을 꽂는다. 나머지 사이를 맞춰 핀을 꽂은 후 창구멍을 남기고 꿰맨다. 여밈장식이 있는 곳은 튼튼하게 꿰맨다.

5 퀼팅솜이 보이게 놓고 완성선 가까이 퀼팅솜을 정리한다.

안감의 안

6 다시 안감이 보이게 놓고 코너 4곳에 가윗집을 준 후 겉으로 뒤집는다.

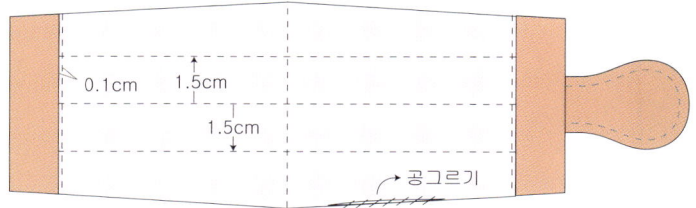

0.1cm 1.5cm
1.5cm
→ 공그르기

7 창구멍을 공그르기 한 후 중앙선과 중앙에서 1.5cm씩 띄운 선을 그린다. 충분히 시침한 후 그림처럼 퀼팅한다.

4cm R·H·S 0.6cm
스냅단추

8 스냅단추(凹), 라벨, 단추를 각각 꿰맨다.

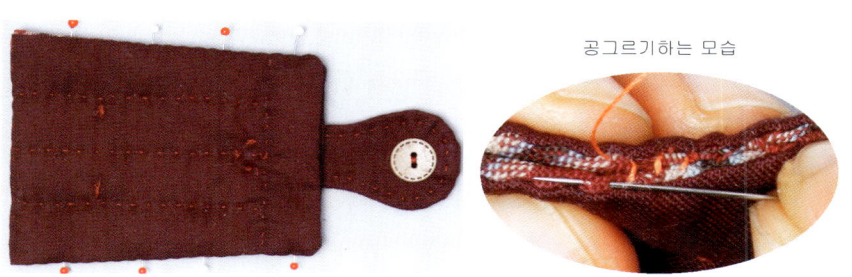

공그르기하는 모습

9 겉면끼리 마주 닿게 반을 접어 핀을 꽂은 후 마주 닿아 있는 겉과 겉을 공그르기 하여 옆을 연결한다.

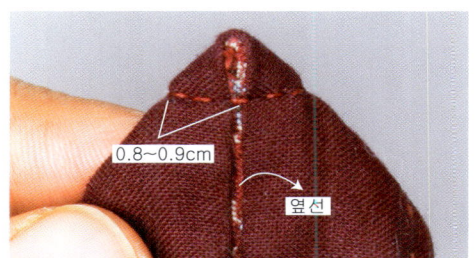

0.8~0.9cm 옆선

10 옆선과 밑중앙을 맞춰 핀을 꽂은 후 좌우 각 0.8~0.9cm 정도가 되게 밑폭을 꿰맨다.

6. 완성하기
겉으로 뒤집어 여밈장식 안쪽에 스냅단추(凸)를 꿰맨다.

0.5cm

R·H·S

옵션 : 키링 끼우기

키링을 여밈에 끼워놓으면 다른 열쇠와 함께 가지고 다닐 수 있고 걸고리가 있는 키링을 사용하면 다른 곳에 걸어둘 수도 있어 편리하다.

R·H·S

1 키링을 사진처럼 끼운다.

R·H·S

2 키링을 여밈장식 바깥쪽으로 뺀다.

20. 허니베어 필통

속이 넓어서 화장품 파우치로도 사용 가능한 필통이에요~

꿀벌들이 날아다니는 것을 보니
곰이 제대로 찾아왔네요~~

이렇게 만들겠어요~

♥ **필요한 재료**
아플리케 바탕체크 ·· 밑면 ·· 조각잇기 4종 ·· 아플리케(곰 2종, 벌 4종)
안감(26x26cm) ·· 정바이어스(3.5x49cm) ·· 퀼팅솜 4온스 ·· 지퍼 25cm
십자수실 2종 ·· 곰 코 ·· 눈 2종(곰: 3mm 2개, 벌: 씨드비즈 2개)

♥ **완성크기**
가로 23cm x 세로 10cm x 밑폭 6cm   실물본 C면

1. 재단하기

① **바탕체크** (시접 0.7cm 따로)
실물본 B,D: 각 1장씩 겉면에 재단한 후 아플리케 위치와 수놓을 위치를 그린다

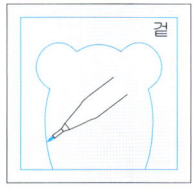

② **조각 4종** (시접 0.7cm 따로)
실물본 A: 4색 각 2장씩 안에 재단한 후
4조각씩 연결한다. 시접은 화살표 방향으로
넘겨 바람개비 모습으로 만든다.

③ **아플리케용** (시접 0.5cm 따로)
겉면에 재단한 후
곰의 경우는 귓속과 주둥이를
아플리케 해 놓는다.

④ **밑면** (시접 0.7cm 따로)
안에 재단

⑤ **안감** (시접 0.7cm 따로)
전체실물본(24x24cm): 안에 재단

⑥ **입구 바인딩용** (시접 포함)
정바이어스: 3.5x 49cm

2. 뒷면 아플리케하기

번호순으로 아플리케한 후 벌 몸통부분의 바탕천은 0.7cm 정도 남기고 도려낸다.

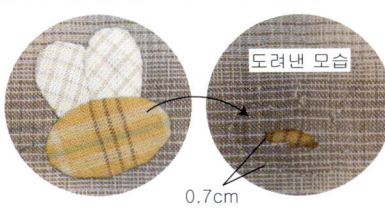

도려낸 모습

0.7cm

3. 앞면 만들기

① 귀를 아플리케한 후 얼굴을 아플리케한다.
아플리케 아래의 바탕천은 0.7cm가량 남겨두고 도려낸다.

도려낸 모습
0.7cm

② 아플리케한 것과 4조각씩 이어 놓은 것을 연결한다.
시접은 곰 쪽으로 모은다.

4. 퀼팅솜 -> Top -> 안감순으로 꿰매 뒤집기

① 앞면과 뒷면 사이에 밑면을 연결한 후 시접은 밑면 쪽으로 모은다.
다림질하여 정리한다.

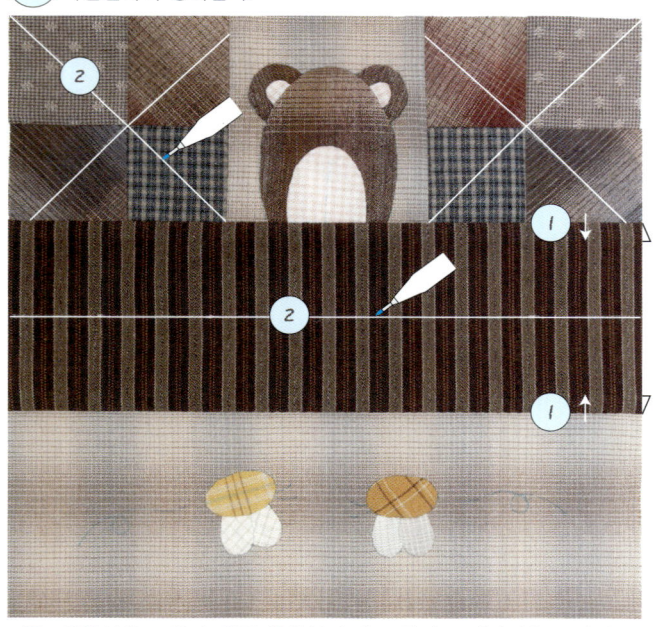

② 퀼팅선을 그린다. 밑면 중앙선과 네 조각에는 대각선을 그린다.
주의: 대각선은 완성선을 기준으로 그린다 => Top완성

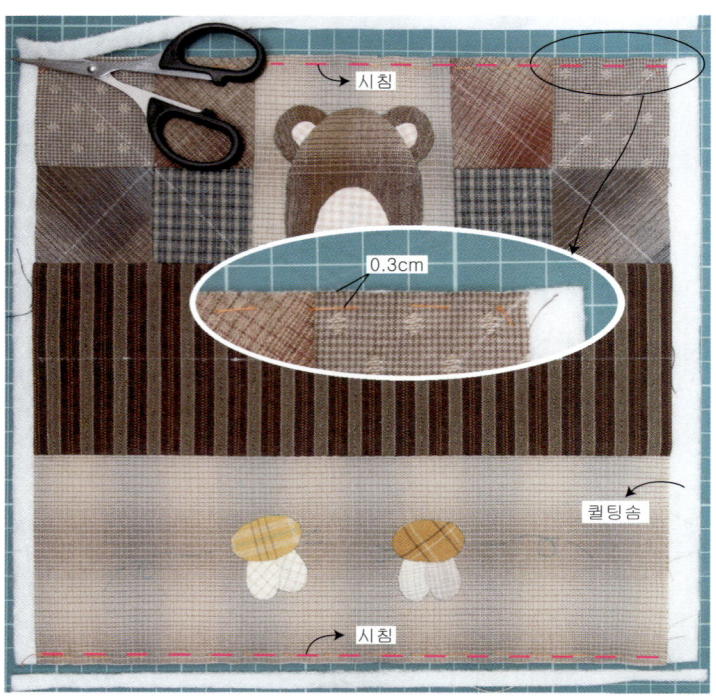

시침
0.3cm
퀼팅솜
시침

③ 퀼팅솜 위에 Top 겉이 보이게 올려놓은 후 위, 아래 Top 끝에서 0.3cm
띄워 시침한다. 시침 후 위, 아래 퀼팅솜을 Top에 맞춰 정리한다.

안감의 안
퀼팅솜
퀼팅솜
정리하기

④ 그 위에 안감의 안이 보이게 포갠 후 Top과 안감의 옆을 잘 맞춰 핀을 꽂는다.
양 옆을 각각 꿰매고 꿰맨 곳 퀼팅솜은 바짝 정리한다.

⑤ 겉으로 뒤집어 모양을 정리한다. 위와 아래는 Top과 안감을
잘 맞춰 핀을 꽂은 후 시침하여 맞춘다.

5. 퀼팅하기

전체적으로 시침한 후 실물본을 참조하여 퀼팅한다.
수실 2겹으로 퀼팅솜까지만 떠지게 수를 놓고
눈과 코는 안감까지 떠지게 꿰맨다.

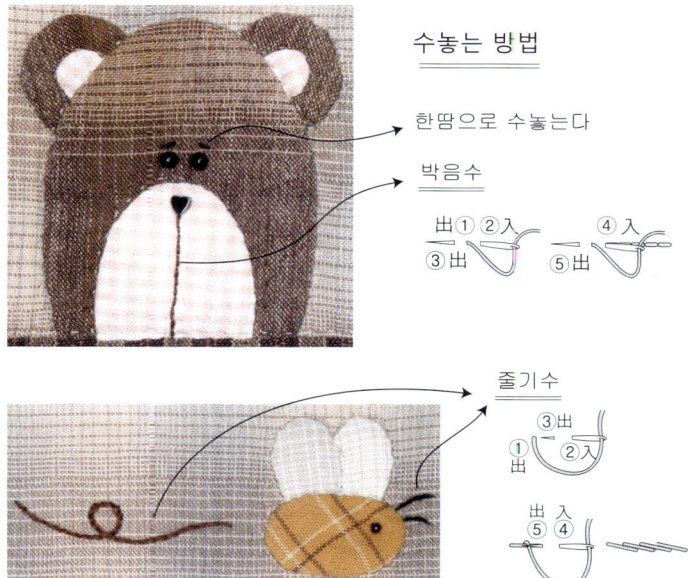

수놓는 방법

한땀으로 수놓는다

박음수

出①②入
③出   ④入
       ⑤出

줄기수
③出
①出 ②入

出 入
⑤ ④

6. 옆 연결하고 밑폭 꿰매기

① 겉면끼리 마주 닿게 반을 접어 핀을 꽂은 후
마주 닿아 있는 겉과 겉을 공그르기 하여 옆을 연결한다.

3cm

② 옆 연결선과 밑중심선을 맞춰 핀을 꽂은 후 좌우 각각 3cm 되도록 선을
그린다. 튼튼하게 반박음질하여 밑폭을 완성한다.

7. 입구를 정바이어스(3.5×49cm)로 바인딩하기

뒷면 중앙에서 시작하여 바인딩한다. (기본 정보: 원통형 바인딩하는 방법 참조)

8. 지퍼 꿰매기

입구에 25cm 지퍼를 꿰맨다.(기본정보: 지퍼 꿰매는 방법 참조)

9. 겉으로 뒤집으면 완성

이렇게 만들었어요~

♥ 필요한 재료
바탕(21x12cm)‥아플리케 4종‥안감 1/3마‥정바이어스(3.5x83cm)‥양면 접착쉬트(21x8.5cm)‥지퍼 10cm
단추(6mm) 2종 2개씩‥눈(씨드비즈) 2개‥토션 레이스 5cm‥싸개스냅단추(13mm)‥십자수실 2종‥퀼팅솜 4온스

♥ 완성크기
접었을 때 : 가로 9.5cm x 세로 11.5cm   실물본 D면

1. 재단하기

1 바탕 (겉에 재단)
실물본 A,B (시접 포함)
재단 후 각각 수놓을 도안과 아플리케 위치를 그린다.

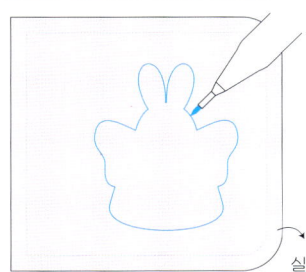

실물본에 포함된 시접분

2 아플리케 4종 (겉에 재단) (시접 0.5cm 따로)
옷은 윗부분 시접을 접어넣고 레이스를 꿰매 놓는다.

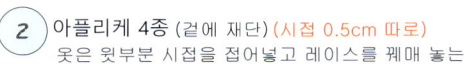
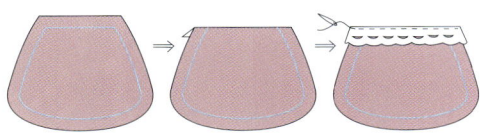

날개에는
가윗집을 준다.
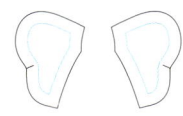

3 안감 (안에 재단) (시접 포함)
카드포켓 2장: 10.5x47cm로 재단 후 겉면에
접기 위한 선들을 그린다 => 재단방법 참조
카드포켓 바탕: 13.5 x 10.5cm
카드포켓 바탕 뒷면: 18.5 x 12cm
윗부분에 0.5cm 선을 그린다.
동전포켓: 17.5 x 11.5cm
본체 안감: 재단하고 남는 부분 사용

카드포켓 재단방법

10.5 x 47cm의
천 겉면에 아래서부터
순서대로 선을 그린 후
마지막 여유분은
정리한다.
=> 2장 재단

4 정바이어스 (시접 포함)
동전포켓용 2장: 3.5x12cm
둘레용: 3.5x59cm

5 양면접착 쉬트 (시접 포함)
카드포켓용 2장: 10x8cm

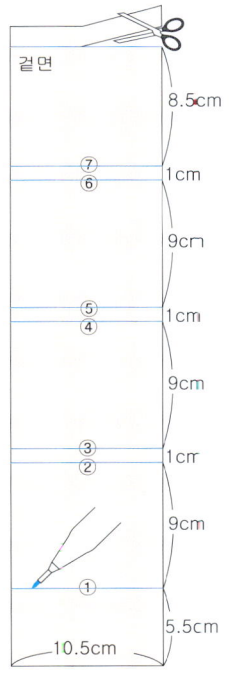

겉면

8.5cm

⑦
⑥ 1cm

9cm

⑤
④ 1cm

9cm

③ 1cm

9cm

①

5.5cm

10.5cm

2. 아플리케하기

아래 순서대로 빨간선을 아플리케한 후 아플리케 아래의 바탕천은 시접을 남겨두고 도려낸다.

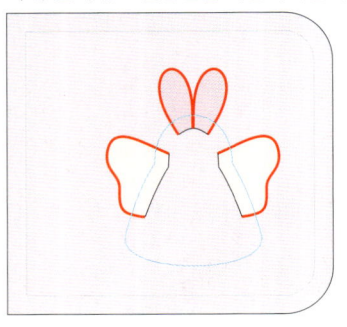  

귀부분은 중앙만 자른다.

뒷면 도려내는 모습

3. 퀼팅선 그리기

두 부분을 나란히 놓고 퀼팅선을 그린다. => Top 완성

2cm

4. 퀼팅하기

안감 -> 퀼팅솜 -> Top순으로 포개어 시침한 후 그려놓은 선과 아플리케 주위를 0.1cm 띄워가며 퀼팅한다. 외곽에 시침한 실만 남기고 나머지 시침실은 제거한다.

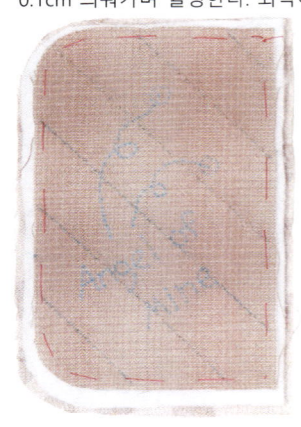 

5. 수놓고 장식단추 꿰매기

Top에 맞춰 퀼팅솜과 안감을 정리한다. 수실 2겹으로 퀼팅솜까지만 떠지게 수를 놓고 장식 단추와 눈은 안감까지 떠지게 꿰맨다.

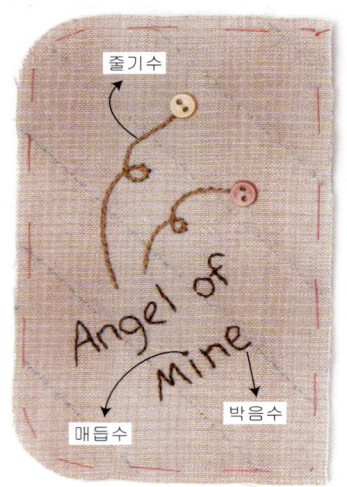

줄기수
매듭수
박음수

Angel of Mine

한땀으로 두번씩

코 수놓는 방법

① 出 ② 入
③ 出
④ 入

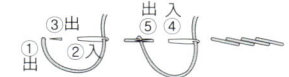
줄기수: ① 出 ② 入 ③ 出 ④ ⑤ 出

박음수: 出① ②入 ③出 ④入 ⑤出

매듭수: 出① ②入

6. 직선 부분을 3.5×12cm로 각각 바인딩한다.

Angel of Mine

7. 바인딩한 곳 양 끝을 0.5cm씩 감침하여 연결한다.

Angel of Mine

8. 지퍼 꿰매기

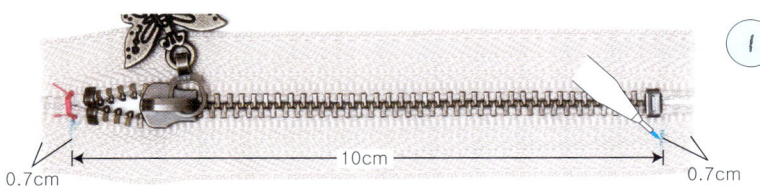

0.7cm   10cm   0.7cm

① 지퍼에 10cm를 표시한다.
벌어져 있는 부분은 감침하여 붙인 후 각각 0.7cm씩 남기고
여유분은 정리한다.
잘라낸 부분은 올이 풀리기 쉬우므로 라이터로 살짝 지져준다.

② 토끼가 있는 쪽 안에 지퍼 한쪽을 꿰맨다.

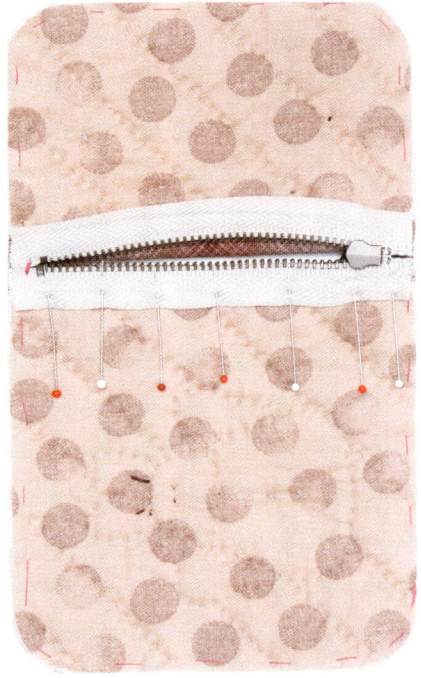

바인딩 끝과 쇠끝을 맞춘다

지퍼를 열고 중앙을 맞춰 핀을 꽂은 후 양쪽으로 핀을 꽂는다.
지퍼의 쇠끝과 바인딩의 끝을 맞추면서 핀을 꽂는다.

0.6~0.7cm

쇠끝에서 0.6~0.7cm 띄운 곳을 반박음질로 꿰맨다. 보이는 땀은 작게 뜬다.
지퍼 아래는 홈질로 정리한다. (겉면에 땀이 떠지지않게 주의)

③ 겉으로 돌려놓고 지퍼를 닫는다.
바인딩 사이가 벌어지지 않게 핀으로 고정한 후
바인딩 아래 0.1cm 위치를 시침한다.

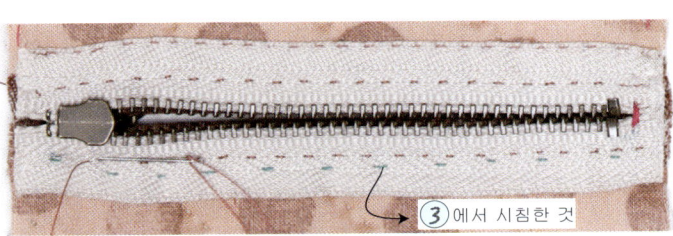

③에서 시침한 것

④ 지퍼를 열고 다시 안쪽이 보이게 놓고 ②와
같은 방법으로 나머지 한쪽 지퍼를 꿰맨다.

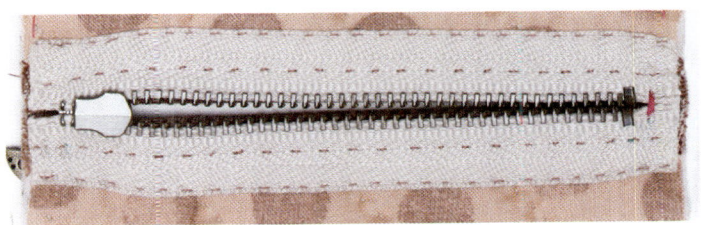

⑤ 시침했던 실은 제거하고 지퍼 아래는 홈질로 정리한다.
=> 본체 완성

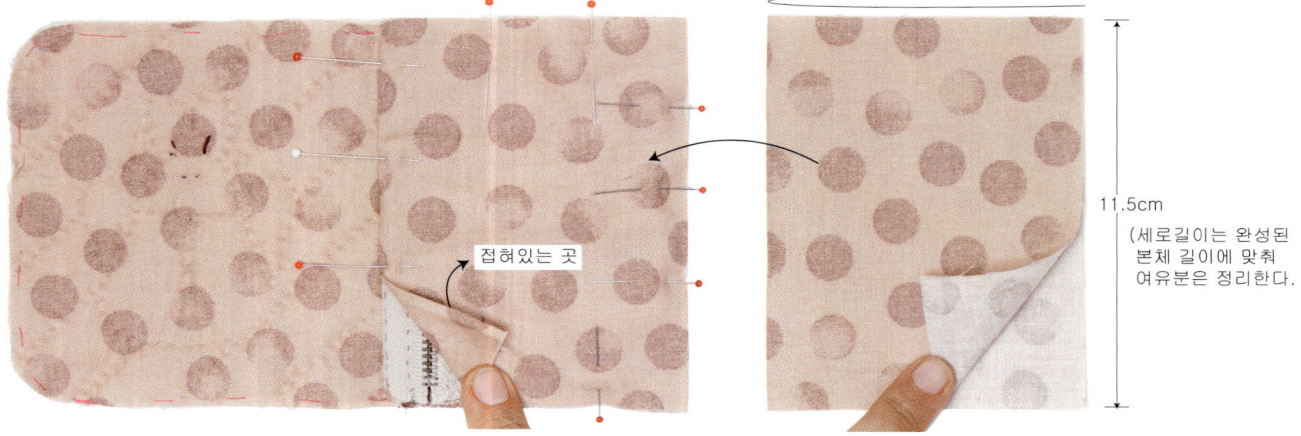

17.5cm

11.5cm

(세로길이는 완성된
본체 길이에 맞춰
여유분은 정리한다.)

접혀있는 곳

① 지퍼를 닫고 안이 보이게 놓은 후 17.5 x 11.5cm로 자른 동전포켓용 천을 반 접어 올려놓는다.
본체의 끝과 접은 천의 끝 부분을 맞춰 핀을 꽂은 후 사이를 차례대로 꽂아가며 마지막으로 지퍼 있는 쪽에 핀을 꽂는다.

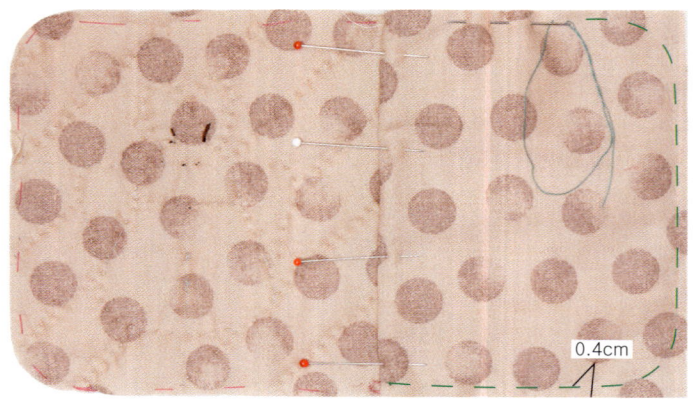

0.4cm

② 본체와 동전포켓을 잘 맞춰가며 0.4cm 안쪽을 시침한다.
(시침한 땀은 겉면까지 떠지지 않아도 됨)

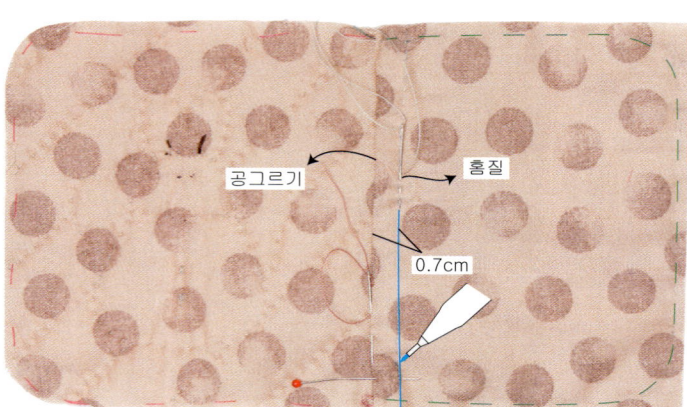

공그르기   홈질

0.7cm

③ 동전포켓의 접혀 있는 끝 부분을 본체에 공그르기 한다.
공그르기 한 곳에서 0.7cm 띄운 위치를 그린 후 퀼팅솜까지만 땀이
떠지게 홈질로 정리한다.

10.카드포켓 접기 (빨간선은 접혀 있는 것을 표시)

① ⑦번 선을
접는다.

② ⑤번 선을 접어 손자국을 낸 후 ⑥번 선
위에 포개놓고 다린다.
(⑥번 선 위에 접힌 ⑤번 선이 포개져 있는 상태)

③ 같은 방법으로 ③번 선을 접어
④번 선 위에 포개고 ①번 선을
접어 ②번 선 위에 포갠 후 다린다.

접은모습

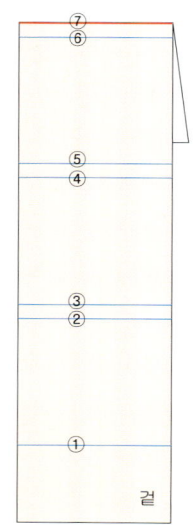

겉

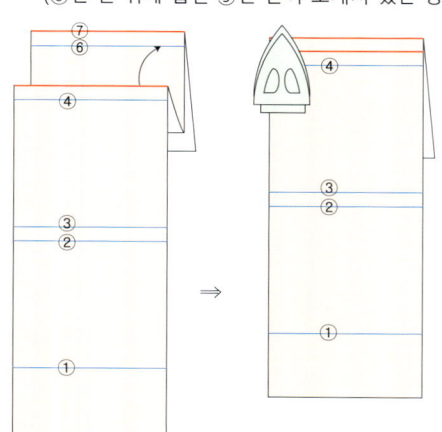

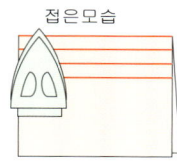

④ 양면접착 sheet를
사이에 넣기 위해
접은 것을 위로
들춘다.

위로 들춘다

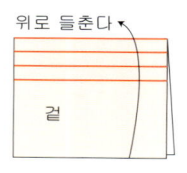

겉

들춘모습

안

맨 처음
접었던 ⑦번 선

⑤ 10x8cm로 자른
양면접착 sheet의
위 끝을 ⑦번 선에
맞춰 올려놓는다.

양면접착 sheet
(10x8cm)

⑥ 들췄던 것을 다시 내려 모양을 정리한 후
다림질하여 천들이 붙도록 해준다
=> 2개 만든다.

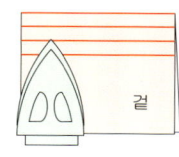

겉

완성된 실제 모습

11, 내부 완성하기

① 카드포켓 바탕(18.5x10.5cm)의 겉면 위에 접어놓은 카드포켓을 올려놓는다. 각각 양 끝에 맞춰놓고 시침해서 고정시킨다.

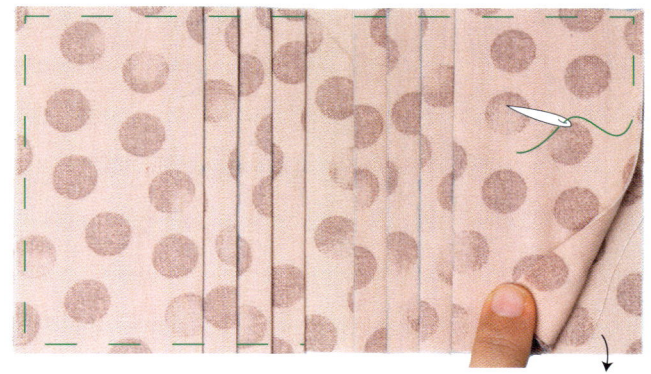

카드포켓 바탕(18.5x10.5cm)의 겉

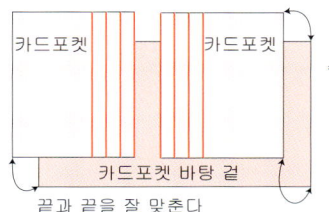

카드포켓   카드포켓

카드포켓 바탕 겉

끝과 끝을 잘 맞춘다

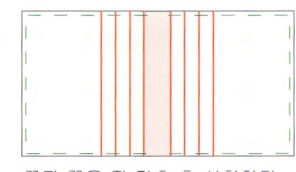

끝과 끝을 잘 맞춘 후 시침한다.

② 그 위에 카드포켓 바탕 뒷면(18.5x12cm)을 안이 보이게 포갠다. 위 끝을 잘 맞춰 핀을 꽂은 후 0.5cm 선을 반박음질로 꿰맨다.

0.5cm

카드포켓 바탕 뒷면(18.5x12cm)의 안

③ 카드포켓 바탕 뒷면을 겉이 보이게 위로 들춰 올려놓고 손자국을 내 정리한다.

④ 카드포켓 바탕 뒷면 천을 뒤로 넘긴다.

⑤ 아래 끝을 맞춰 핀을 꽂은 후 1cm 띄운 곳을 시침한다.

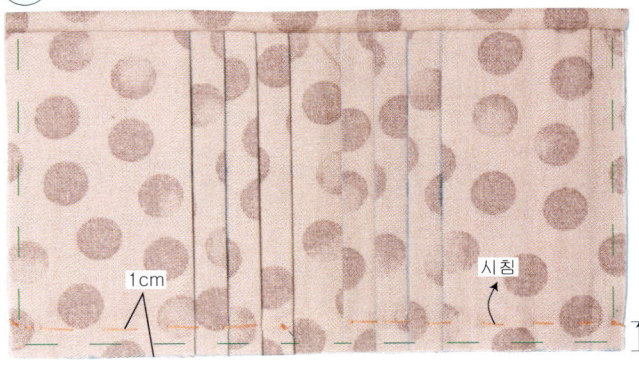

1cm   시침

1cm

⑥ 바인딩 인쪽에서 9.5cm 띄운 선을 그린 후 선대로 자른다.

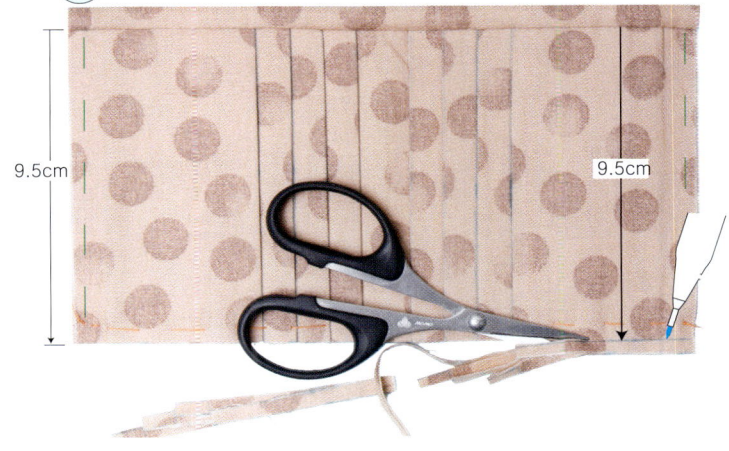

9.5cm   9.5cm

⑦ 아래 중앙에 끝에서 1cm 띄운 선을 그린다. (상세사진 참조)

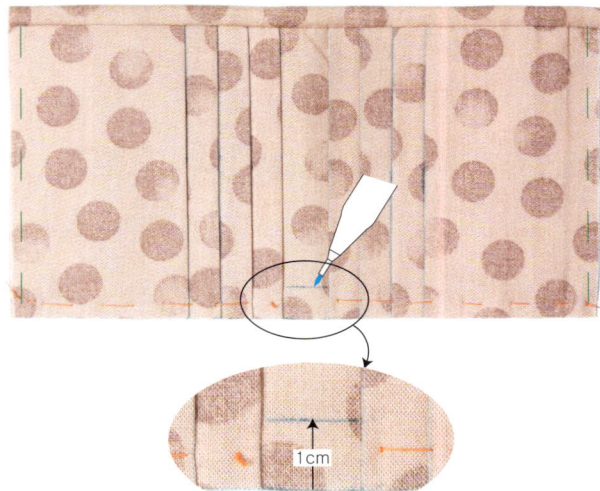

1cm

⑧ 그린 선 아래 양 옆을 카드포켓에 맞춰 자른 후 1cm 선까지 사이로 밀어 넣고 홈질로 정리한다 => 내부 완성

ⓒ 홈질로 정리한다.

ⓐ 카드포켓에 맞춰 가윗집을 준다. ⓑ 1cm 선까지 사이로 밀어 넣는다.

12. 본체에 내부 시침하기

① 내부를 본체의 안쪽에 놓는다. 본체보다 내부가 작으므로 먼저 오른쪽 옆과 아래를 맞춰 핀을 꽂은 후 시침한다.

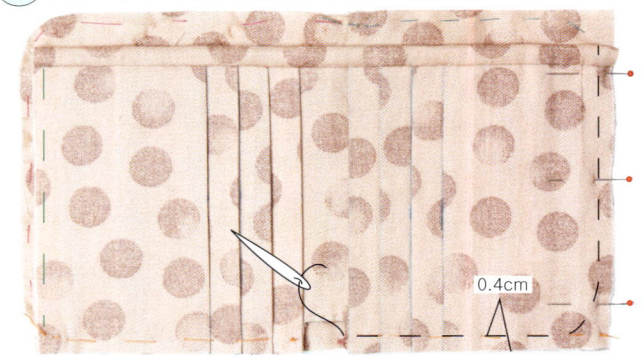

0.4cm

② 왼쪽 옆과 아래를 맞춰 시침한다. (중앙은 본체가 더 큰 상태) 세 군데 귀퉁이는 본체 겉이 보이게 놓고 본체에 맞춰 정리한다.

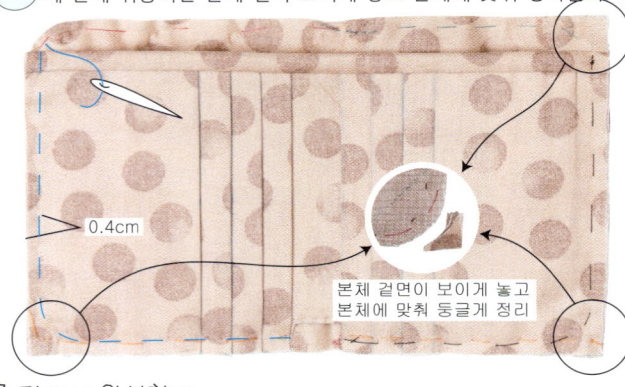

0.4cm

본체 겉면이 보이게 놓고 본체에 맞춰 둥글게 정리

13. 둘레를 정바이어스(3.5x59cm)로 바인딩 처리하고 안쪽에 스냅단추를 달아서 완성한다.

① 바인딩 천 안쪽에 0.7cm 선을 그린다.

안   0.7cm

② 0.7cm 접고 핀을 꽂는다. 끝을 연결해야므로 2cm 가량 띄우고 꿰매기 시작한다. 반박음질로 꿰맨다.

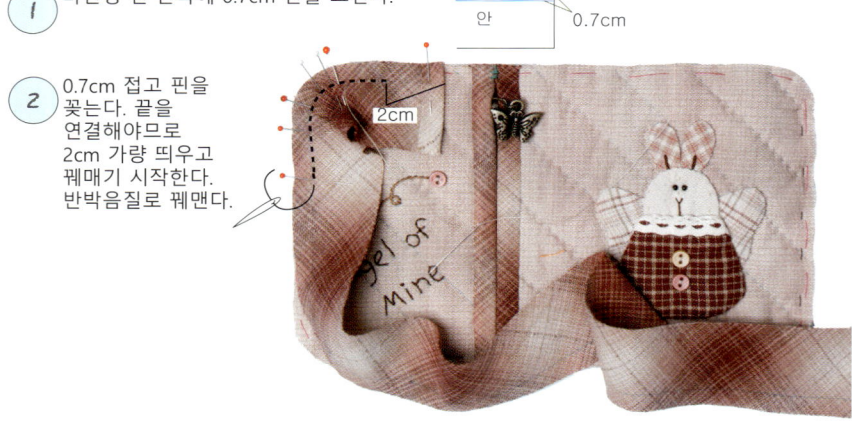

2cm

③ 시작 위치를 2cm 남겨 둔 곳까지만 꿰맨 후 0.7cm 접고 나머지 여유분은 정리한다.

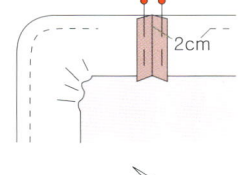

2cm

④ 양 끝을 들춰 핀을 꽂은 후 연결한다.

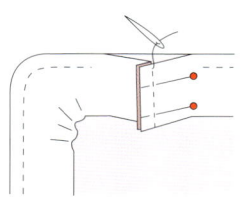

⑤ 시접은 양쪽으로 가른 후 꿰매지 않았던 처음과 끝 부분 4cm를 마저 꿰맨다.

4cm

⑥ 뒤집어 안쪽에서 시접분 0.7cm를 접어 넣어가며 공그르기 한다.

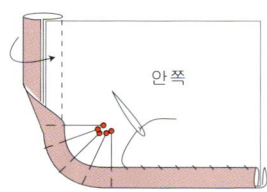

안쪽

⑦ 안쪽에 스냅단추를 단다. 바인딩 안쪽 선 중앙에 스냅단추의 중앙이 위치하게 꿰맨다. 카드가 수납되는 곳까지 꿰매지지 않게 주의한다.

22. 모노톤 헥사곤 반지갑

두껍지 않아 남성 지갑으로 사용하기에도 부담 없어요~

이렇게 만들었어요~

💙 **필요한 재료**
조각천 7종 ·· 안감 1/3마 ·· 정바이어스(3.5x83cm) ·· 지퍼 10cm
스냅단추(13mm) ·· 양면 접착쉬트(21x8.5cm) ·· 접착 퀼팅솜 4온스

💙 **완성크기**
접었을 때 : 가로 9.5cm x 세로 11.5cm

실물본 D면

1. 재단하기

① 조각천(안에 재단)(시접 0.7cm따로)
실물본 A:5장, B:7장, C:2장
D:2장, E:2장, F:3장

② 안감 (안에 재단) (시접 포함)
토끼천사 반지갑과 동일한
방법으로 재단

③ 정바이어스 (시접 포함)
동전포켓용 2장: 3.5x12cm
둘레용: 3.5x59cm

④ 양면접착 쉬트 (시접 포함)
카드포켓용 2장: 10x8cm

2. Top 만들기

빨간색 표시 부분을 각 각 꿰맨 후
시접은 노란색 화살표 방향으로
넘겨 각 줄을 잇는다.

파란색 표시 부분을 꿰매 줄과 줄을
연결한다. 시접은 분홍색 화살표
방향으로 넘긴다.

다림질해서 깔끔하게 정리한다.

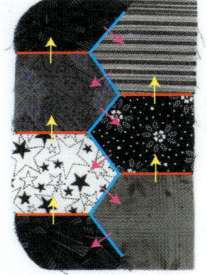

완성된 Top의 겉 모습

완성된 Top의 안쪽 모습

3. 퀼팅하기

① 안감->퀼팅솜->Top순으로
포갠 후 종이호일을 얹어놓고
접착솜이 붙도록 다림질한다.

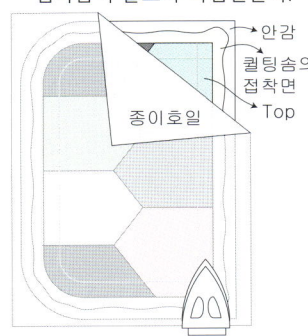

안감
퀼팅솜의
접착면
Top
종이호일

② 가장자리와 중간중간 시침
한 후 조각 이음선을 따라
시접이 넘어간 반대편에
1mm 띄워가며 퀼팅한다.

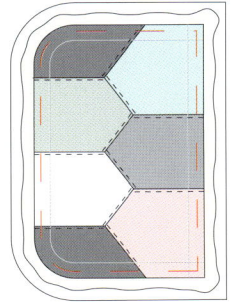

③ 가장자리 시침만 남기고
나머지 시침실은 제거 후
Top에 맞춰 퀼팅솜과
안감을 정리한다.

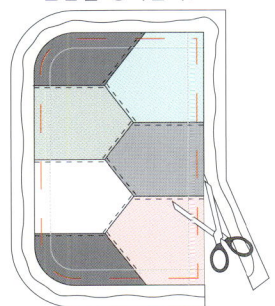

④ 같은 방법으로 나머지 한 쪽도 만든다.

4. 나머지 과정은 토끼천사 반지갑 6~13 참조

23. 모노톤 헥사곤 장지갑

누구나 부담 없이 사용할 수 있도록
길쭉한 헥사곤을 차분한 색상으로 멋스럽게 연결했어요~

수납을 많이 할 수 있으면서도 가벼워서
더더욱 매력적이에요~

이렇게 만들었어요~

♥ 필요한 재료
조각 7종 ·· 내부 1/2마 ·· 안감 1/8마 ·· 정바이어스(3.5x124cm)
양면접착 sheet 1/8마 ·· 지퍼 20cm ·· 가죽여밈 ·· 퀼팅솜 접착3온스

♥ 완성크기
접었을 때 : 가로 19.5cm x 세로 10.5cm   **실물본 D면**

참고: 본 설명은 왼쪽 카드포켓, 오른쪽 일반포켓으로 구성하여 내부에 카드 8장과 지폐 수납이 가능하다.
　　　더 많은 카드 수납을 원하면 오른쪽도 카드포켓으로 구성한다.

참고: 가죽여밈 사이즈에 따라 꿰매는 위치는 적절히 바꾼다.
　　　샘플에 사용된 가죽여밈 사이즈 : 모노톤 장지갑(약 2.5x9.5cm), 하우스 장지갑(약 2.1x8cm)

1. 재단하기
포켓 바탕 실물본은 2단계에서 완성된 본체의 가로 세로 사이즈를 재서 만든다. 방안대지(두꺼운 모눈종이)사용 권장

① 조각 (안에 재단) (시접 0.7cm따로)
실물본 A: 총 24장
실물본 B: 총 4장
실물본 C: 총 10장

③ 안감 (지퍼를 열었을 때 보이는 부분)
본체 안감 2장: 22x12cm (시접포함)
포켓 바탕용: 포켓 바탕 실물본 (시접 0.5cm 따로)

④ 정바이어스 (시접 포함)
동전포켓용 2장: 3.5x20cm
둘레용: 3.5x84cm

⑤ 양면접착 쉬트
카드포켓용: 20x9cm (시접포함)
포켓 바탕용: 포켓 바탕 실물본 (시접 0.3cm 따로)

② 내부 (포켓 바탕용을 제외한 나머지는 시접포함)
왼쪽 포켓(카드포켓): 20.5x55.5cm로 재단 후
겉면에 접기 위한 선들을 그린다
=> 옆 그림 참조

오른쪽 포켓 1: 완성된 본체의 세로 길이x16.5cm
오른쪽 포켓 2: 완성된 본체의 세로 길이x18.5cm
포켓 바탕용: 포켓 바탕 실물본 (시접 0.5cm 따로)

카드포켓 재단방법

20.5 x 55.5cm 천 겉면에 아래서부터
순서대로 선을 그린다.

(큰 것을 접다 보면 옆이 들쭉날쭉해지기 쉽다.
처음엔 20.5cm 폭으로 여유있게 재단하여
접는 작업을 한 후 나중에 완성된 본체의
세로 사이즈로 정리한다)

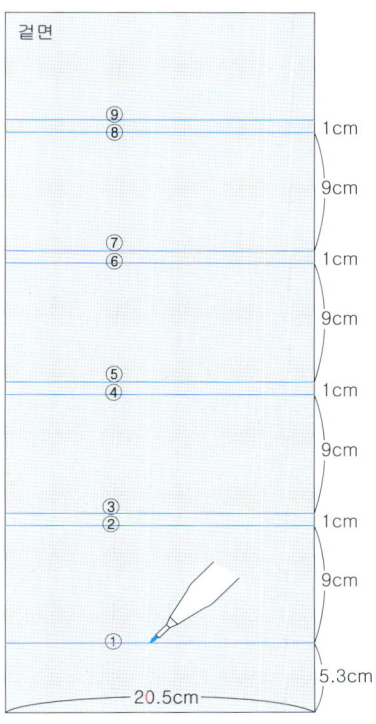

겉면

⑨
⑧　　1cm

　　　9cm

⑦
⑥　　1cm

　　　9cm

⑤
④　　1cm

　　　9cm

③
②　　1cm

　　　9cm

①
　　　5.3cm

20.5cm

2, 본체 만들기

① 재단한 조각을 겉면이 보이게 배치한 후 한 단씩 연결한다.
노란선(완성에서 완성선까지)을 꿰매고 시접은 모두 왼쪽으로 넘긴다.

② 단과 단을 연결한다. 한 면씩 맞춰가며 꿰맨 후 시접은 각각 바람개비 모양으로 넘긴다.

③ 모두 연결하여 Top을 완성한 후 다림질로 정리한다.

Top 겉

Top 안

④ 안감 안쪽 위에 퀼팅솜을 접착면이 보이게 놓는다. 그 위에 Top을 겉이 보이게 놓고 종이 호일을 덮은 후 퀼팅솜이 붙도록 다림질한다.

⑤ 외곽을 시침한 후 전체적으로 시침한다. 조각 연결선을 따라가며 시접이 넘어간 반대편에 0.1cm 띄워 퀼팅한다. 퀼팅이 끝난 후 외곽 시침을 제외한 나머지 시침실은 제거한다.

0.1cm

⑥ Top에 맞춰 퀼팅솜과 안감을 정리한다.
=> 2장 만든다.

⑦ 한쪽 끝을 각각 3.5x20cm 로 바인딩한 후 여유분은 정리한다.
(하나는 위를 바인딩하고 하나는 아래를 바인딩)

⑧ 바인딩한 곳을 나란히 놓고 양 끝을
각각 0.5cm씩 감침하여 연결한다.

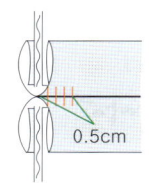
0.5cm

⑨ 지퍼 준비하기. 사진처럼 18cm 되는 곳을 표시한 후 감침한 다음
각각 0.7cm씩 남겨두고 나머지는 자른다. 자른 끝은 올이 풀리지
않도록 라이터로 살짝 지져준 후 지퍼 중앙을 표시한다.

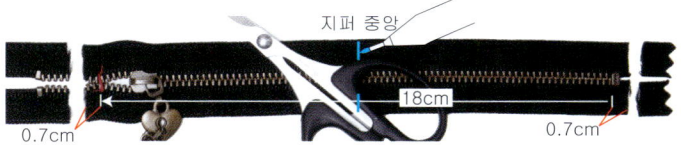
지퍼 중앙
18cm
0.7cm   0.7cm

⑩ 지퍼를 열고 본체 안쪽에 지퍼 중앙과 본체 중앙을 맞춰 핀을 꽂은 후
양쪽으로 핀을 꽂아 나간다. 지퍼 쇠 끝과 바인딩 끝을 맞춰가며 꽂는다.

지퍼 쇠 끝과 바인딩 끝을 맞춘다

⑪ 지퍼 쇠 끝에서 0.6~0.7cm
띄운 곳을 반박음질로
꿰맨다. 드러나는 땀은
0.1cm 정도로 짧게 뜬다.
(본체 겉면엔 땀이
떠지지 않게 주의)

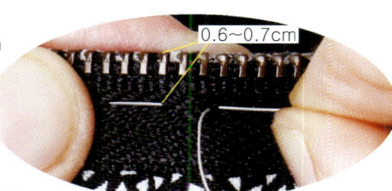
0.6~0.7cm

⑫ 지퍼 다래는 홈질로 정리한다.

⑬ 겉으로 돌려놓고 지퍼를 닫는다. 바인딩 사이가 벌어지지 않게 핀으로
고정한 후 바인딩 아래 0.1cm 위치를 시침한다.

⑫ 에서 꿰맨 쪽
0.1cm띄워 시침

⑭ 지퍼틀 열고 다시 안쪽이 보이게 놓고 같은 방법으로 지퍼를 꿰맨다.
시침했던 실은 제거하고 지퍼 아래는 홈질로 정리한다 => 본체완성

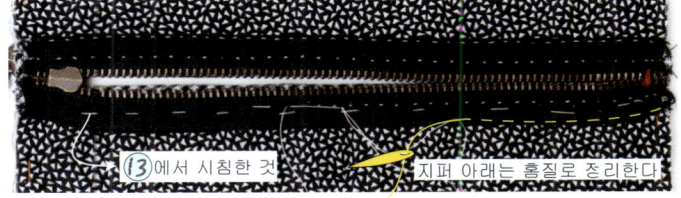
⑬ 에서 시침한 것
지퍼 아래는 홈질로 정리한다

⑮ 포켓 바탕
실물본 만들기

1.지퍼 있는 곳이 세로가 되게 놓고 가로 세로 사이즈를
잰다. 각각 세군데 이상을 잰 후 평균값을 낸다.

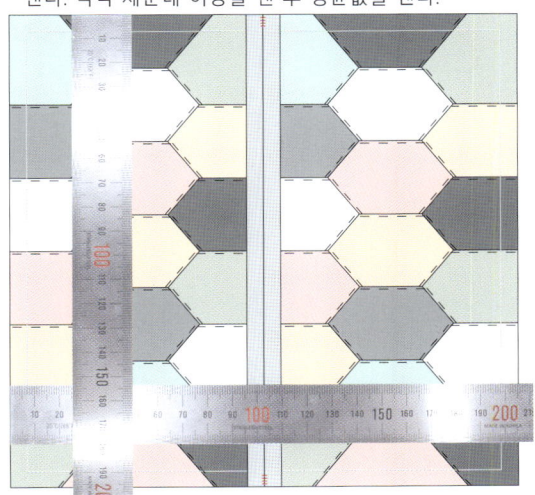

2.평균값으로 방안대지(두꺼운 모눈종이)를 잘라
포켓 바탕 실물본으로 사용한다.

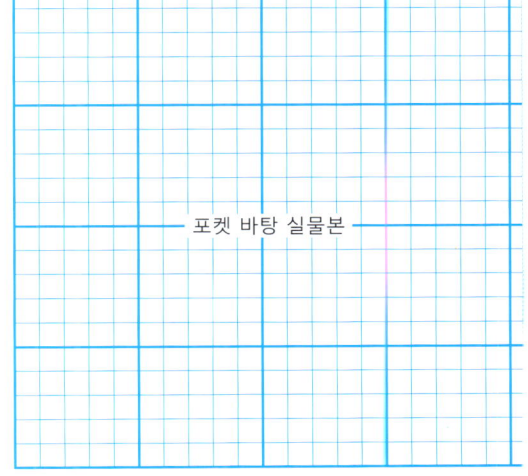
포켓 바탕 실물본

3~9,나머지 과정은 하우스 장지갑 만드는 방법과 동일

24. 하우스 장지갑

바네 안경집에 사용된 하우스와 나무 패턴을
변형해 만든 장지갑으로
퀼트의 매력을 한번 더 느끼게 해주네요~

원하는 곳에 맘껏 응용해 보세요~^^

이렇게 만들었어요~

♥ **필요한 재료**

겉면 : 바탕 1/8마‥조각 12종(땅, 집 7종, 나무 4종)
내부 : 포켓용(20.5x92cm)‥포켓 바탕용(20.5x21.5cm)
안감 1/8마‥정바이어스(3.5x124cm)‥양면접착 sheet 1/8마
지퍼 20cm‥가죽여밈(2.1x8cm)‥퀼팅솜 접착3온스

♥ **완성크기**

접었을 때 : 가로 19.5cm x 세로 10.5cm   **실물본 A면**

참고: 본 설명은 왼쪽 카드포켓, 오른쪽 일반포켓으로 구성하여 내부에 카드 8장과 지폐 수납이 가능하다.
　　　더 많은 카드 수납을 원하면 오른쪽도 카드포켓으로 구성한다.

1, 재단하기

포켓 바탕 실물본은 2단계에서 완성된 본체의 가로 세로 사이즈를 재서 만든다. 방안대지(두꺼운 모눈종이)사용 권장

① **겉면** (안에 재단) (시접 0.7cm따로)
바탕: 14조각(실물본을 뒤집어 놓고 그린다)
조각 12종:땅, 집 7종, 나무 4종

③ **안감** (지퍼를 열었을 때 보이는 부분)
본체 안감 2장: 22x12cm (시접포함)
포켓 바탕용: 포켓 바탕 실물본 (시접 0.5cm 따로)

④ **정바이어스** (시접 포함)
동전포켓용 2장: 3.5x20cm
둘레용: 3.5x84cm

⑤ **양면접착 쉬트** (시접포함)
카드포켓용: 20x9cm
포켓 바탕용: 포켓 바탕 실물본 (시접 0.3cm 따로)

② **내부** (포켓 바탕용을 제외한 나머지는 시접포함)
왼쪽 포켓(카드포켓): 20.5x55.5cm로 재단 후
겉면에 접기 위한 선들을 그린다
=> 옆 그림 참조

오른쪽 포켓 1: 완성된 본체의 세로 길이x16.5cm
오른쪽 포켓 2: 완성된 본체의 세로 길이x18.5cm
포켓 바탕용: 포켓 바탕 실물본 (시접 0.5cm 따로)

카드포켓 재단방법

20.5 x 55.5cm 천 겉면에 아래서부터
순서대로 선을 그린다.

(큰 것을 접다 보면 옆이 들쭉날쭉해지기 쉽다.
처음엔 20.5cm 폭으로 여유있게 재단하여
접는 작업을 한 후 나중에 완성된 본체의
세로 사이즈로 정리한다.)

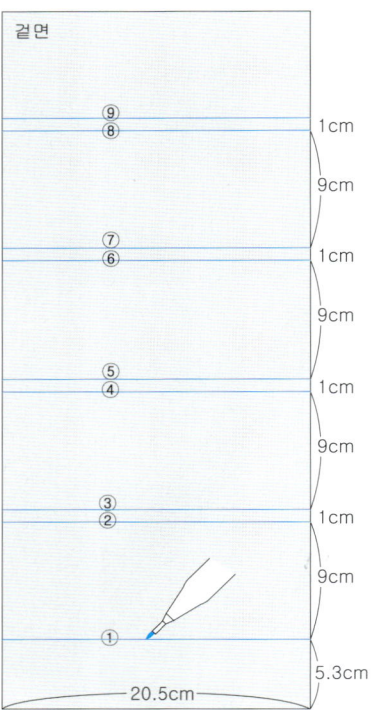

겉면

⑨
⑧　1cm
　　9cm
⑦
⑥　1cm
　　9cm
⑤
④　1cm
　　9cm
③
②　1cm
　　9cm
①
　　5.3cm
20.5cm

2, 본체 만들기

① 바네 안경집 설명을 참조하여 집과 나무를
연결한다. 각각에 땅을 연결한 후 시접은
땅 쪽으로 넘긴다. 다림질로 정리하고 구름
퀼팅선을 자유로이 그려준다=> Top 완성

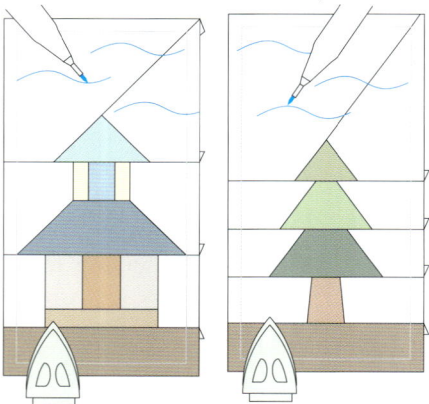

② 안감-> 퀼팅솜->Top순으로 놓고
종이 호일을 덮은 후 퀼팅솜이
붙도록 다림질한다.

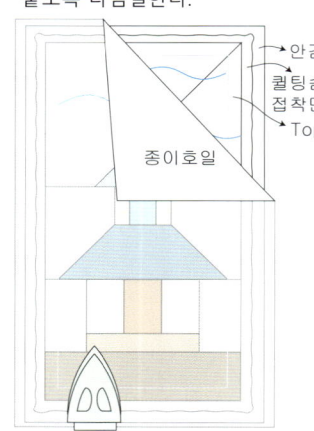

안감
퀼팅솜의
접착면
Top
종이호일

③ 외곽과 전체를 시침한 후 퀼팅한다. 시접이
넘어간 반대편에 0.1cm 띄워가며 퀼팅하고
구름선을 퀼팅한다. 퀼팅이 끝나면 외곽 시침을
제외한 나머지 시침은 제거하고 Top에 맞춰
퀼팅솜과 안감을 정리한다.

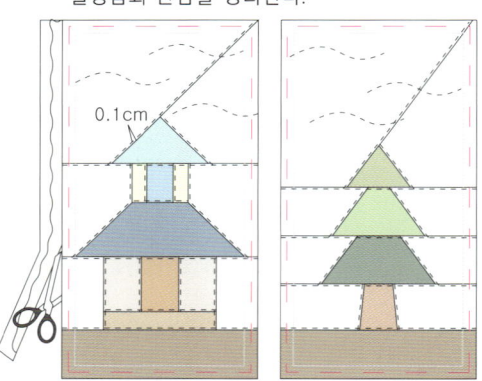

0.1cm

④ 각각 한쪽 끝을 3.5x20cm로 바인딩한 후 여유분은 정리한다.
옆 사진처럼 나란히 놓고 바인딩 끝에서 0.5cm씩 감침해 연결한다.

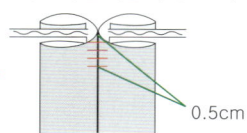

0.5cm

⑤ 바인딩한 곳 안쪽에 지퍼를 꿰맨다.(모노톤 장지갑 설명 참조)
=> 본체 완성

⑥ 포켓 바탕 실물본 만들기
가로 세로 사이즈를 잰다. 각각 세군데 이상 잰 후 평균 값을 산출한다.
이 크기대로 방안대지(두꺼운 모눈종이)를 잘라 포켓 바탕 실물본으로 사용한다.

3. 왼쪽 포켓(카드포켓) 만들기 (빨간선은 접혀 있는 것을 표시)

1 ⑨번 선을 접는다.

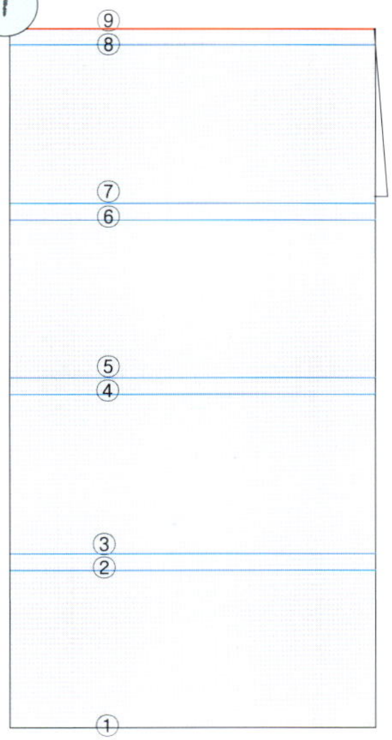

2 ⑦번 선을 접어 손자국을 낸 후 ⑧번 선 위에 포개놓고 다린다.
(⑧번 선 위에 접힌 ⑦번 선이 포개져 있는 상태)

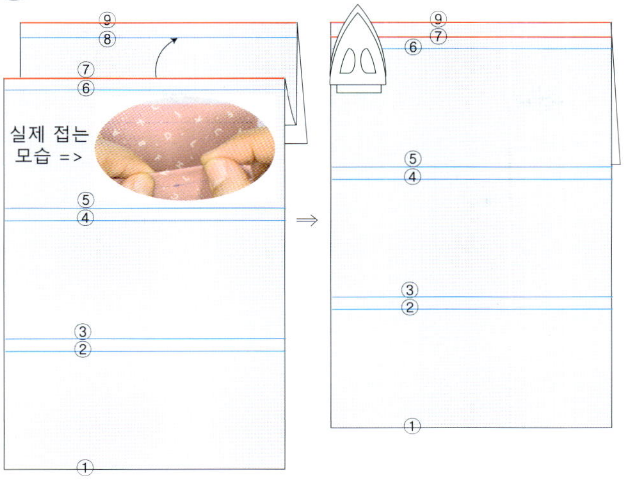

실제 접는
모습 =>

3 나머지도 같은 방법으로 홀수 선을 접어 짝수 선 위에 포개어 다린다.
(⑥번 선 위에 접힌 ⑤번 선이, ④번 선 위에 접힌 ③번 선이, ②번 선 위에 접힌 ①번 선이 각각 포개진다.)

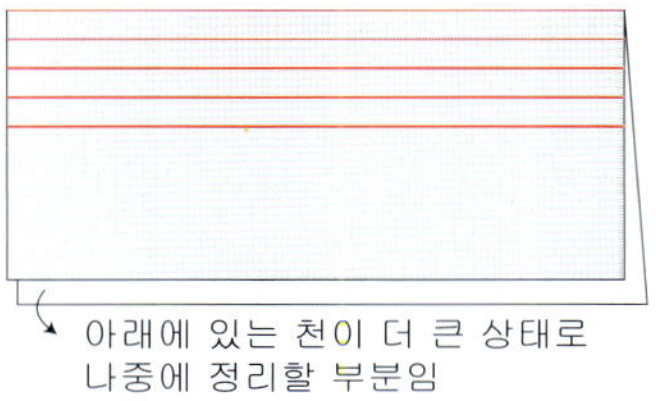

↓ 아래에 있는 천이 더 큰 상태로 나중에 정리할 부분임

4 앞 부분 세로 길이가 9.3cm되게 모양을 정리해준 후 다림질한다.

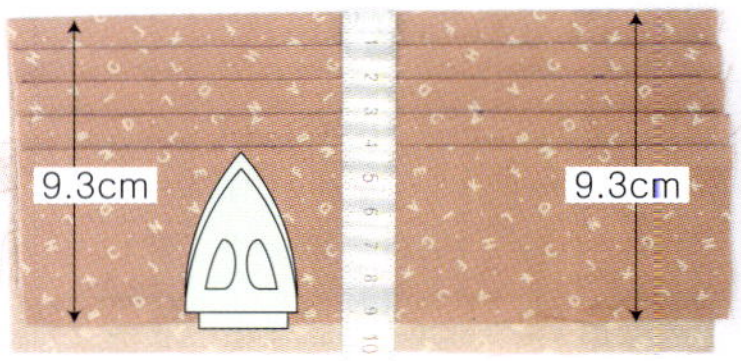

9.3cm   9.3cm

5 양면접착 sheet를 사이에 넣기 위해 접은 것을 위로 들춘다.
(흐트러지지 않게 주의)

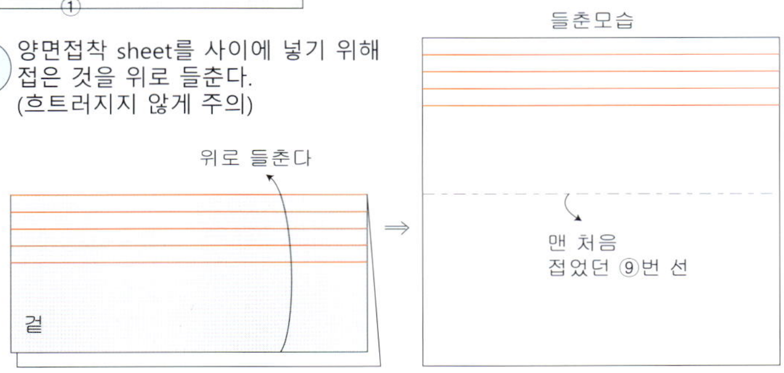

위로 들춘다

겉

들춘모습

맨 처음
접었던 ⑨번 선

6 20x9cm로 자른 양면접착 sheet의 위 끝을 ⑨번 선에 맞춰 중앙에 올려놓는다.

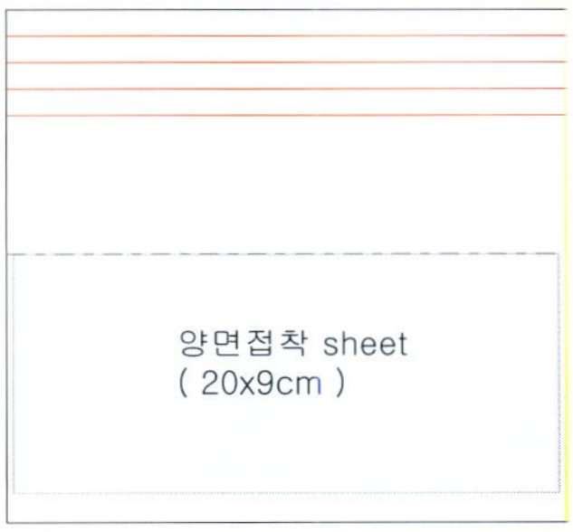

양면접착 sheet
(20x9cm)

7 들췄던 것을 다시 내려 앞면 세로 길이가 9.3cm되게 모양을 정리한 후 다림질하여 천들이 붙도록 해준다.

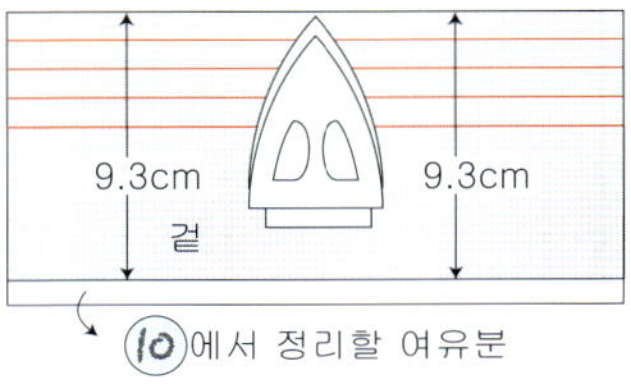

9.3cm   9.3cm
겉

⑩에서 정리할 여유분

8 본체 세로 길이 폭으로 카드포켓을 완성하기 위해 양쪽게 선을 그린다.
(앞에서 만든 포켓 바탕 실물본을 올려놓고 양 옆 선을 그린다.)

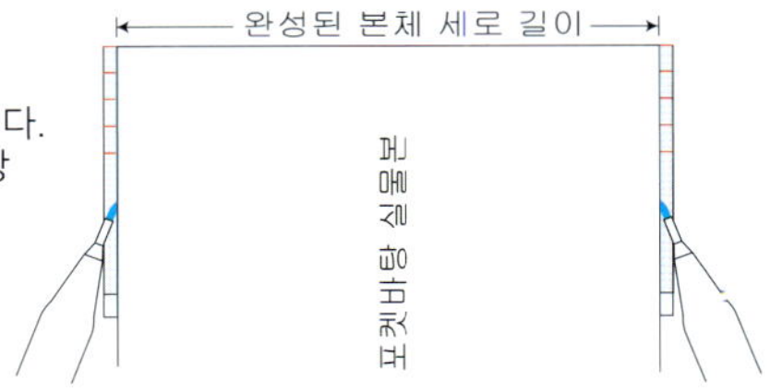

완성된 본체 세로 길이

완성된 본체 세로 길이

9 양끝을 클립으로 고정시킨 후 그린 선에서 0.3cm 안쪽을 각각 시침한다.

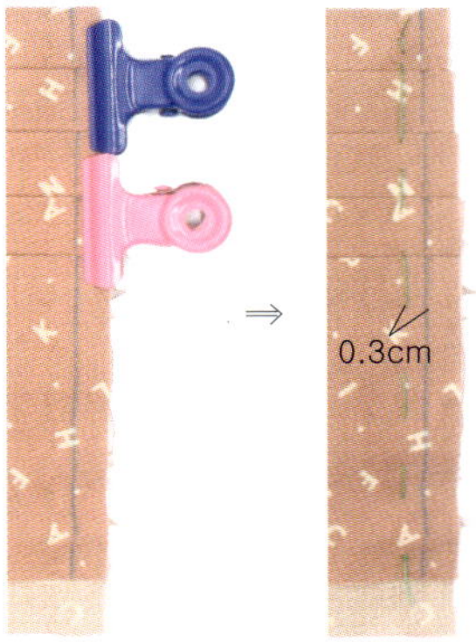

0.3cm

10 양 옆에 그린 선과 아래 여유분을 정리한다.

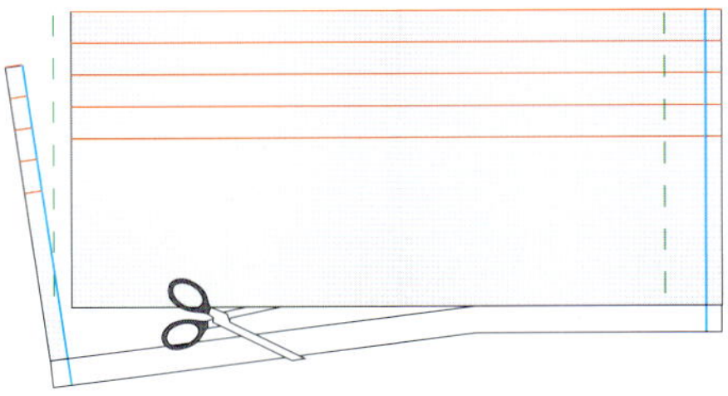

11 정 중앙에 선을 그린 후 반박음질로 꿰매 카드수납을 위한 칸을 만든다 => 카드 포켓 완성

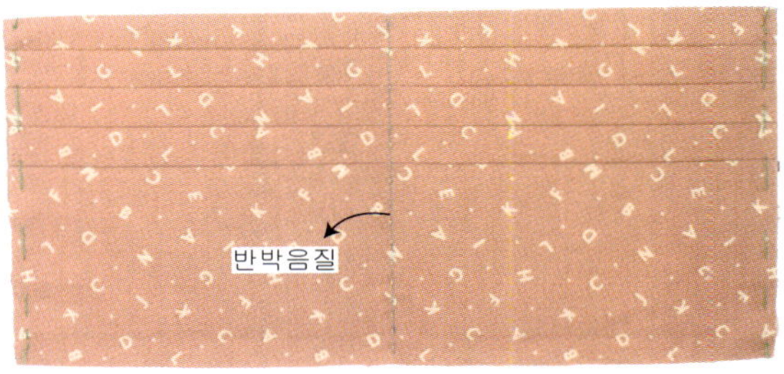

반박음질

4. 오른쪽 포켓 만들기

1 각각 반을 접는다.

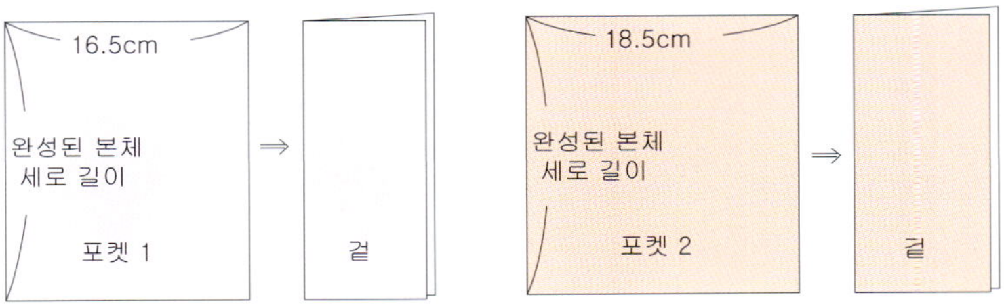

16.5cm

완성된 본체
세로 길이

포켓 1

겉

18.5cm

완성된 본체
세로 길이

포켓 2

겉

2 오른쪽 끝을 맞춰 두개를 포갠 후 가장자리를 시침한다.

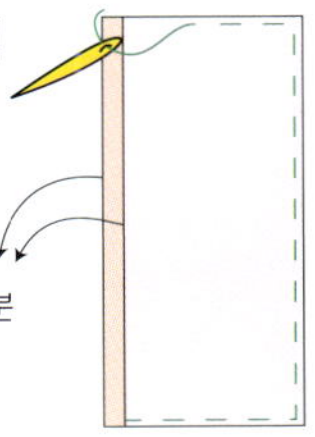

접힌 부분

5. 포켓 바탕 만들기

① 포켓 바탕용 안감과 내부용 천 사이에 양면접착 sheet를
끼워 넣고 천들이 붙도록 다림질한다.

포켓 바탕용 내부 천의 겉

포켓바탕용
양면접착 sheet

포켓바탕용 안감의 안

② 포켓바탕 실물본을 중앙에 올려놓고 둘레를 그린 후 그린 선대로
자른다=> 포켓 바탕 완성

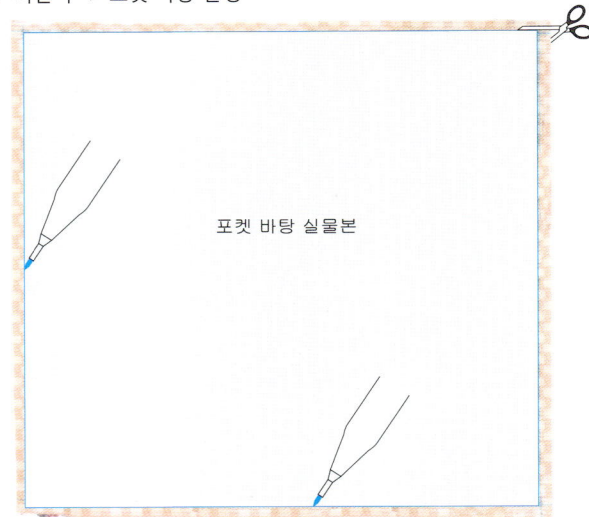

포켓 바탕 실물본

6. 내부 완성하기

5에서 완성한 포켓 바탕 내부면 위에 3에서 완성한 카드 포켓과 4에서 완성한 오른쪽 포켓을 각각 양 끝에 맞춰 올려놓고 끝에서 0.4cm 안쪽을 시침하여
각 포켓과 포켓 바탕을 고정시킨다 => 내부 완성

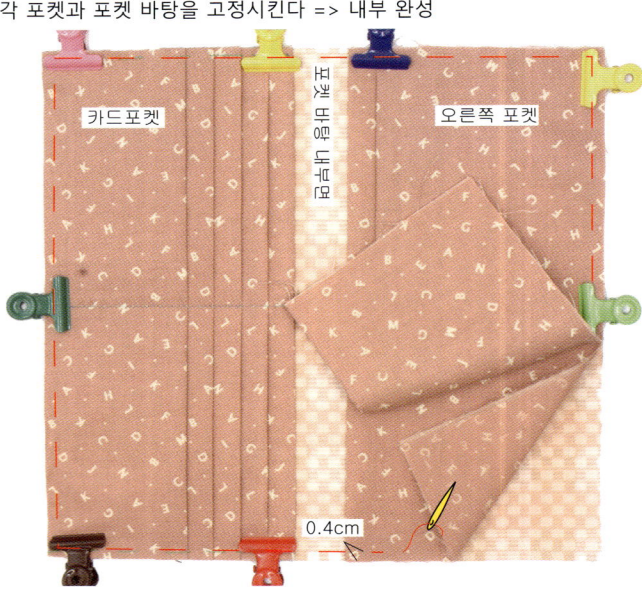

카드포켓

포켓 바탕 내부면

오른쪽 포켓

0.4cm

이해를 돕기
위해 그림 설명
⇒

4단계에서
완성한
오른쪽 포켓

3단계에서
완성한
카드포켓

5단계에서 완성한
포켓바탕의 내부면

초록선으로 표시된
포켓바탕의 끝과
각 포켓의 끝을
맞춘다.

시침

0.4cm

7. 본체와 내부 고정하기

① 2단계에서 완성한 본체와 6단계에서 완성한 내부를 안감끼리
마주 닿게 포갠 후 끝을 잘 맞춰 클립으로 고정시킨다.

② 0.4cm 안쪽을 시침한 후 끝에서 0.7cm 띄운 선을 그린다.
(이 선은 바인딩할 때 사용한다)

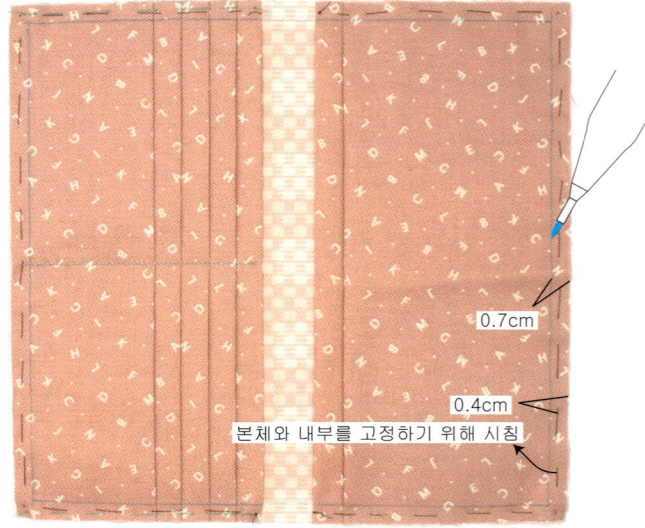

0.7cm

0.4cm

본체와 내부를 고정하기 위해 시침

8.둘레 바인딩 처리 (나무가 있는 쪽 중앙에서 시작하여 3.5x84cm로 둘레를 바인딩 처리한다)

1 ~ 8 아래 그림 참조

바인딩 시작 위치

9 뒤집어 안쪽에서 0.7cm를 접어 넣어가며 공그르기한다.

안쪽

⇓

안쪽

주의: 안쪽에 그려놓은 7mm 선과 바이어스 원단에 그려놓은 7mm선을 맞춰 바늘을 위와 아래르 보내가며 꿰맨다.

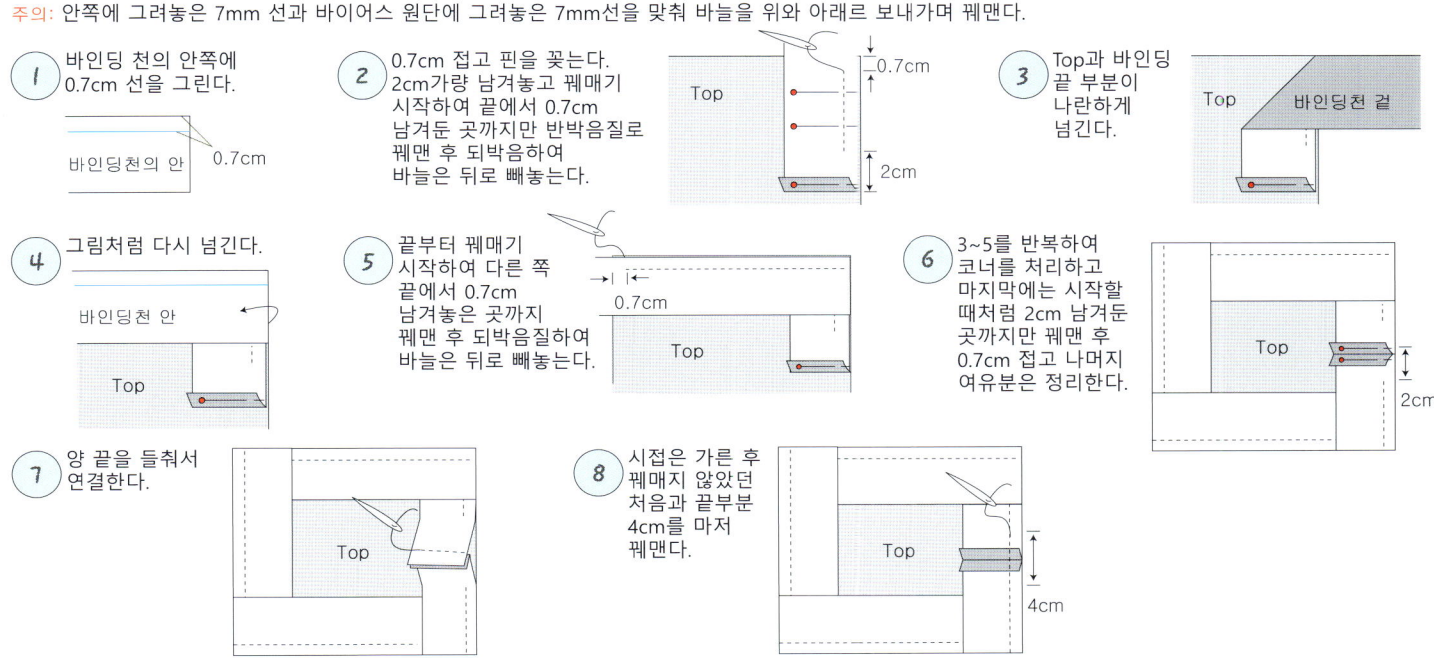

1 바인딩 천의 안쪽에 0.7cm 선을 그린다.

바인딩천의 안 0.7cm

2 0.7cm 접고 핀을 꽂는다. 2cm가량 남겨놓고 꿰매기 시작하여 끝에서 0.7cm 남겨둔 곳까지만 반박음질로 꿰맨 후 되박음하여 바늘은 뒤로 빼놓는다.

0.7cm
Top
2cm

3 Top과 바인딩 끝 부분이 나란하게 넘긴다.

Top 바인딩천 겉

4 그림처럼 다시 넘긴다.

바인딩천 안
Top

5 끝부터 꿰매기 시작하여 다른 쪽 끝에서 0.7cm 남겨놓은 곳까지 꿰맨 후 되박음질하여 바늘은 뒤로 빼놓는다.

0.7cm
Top

6 3~5를 반복하여 코너를 처리하고 마지막에는 시작할 때처럼 2cm 남겨둔 곳까지만 꿰맨 후 0.7cm 접고 나머지 여유분은 정리한다.

Top
2cm

7 양 끝을 들춰서 연결한다.

Top

8 시접은 가른 후 꿰매지 않았던 처음과 끝부분 4cm를 마저 꿰맨다.

Top
4cm

9.여밈장식 꿰매기

1 꿰맬 위치(짧은 장식은 바인딩 안쪽면과 맞닿게, 긴장식은 바이딩 끝에서 약 3cm 띄운 곳)에 시침한다 (여밈장식에 따라 다를 수 있으므로 짧은 장식을 꿰맨 후 실제 핸드폰을 장착해보고 위치 를 잡는다)

2 퀼팅실 2겹으로 본체 겉과 안을 통과해가며 꿰맨다. 바늘을 안으로 보낼 때는 손을 집어넣고 공간을 확보해 본체까지만 꿰매지게 주의한다.

꿰매는 방법

바늘을 위, 아래로 통과해가며 홈질처럼 꿰맨 후 되돌아갈 때는 반대로 바늘을 통과해가며 박음질처럼 땀을 채운다.

긴 것은 X자 형태로 꿰매거나 짧은 장식처럼 둘레를 채워 꿰맨다.

3cm

25. 바네 안경집

입구가 바네로 되어 있어 편하고
누구나 좋아하는 하우스 패턴이라 더더욱 멋져요~
필통으로도 쓸 수 있어 쓰임새도 만점이에요~

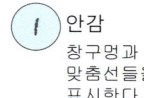 이렇게 만들었어요~

♥ **필요한 재료**
안감 (12x43cm)‥바탕 1/8마‥조각 13종(바네통로, 땅, 집 7종, 나무 4종)‥바네 8 x 1.5cm
퀼팅솜 3온스(13x38cm)

♥ **완선크기**
가로 9.5cm x 18cm   실물본 A면

1.재단하기 (모두 안에 재단) (시접 0.7cm 따로)

1 안감
창구멍과
맞춤선들을
표시한다.

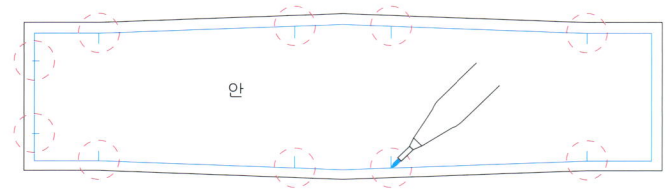

2 바탕
천 안쪽에 실물본을 뒤집어 놓고 그린다.

3 조각 13종
사진을 참조하여 재단한다.

2.앞면 잇기
꿰맨 시접은 화살표 방향으로 넘긴다.

1 빨간선 부분을 각각 연결한 후
파란선 부분을 연결한다.

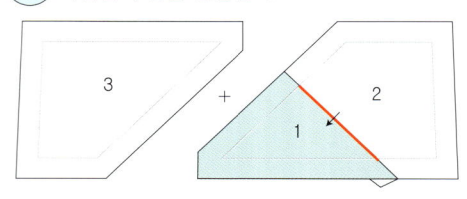

2 초록선 부분을 연결한다. 점선 원으로
표시한 곳은 시접을 들춰가며 꿰맨다.

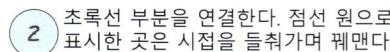
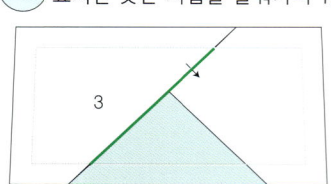

3 분홍선 부분을 연결한 후
다림질하여 시접을 정리한다.

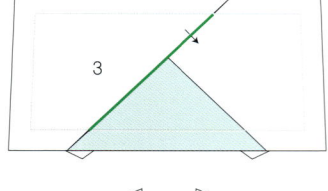

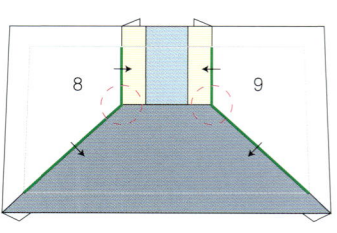

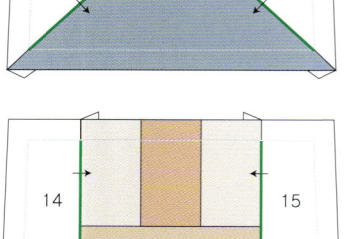

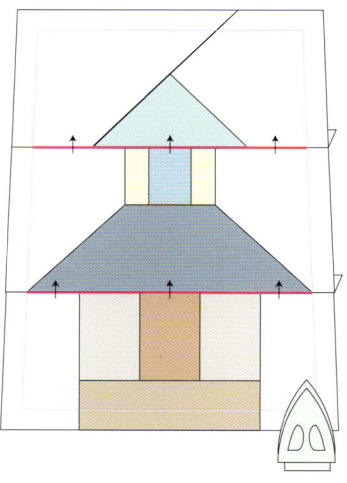

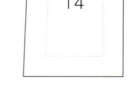

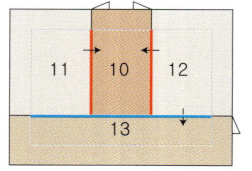

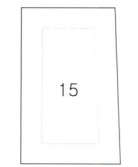

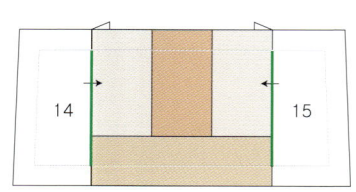

3.뒷면 잇기

1 빨간선 부분을 연결한 후
파란선 부분을 연결한다.
시접은 화살표 방향으로
넘긴다.

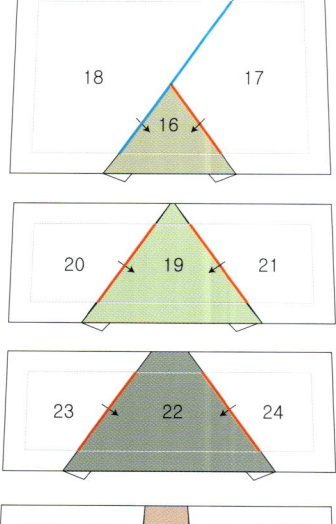

2 분홍선 부분을
연결한다. 시접은
화살표 방향으로
넘긴 후 다림질하여
시접을 정리한다.

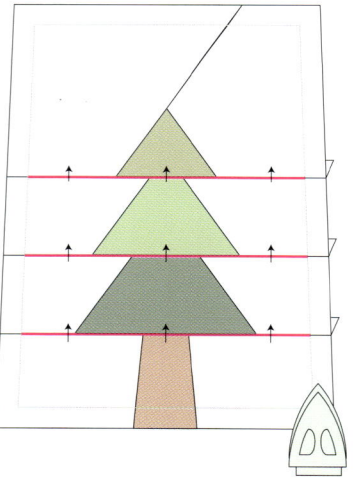

4.Top 완성하기

바네통로 + 앞면 + 땅 + 뒷면 + 바네통로 순으로 연결한다. 시접은 화살표 방향(바네통로와 땅쪽 으로 넘긴다. 바네통로에 연결선에서 2cm 띄운 선을 그리고 땅 중앙에 밑중앙선을 그린다.

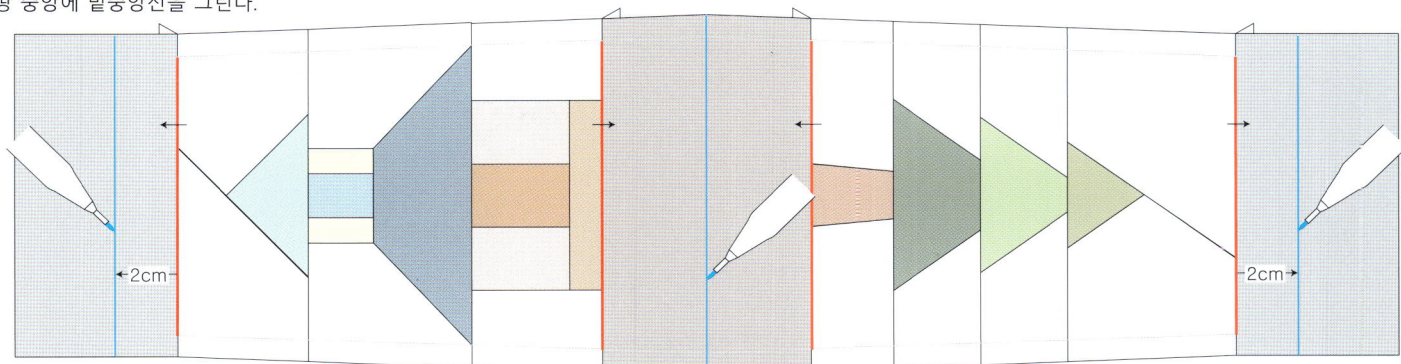

시접 넘긴 모습

5.퀼팅솜 위에 Top 올리기

퀼팅솜(13x38cm) 위에 Top을 중앙에 맞춰 올려놓는다. 바네통로에 그려놓은 2cm 선을 시침한 후 퀼팅솜을 시침한 선 가까이 정리한다.

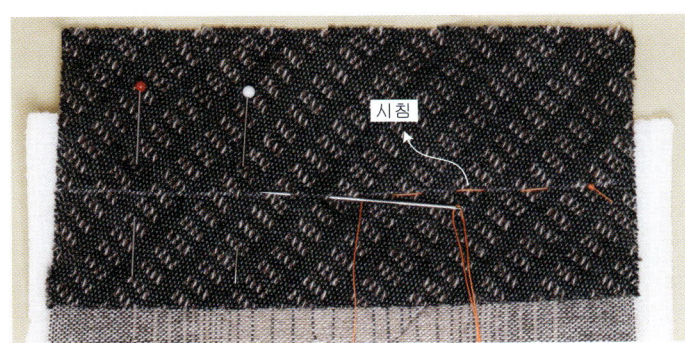

① 시침하는 모습

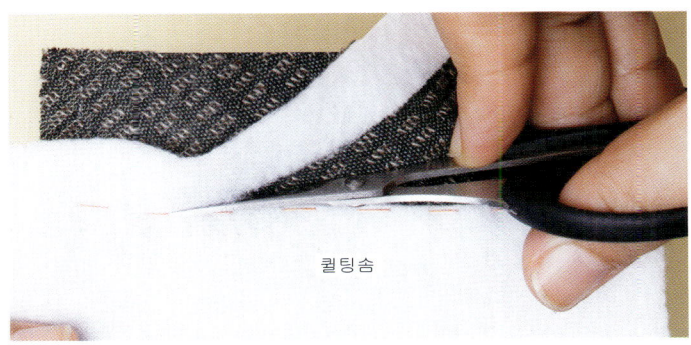

② 퀼팅솜을 시침선 가까이 정리하는 모습

6. 안감 포개어 꿰매기

1 Top 위에 안감의 안이 보이게 올려 놓고 맞춤선들을 맞춰 핀을 꽂는다. 나머지 사이도 맞춰 핀을 꽂는다.

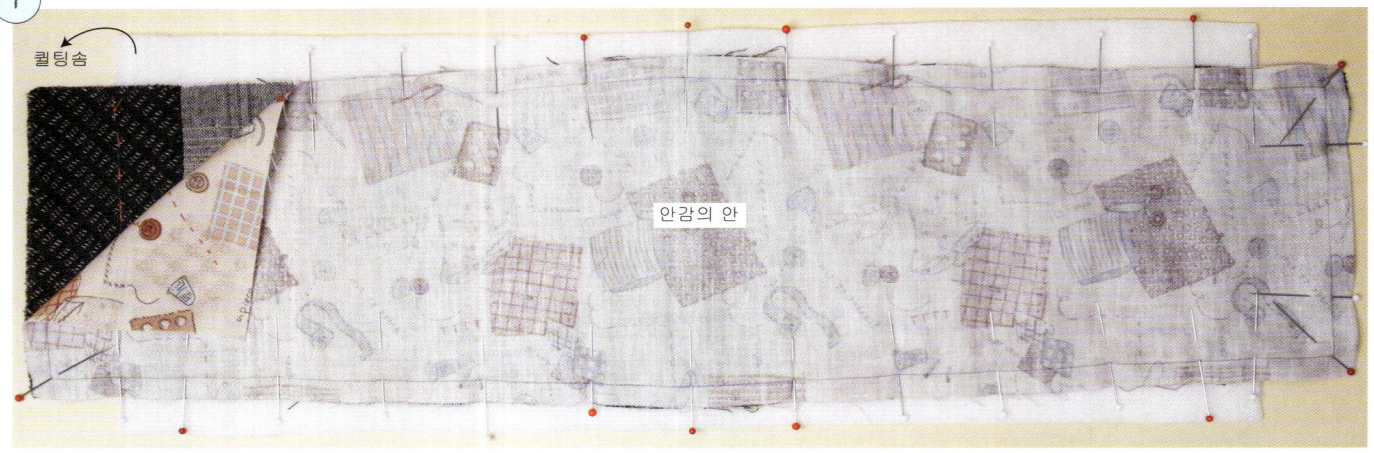

퀼팅솜

안감의 안

2 창구멍을 남기고 꿰맨다.

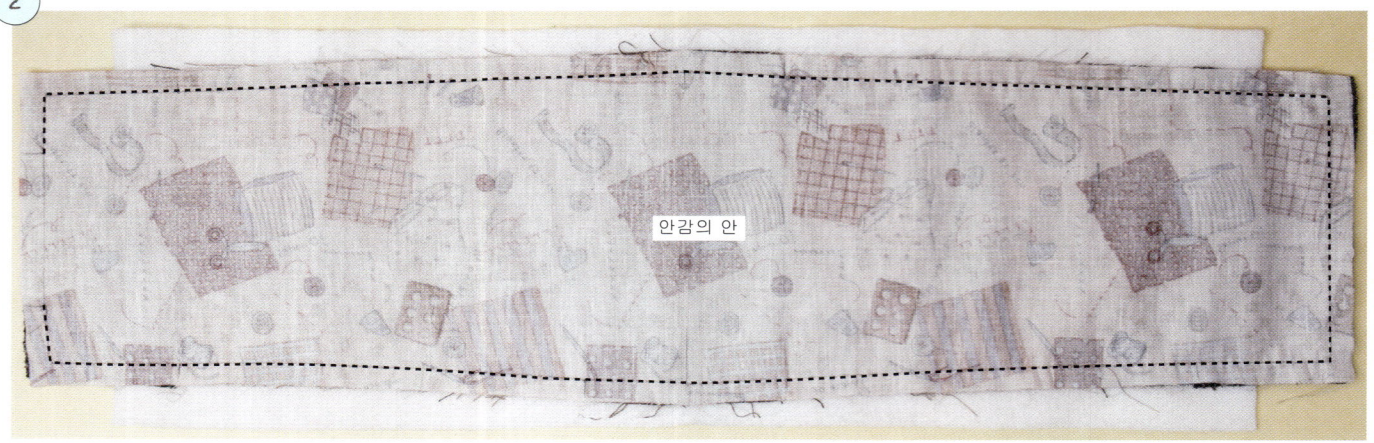

안감의 안

3 퀼팅솜이 보이게 놓고 꿰맨 곳 가까이 퀼팅솜을 정리한다. 코너 4곳에 가윗집을 준 후 겉으로 뒤집는다.

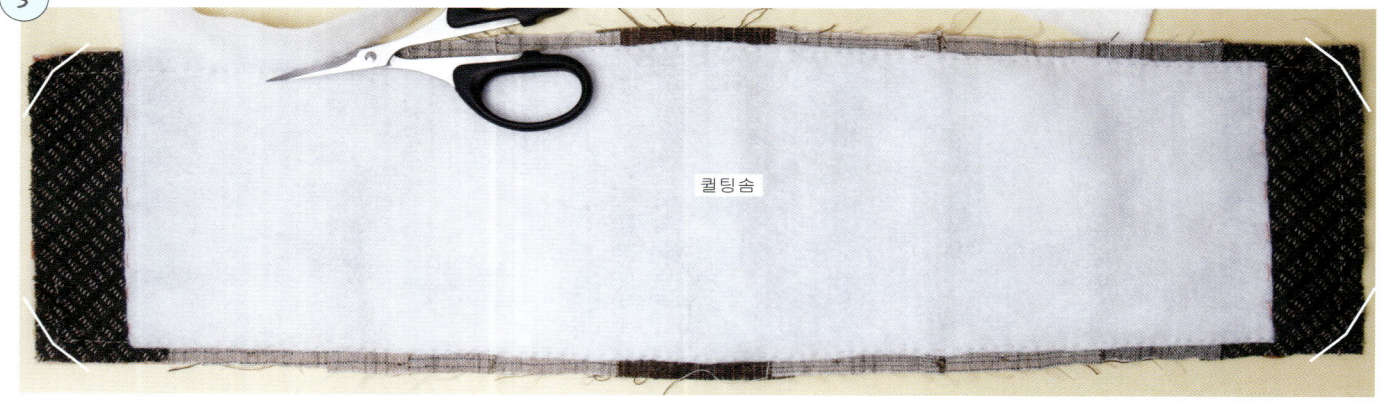

퀼팅솜

7. 퀼팅하기

창구멍은 공그르기 한다. 충분히 시침한 후 밑중앙선과 조각 연결선을 0.1cm 띄워가며 시접이 넘어간 반대편에 퀼팅한다. 퀼팅이 끝나면 모든 시침실은 제거한다. (5번 단계에서 바네통로에 시침했던 것도 제거)

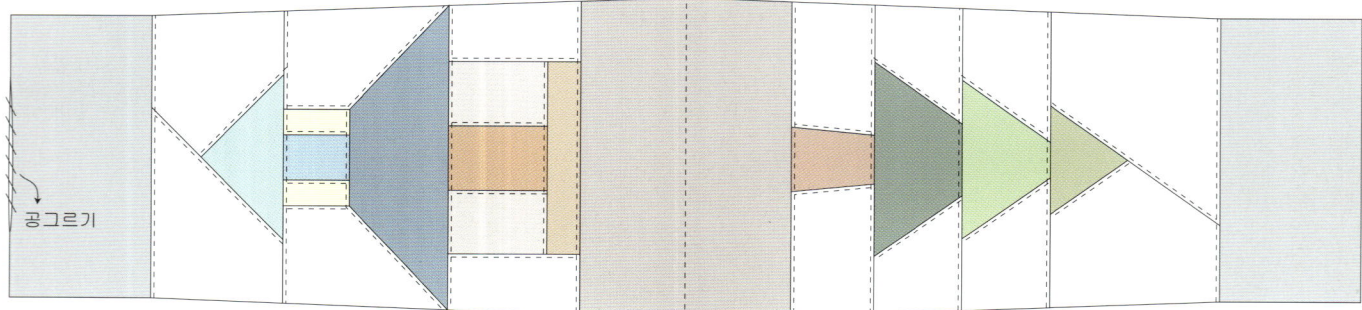

공그르기

8, 바네통로 만들기

바네통로를 안감쪽으로
반을 접어 핀을 꽂는다.
안감 끝 부분을 퀼팅솜까지만
떠지게 감침하여 바네가
통과할 통로를 만든다.

감침

9, 옆 연결하기

앞면의 겉과 뒷면의 겉이 마주 닿게 반을 접어 핀을 꽂는다.
마주 닿아 있는 겉과 겉을 공그르기 하여 옆을 연결한다.
바네통로 부분은 연결하지 않는다.

공그르기

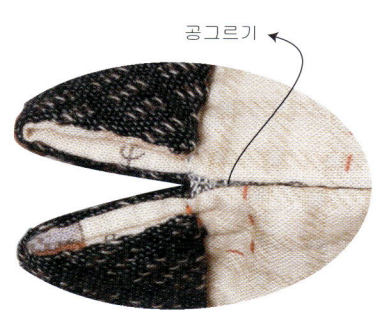

10, 겉으로 뒤집는다,

11, 바네 끼워 완성하기

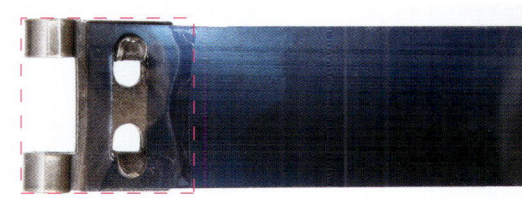

① 바네통로가 많이 여유있지 않아
바네의 뾰족한 부분이 걸리적
거려 통과하기가 힘든 경우엔
바네 끝 부분(점선표시 부분)에
투명테잎을 붙인다. (생략 가능)

② 앞, 뒤 통로에 바네를
나란히 끼워 밀어 넣는다.

③ 끝까지 통과한 후 투명테잎은
제거한다. 바네 끝을 맞춰 좋고
나사를 위에서 아래로 밀어 넣어
고정시킨다.

26. 스위트홈 통장집

평화로운 전원 풍경이
한 폭의 그림을 연상케하네요~

이렇게 만들었어요~

♥ **필요한 재료**
바탕 3종‥아플리케 12종‥안감 1/8마‥갈색 체크(바인딩용 정바이어스: 3.5x85cm, 여밈장식: 6x23cm)
내부 포켓 1/8마‥싸개용 프라스틱(1.5cm) 2개‥여밈용 접착심‥싸개 스냅단추(1.5cm)‥통장내지

♥ **완성크기**
펼쳤을 때 : 가로 25cm x 세로 18cm (여밈장식 제외)   실물본 A면

1. 재단하기

① **바탕 3종 (겉에 재단)** (시접 0.7cm 따로)

실물본 A:
　아플리케할
　위치를 그린다.

실물본B, C 각 1장씩

겉

② **아플리케용 (겉에 재단)** (시접 0.5cm 따로)
각각 겉면에 그려 재단한 후 아플리케하기 위한 준비를 한다.

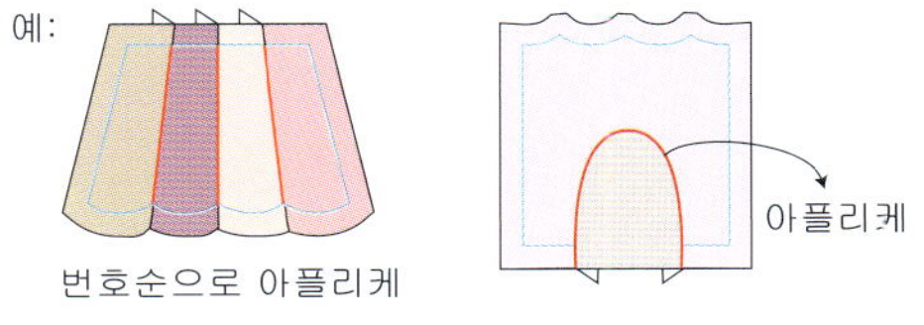

예:

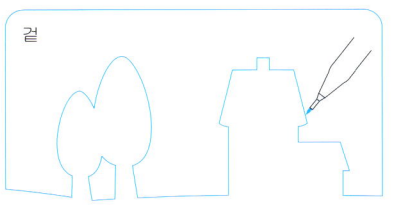

번호순으로 아플리케

아플리케

③ **갈색체크 (안에 재단)**
바인딩용 정바이어스: 3.5x85cm (시접 포함)
여밈장식: 2장 (시접 0.7cm따로)

④ **포켓용** (시접 포함)
18 x 18cm 2장

⑤ **싸개단추용 2장** (시접 0.7cm 따로)
싸개용 프라스틱을 사용해
하늘용 천에 그린다.

⑥ **접착심** (시접 X)
여밈장식 크기대로
1장 재단한다.

2. Top 만들기

① 바탕 A에 번호순으로 아플리케한다.

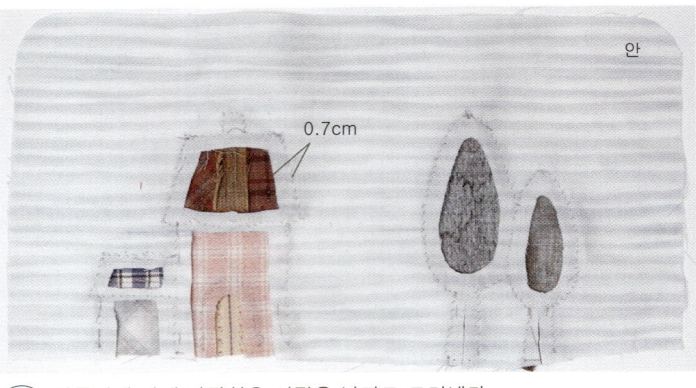

② 아플리케 아래 바탕천은 시접을 남기고 도려낸다.
   나무 기둥의 경우는 가운데를 자르기만 한다.

③ B를 아플리케한다.

④ C를 아플리케한 후 바탕 A에 2.5cm 간격의 퀼팅선을 그린다.
   => Top 완성

3. 퀼팅하여 본체 완성하기

① 안감 -> 퀼팅솜 -> Top순으로
   포갠 후 시침한다.

② 하늘에 그려놓은 퀼팅선과
   아플리케 주위를 0.1cm
   띄워가며 퀼팅한다.

③ Top 끝에서 0.3cm 안쪽을
   시침한 후 Top에 맞춰
   안감과 퀼팅솜을 정리한다.

④ 가장자리 시침을 제외한
   나머지 시침실은 제거한다.

4. 여밈장식 만들기

① 여밈용 천 한장의 안쪽에
   접착심을 다림질하여 붙인다

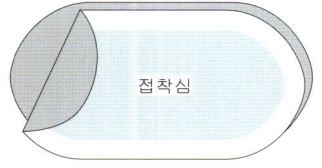

② 접착심 다린 것을 나머지
   한장의 겉면 위에 포갠다.

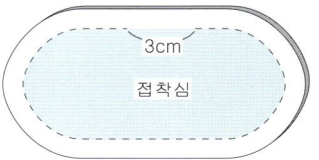

③ 접착심을 따라 꿰맨다.
   3cm 정도 창구멍을 남긴다.

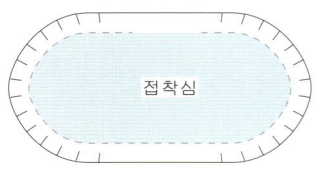

④ 곡선 부분에 가윗집을 준 후
   겉으로 뒤집는다.

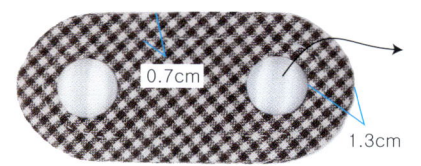

싸개단추용 천의
주위를 홈질한 후
싸개프라스틱의
오목한 부분이 보이게
천 안쪽에 올려놓는다.

오목한 부분
0.3~0.5cm

잡아당겨
마무리한다.

스냅단추(凸)
1.3cm

⑤ 창구멍은 공그르기 하고 끝에서 0.7cm 안쪽을 퀼팅한다.
양 끝에서 1.3cm 띄운 곳에 싸개단추를 공그르기로 단다.

⑥ 뒷면에는 싸개 스냅단추(凸)를
공그르기 한다.

5. 본체의 안쪽 양 끝에 포켓 시침하기

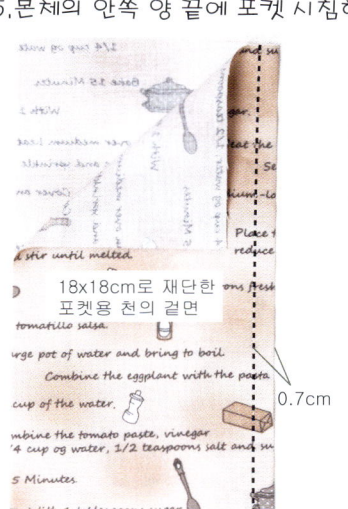

18x18cm로 재단한
포켓용 천의 겉면

0.7cm

① 반을 접은 후 접힌 곳에서
0.7cm 띄워 퀼팅한다.
=> 2개 만든다.

끝에서 0.3cm 안쪽을 시침

포켓의
접혀있는 부분

② 본체의 끝과 포켓의 끝부분을 맞춰 올려놓고 주위를 시침한다.
귀퉁이는 본체의 곡선을 따라가며 둥글게 시침한다.

③ 각 귀퉁이는 본체에 맞춰
포켓을 둥글게 정리한다.

6. 바인딩 처리하기

왼쪽 중앙에서 시작하여
정바이어스(3.5x85cm)로 바인딩 처리한다.
(기본 정보: 둥근 곳 바인딩하는 방법 참조)

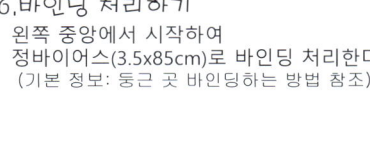

시작 위치

7. 여밈장식과 스냅단추 달기

① 여밈장식은 바인딩 바깥쪽 끝에서
3.5cm 띄운 곳에 맞춰 핀을 꽂은 후
빨간선으로 표시된 부분을 공그르기 한다.

② 싸개 스냅단추(凹)는
바인딩 안쪽 끝에 맞춰 공그르기 한다.

8. 통장내지를 끼우면 완성

3.5cm

스냅단추(凹)

27. 내 맘대로 핸드폰지갑

핸드폰 크기에 따라 내 맘대로 만들 수 있는
다이어리 스타일의 핸드폰 지갑

좋아하는 무늬로 뚝딱 만들 수 있어
여기저기 선물하기 너무 좋아요~

카드와 지폐 수납은 물론 탈부착이 자유로워 편리해요~

핸드폰에 붙인 고무철지는 자석 거치대에도 사용 가능하고
무선 충전에 지장을 주지 않아요~

동영상 시청할 때엔
거치대로 활용 가능해요~

이렇게 만들었어요~

♥ **필요한 재료** (필요량은 각 단계에 설명되어 있는 재단하기 참조)
본체용 2종(겉감,안감) 1/8 마·· 포켓용 2종(옅은색,짙은색)·· 정바이어스·· 퀼팅솜 접착3온스·· 가죽여밈(약 2x8cm)
열접착 라미네이팅 필름 단면 매트(두께 100mic)
양면테이프형 고무자석(두께 1mm 이방성 강력형)과 고무철지 각 5x6cm

♥ **완선크기**
핸드폰 모델에 따라 다름

본 설명에 사용된 기호의 의미 : 단위는 모두 mm . 숫자 x 숫자에서 앞에 숫자는 가로를, 뒤에 숫자는 세로를 의미. * 는 곱하기를 의미.

1. 본체용 원단의 재단 사이즈 계산하기

두께가 두꺼운 케이스 사용시 (양면테이프가 잘 떨어지는 재질은 사용 불가)

실물 둘레를 재서 계산한다. 세로는 자를 이용하고 가로는 종이 띠를 이용해
세부분(뒷면+측면+앞면) 둘레를 잰다.

> 재단 사이즈 : 가로 = 실물 둘레 + 15
> 세로 = 실물 둘레 + 5

일반적인 투명케이스 사용시

제조사의 스펙 중 외관 사이즈를 참조해 계산한다. 계산 값
중 소수점 아래 5 미만은 버림하고 5 이상은 올림한다.

> 재단 사이즈 : 가로 = 스펙 가로 * 2 + 스펙 두께 + 20
> 세로 = 스펙 세로 + 8

실물 둘레 재는 방법

스펙으로 계산한 예:

갤럭시 S21 (스펙 외관사이즈 : 가로 71.2 x 세로 151.7 x 두께 7.9)
원단의 가로 재단 사이즈 = 71.2 * 2 + 7.9 + 20 = 170.3 ≒ 170
원단의 세로 재단 사이즈 =151.7 + 8 =159.7 ≒ 160

갤럭시 S21 Ultra (스펙 외관사이즈 : 가로 75.6 x 세로 165.1 x 두께 8.9)
원단의 가로 재단 사이즈 = 75.6 * 2 + 8.9 + 20 = 180.1 ≒ 180
원단의 세로 재단 사이즈 =165.1 + 8 =173.1 ≒ 173

iPhone 12 Pro (스펙 외관사이즈 : 가로 71.5 x 세로 146.7 x 두께 7.4)
원단의 가로 재단 사이즈 = 71.5 * 2 + 7.4 + 20 = 170.4 ≒ 170
원단의 세로 재단 사이즈 =146.7 + 8 =154.7 ≒ 155

옆에서 본 모습

① 200 x 25로 자른 종이를 뒷면에 대고 버튼 끝과 나란히 맞춰 잡는다.

② 밀착 시켜가며 두른다.

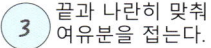

③ 끝과 나란히 맞춰 여유분을 접는다.

④ 종이 길이를 잰다.
=> 실물 둘레 측정 완료

2. 본체 만들기 (세로를 식서 방향으로 재단)

① **재단하기** (시접포함)
겉감 : 계산한 크기로 재단 후 겉면에 퀼팅선을 그린다.

접착퀼팅솜 : 겉감+1cm
안감 : 겉감+2cm

각 대각선을 그은 후 25mm
띄운 선을 그려 나간다.
(열에 지워지는 펜을 써야 할
때는 다음 단계 후에 그린다)

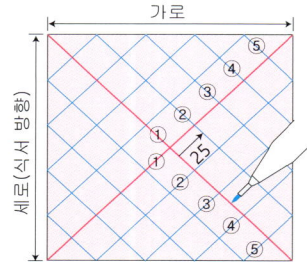

가로

세로(식서 방향)

25

② 안감→퀼팅솜→겉감 순으로
포갠 후 종이호일을 덮고
접착솜이 붙도록
다림질한다.

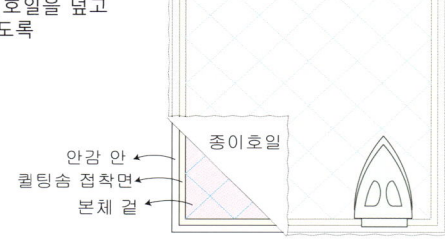

안감 안
종이호일
퀼팅솜 접착면
본체 겉

③ 가장자리를 빙둘러 일반실로 시침하고
전체는 시침실로 시침한다. 그려 놓은 선을
퀼팅하고 가장자리 시침을 제외한 나머지
시침실은 제거한다. 겉면에 맞춰 퀼팅솜과
안감을 정리한다. => 본체 완성

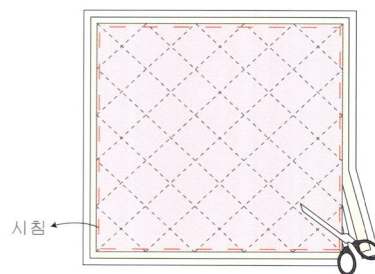

시침

④ 가로(x)와 세로(y)
사이즈를 잰다. 각각 여러
곳을 잰 후 평균을 낸다.
=> 다음 단계부터 사용할
x , y 값 결정 완료

x , y값 결정

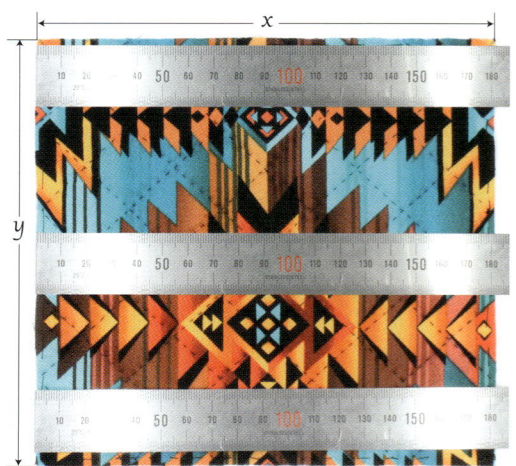

x

y

3. 왼쪽 포켓 만들기 (가로를 식서 방향으로 재단)

카드 칸 수 정하기

아래는 카드 수납 칸 수에 따른 포켓의 완성 세로 사이즈 범위를 나타낸 것으로
대부분 핸드폰은 3칸이나 4칸으로 가능하다. (5칸은 설명에서 제외했으나 방법은 동일)
즉 $y < 150$ 이면 카드 칸을 3칸으로 하고 $y \geq 150$ 이면 4칸 만든다.

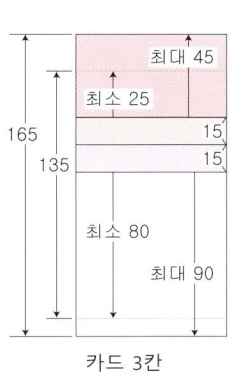

카드 3칸

최대 45
최소 25
15
15
165
135
최소 80
최대 90

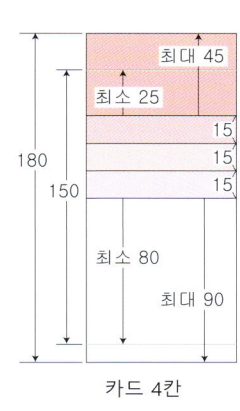

카드 4칸

최대 45
최소 25
15
15
180
150
최소 80
최대 90

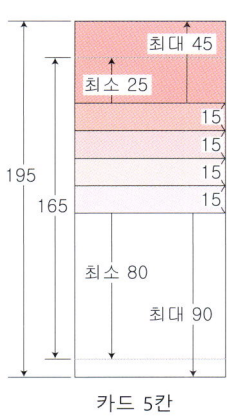

카드 5칸

최대 45
최소 25
15
15
15
15
195
165
최소 80
최대 90

카드 포켓용 재단방법 :
번호순으로 선을 그린다.

원단 필요량 [3칸 : 80 x 595
4칸 : 80 x 750]

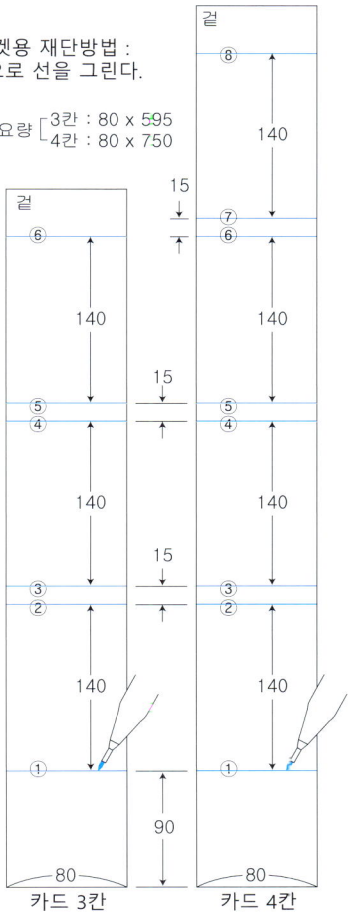

카드 3칸 / 카드 4칸

① 재단하기 (시접포함)

짙은색 ($x < 175$ 면 생략)
  속 포켓용: 165 x (y)
  재단 후 반을 접고
  7mm 선을 그려
  퀼팅한다.

7
y
82.5

옅은색
  카드 포켓용: 80 x 595 또는 80 x 750
  겉면에 접기 위한 선들(옆 그림 참조)을 그린다.
  선들을 접은 후 카드 포켓 완성 크기에 맞춰
  여유분을 자른다. ②~⑤ 과정

  카드 포켓 뒷면용: 90 x (y)
  오른쪽 안에 끝에서 5mm 띄운 선을 그려놓는다.

참고 : 본 샘플은 완성된 본체 가로 x =182, 세로 y =174 인 경우 작업 과정임

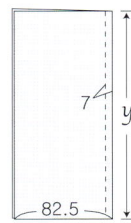

② 홀수 선을 접어 손자국을 낸 후
짝수 선에 맞춰 포갠다. 차례대로
접은 후 다림질로 정리한다.

③ 클립으로 고정한 후 양옆에서
7mm 안쪽을 각각 시침한다.

④ 가로 폭은 75mm 되게, 세로는 y 되게
선을 그린다. 이때 초록 화살표로 표시된
부분은 꼭 지켜지게 위치를 잡는다.

⑤ 그린 선대로 자른다.
=> 카드 칸 완성

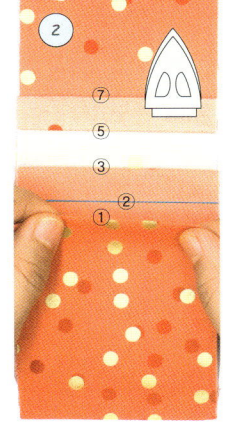

카드 포켓 뒷면용
5mm
90

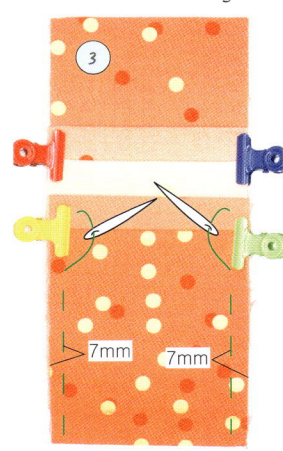

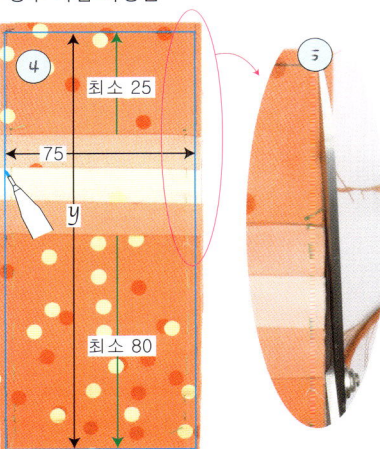

4mm

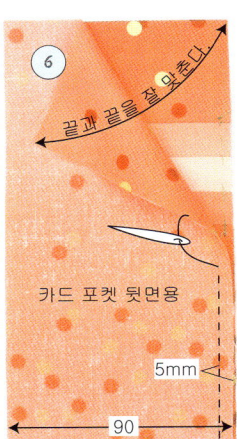

속 포켓
4mm

⑥ 완성한 카드 칸 위에 카드 포켓
뒷면용 천을 포갠다. 오른쪽
끝을 맞춰 클립으로 고정한다.
5mm 선을 반박음질로 꿰맨다.

⑦ 뒷면용 원단을 들추고 바느질한
곳을 손자국 내어 정리한 후
카드 칸 뒤로 보낸다.

⑧ 뒷면용 원단과 카드 칸의
왼쪽 끝을 잘 맞춰 시침한다.

⑨ 오른쪽은 연결선 가까이 퀼팅한다.
=> 카드 포켓 완성

⑩ 반 접어 퀼팅 해 놓은 속 포켓과
카드 포켓의 왼쪽 끝을 잘 맞춰
주위를 시침하여 고정한다.
=> 왼쪽 포켓 완성

4. 오른쪽 포켓 만들기 (고무자석의 접착력을 높이기 위해 라미네이팅 필름을 붙여 만든다)

① 재단하기 (시접포함)

포켓 뒷면용(짙은색)
$x < 175$ 일 때 : $88 \times (y)$
$x \geq 175$ 일 때 : $95 \times (y)$
왼쪽 안에 끝에서 5mm 띄운 선을 그린다.

포켓 앞면용(옅은색)
$x < 175$ 일 때 : $83 \times (y + 8)$
$x \geq 175$ 일 때 : $90 \times (y + 8)$

포켓 앞면용 라미네이팅 필름
$x < 175$ 일 때 : $79 \times (y + 4)$
$x \geq 175$ 일 때 : $86 \times (y + 4)$

② 포켓 앞면용 원단 겉면에 라미네이팅 필름을 다림질로 붙인다. (단면 매트 라미네이팅 필름은 필기가 가능한 면이 겉이므로 필기가 되지 않는 면이 원단 쪽에 닿도록 한다)

주의 : 다리미 온도가 너무 높으면 눌어붙거나 너무 낮으면 접착이 안될 수 있으므로 테스트를 해보고 적정 온도를 지켜 다림질한다.

본 샘플은 기계 코팅용 단면 매트(무광) 라미네이팅 필름을 사용했는데 문구점 광택 기계 코팅지로도 가능하다. 이때도 원단의 겉에만 다림질로 붙인다.

필기가 되는 면

$x < 175$일 때: 75
$x \geq 175$일 때: 82

y

③ 표시 사이즈를 중앙에 그린 후 그린 선대로 재단한다.
$x < 175$ 일 때 : $75 \times (y)$
$x \geq 175$ 일 때 : $82 \times (y)$

④ 라미네이팅해서 자른 앞면용 원단과 뒷면용 원단을 겉끼리 마주보게 포개어 5mm 선을 반박음질로 꿰맨다. 뒷면용 원단을 제끼고 손자국을 내준다.

라미네이팅 한 앞면용 겉

포켓 뒷면용 안

⑤ 뒷면용 원단을 뒤로 제낀다음 두 원단의 끝을 맞춰 클립으로 고정한 후 둘레를 시침한다. 왼쪽은 꿰맨 곳 가까이 퀼팅한다.

5. 본체와 포켓 고정하기

① 2단계에서 완성한 본체의 안쪽에 3과 4단계에서 완성한 포켓을 올려 놓는다. 양끝을 잘 맞춰 클립으로 고정한다.

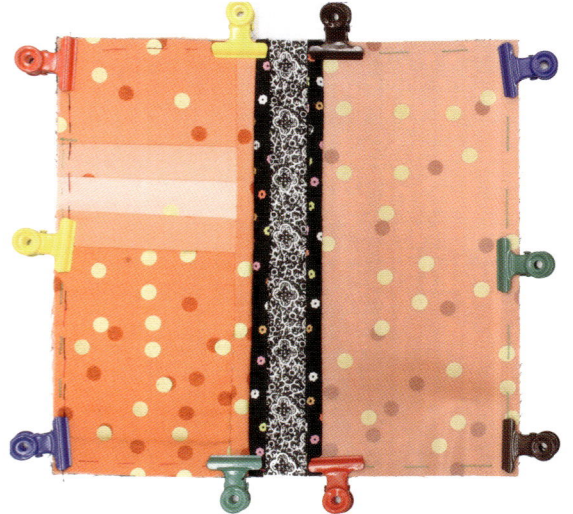

② 4mm 안쪽을 시침해 본체와 포켓을 고정한 후 끝에서 7mm 띄운 선(바인딩 시 사용할 선)을 그린다.

7mm
바인딩 시 사용할 선

4mm

본체와 포켓을 고정하는 시침

③ 오른쪽 포켓 칸 나누기.

통으로 사용할 경우 핸드폰 무게로 인해 훌렁거릴 수 있어 칸을 나눠 본체에 고정해 주는게 좋다. 쓰임새를 고려하여 칸을 나눠준다.

6.둘레 바인딩 처리 (기본 정보 : 각진 곳 바인딩하는 방법 참조)

바인딩용 재단하기 (시접포함)

정바이어스 방향으로 재단.

길이 : 2 * ($x+y$) + 30

폭 : 35

바인딩 시작점
(오른쪽 포켓 중앙)

바인딩 이음선

7.여밈장식 꿰매기

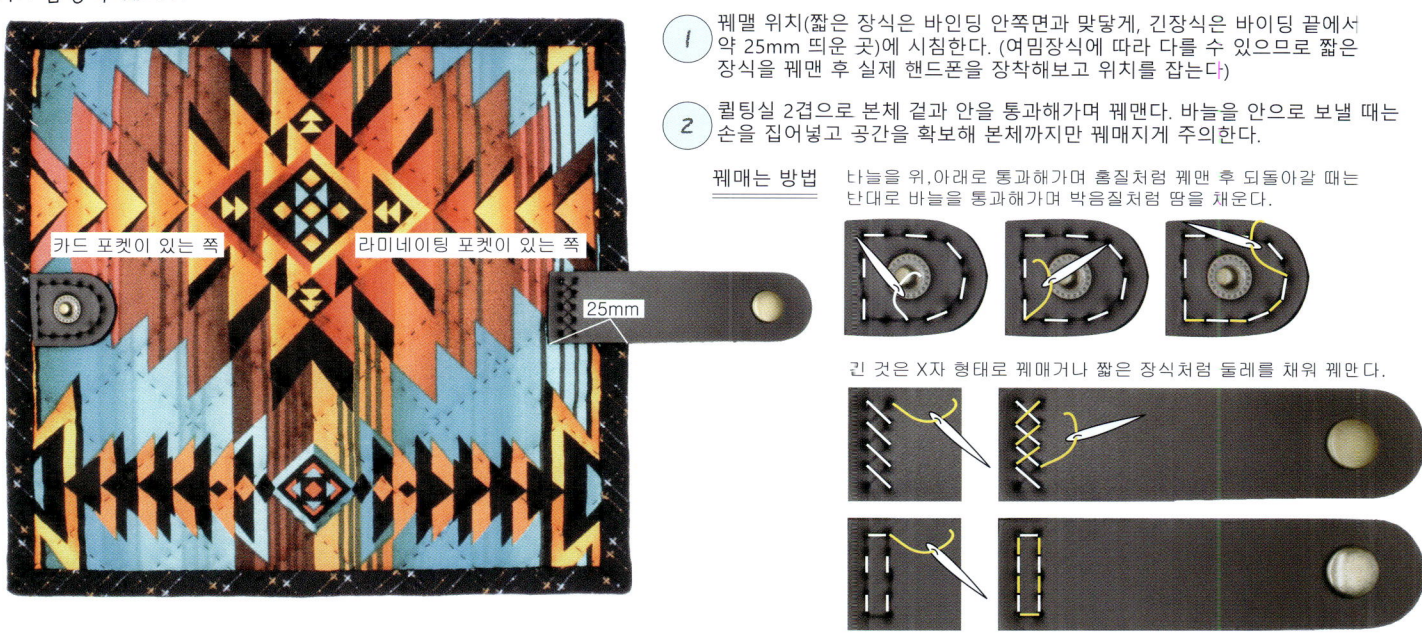

카드 포켓이 있는 쪽

라미네이팅 포켓이 있는 쪽

25mm

① 꿰맬 위치(짧은 장식은 바인딩 안쪽면과 맞닿게, 긴장식은 바인딩 끝에서 약 25mm 띄운 곳)에 시침한다. (여밈장식에 따라 다를 수 있으므로 짧은 장식을 꿰맨 후 실제 핸드폰을 장착해보고 위치를 잡는다)

② 퀼팅실 2겹으로 본체 겉과 안을 통과해가며 꿰맨다. 바늘을 안으로 보낼 때는 손을 집어넣고 공간을 확보해 본체까지만 꿰매지게 주의한다.

꿰매는 방법 바늘을 위,아래로 통과해가며 홈질처럼 꿰맨 후 되돌아갈 때는 반대로 바늘을 통과해가며 박음질처럼 땀을 채운다.

긴 것은 X자 형태로 꿰매거나 짧은 장식처럼 둘레를 채워 꿰맨다.

8.고무자석과 고무철지 부착

고무철지와 고무자석의 코너를 살짝 둥글게 자른다. 고무자석의 종류에는 등방성과 이방성이 있는데 등방성은 자력이 약하므로 꼭 이방성을 사용해야 한다.

고무자석
(50x60mm)

고무철지
(50x60mm)

고무자석
접착면

이형지

① 고무철지의 이형지를 제거하고 케이스 뒷면에 붙인 후 그 위에 고무 자석을 포갠다.

② 고무자석의 이형지를 제거한다.

③ 완성해 놓은 지갑의 오른쪽 포켓에 자리 잡아 붙인다.

28. Starry Path 목쿠션 & 허리쿠션

장시간 운전하는 분이나 의자에 오랫동안 앉아있는 분들께
더없이 좋은 선물이에요~
Starry Path는 퀼터들의 사랑을 받는 패턴 중 하나로
Interlaced Star라고도 해요~

이렇게 만들었어요~

♥ 필요한 재료
  공통 :
    블럭용(아이보리 체크, 조각천 4종)
    무지‥퀼팅솜 2온스‥방울솜

  목쿠션 : 바탕체크 34x85cm
  허리쿠션 : 바탕체크 26x110cm

♥ 완성크기
  목쿠션 : 가로 32cm x 세로 27cm
  허리쿠션 : 가로 45cm x 세로 20cm

  실물본 D면

허리쿠션도 만드는 방법은 동일.

1. 재단하기

① 뒷면: 바탕 실물본을 사용하여 천 안쪽에 아래그림처럼 그린다.대칭으로 1장씩. (시접 0.7cm 따로)

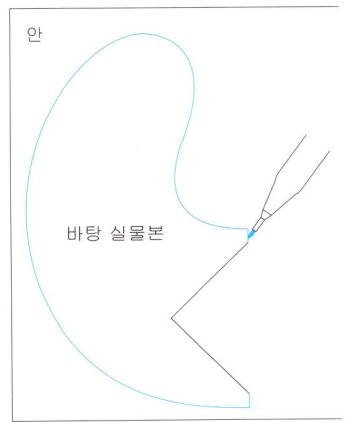

안

바탕 실물본

바탕 실물본을 천 안쪽에 올려놓고
파랑색으로 표시한 부분을 그린다.

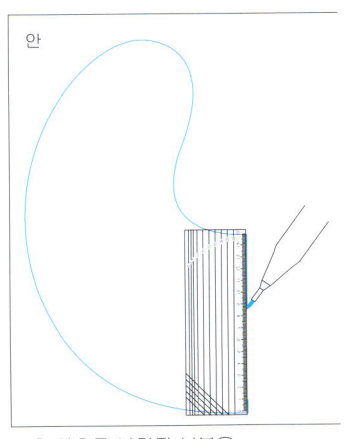

안

본을 치우고 나머지 부분을
자로 연결한다.

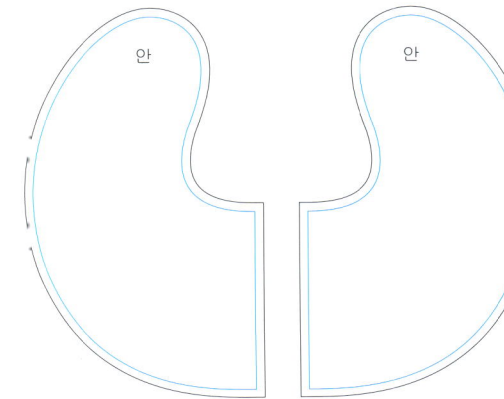

안   안

시접 0.7cm를 따로 두고 재단한다.
반대편은 본을 뒤집어놓고 같은 방법으로 재단한다.

2 앞면 (겉에 재단) (시접 0.7cm 따로)
바탕 실물본을 사용하여 중앙을 중심으로 좌우대칭 되게 그려 전체를 1장으로 재단한다. 천 겉면에 그린다.

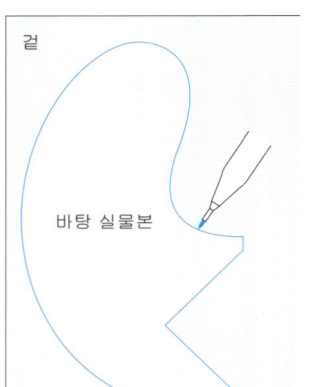

바탕 실물본을 천 겉면에 올려놓고
전체 외곽선을 그린다.

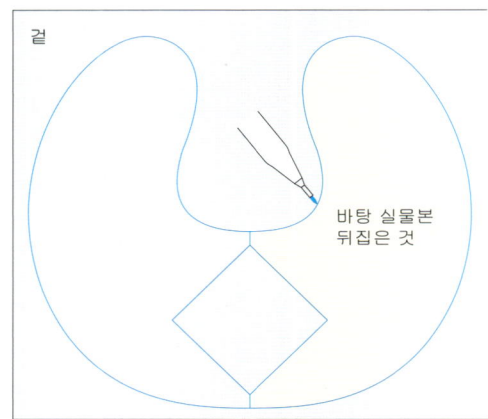

본을 뒤집어 중앙에 맞춰 놓고 반대편을 그린다.

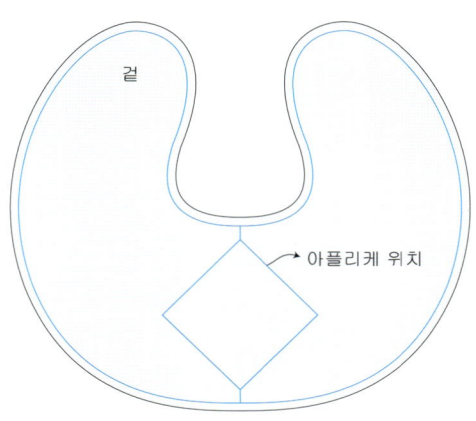

← 아플리케 위치

시접 0.7cm를 따로 두고 재단한다.

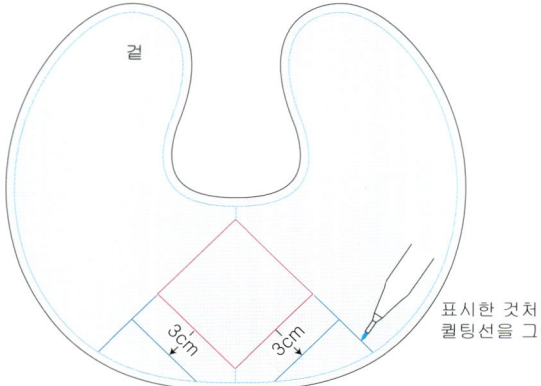

표시한 것처럼
퀼팅선을 그린다.

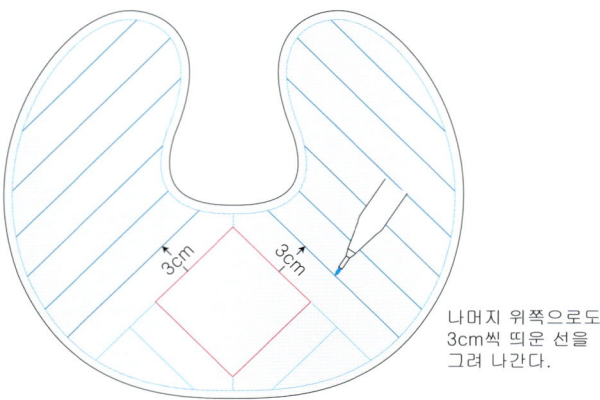

나머지 위쪽으로도
3cm씩 띄운 선을
그려 나간다.

3 블럭용 (안에 재단) (시접 0.5cm 따로)
아이보리 체크: A, C 각 4장씩
조각천 4종: B, D 각 1장씩
주의 : 본이 좌우대칭이 아니므로
천의 안쪽에 실물본을 뒤집어놓고 그린다.

A 재단 예:

안

← 실물본 A를 뒤집은 것

4 무지 (시접 0.5cm 따로)
E, F: 각 2장씩 안에 재단

2, 조각 잇기

1 재단한 것을 겉면이 보이게 배치한다.

2 4조각씩 순서대로 잇는다. (빨간색으로 표시한 부분)

A와 B를 잇고 시접은
B 쪽으로 넘긴다.

C를 잇고 시접은
C 쪽으로 넘긴다.

D를 잇고 시접은
D의 반대쪽으로 넘긴다.

끝으로 튀어나오는 시접 부분은 정리한다.

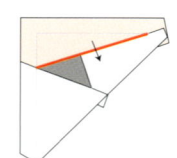

4조각을 연결한 겉모습

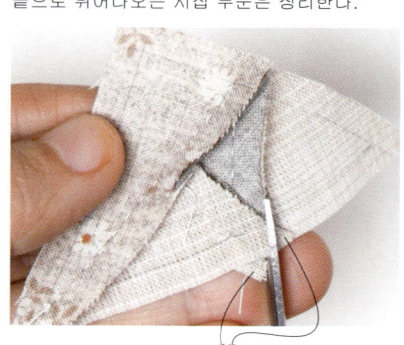

정리한다.

③ 나머지도 같은 방법으로 4조각씩 연결한다.

④ 4조각씩 연결한 것을
두 개씩 연결한다.
시접은 시계방향으로
넘기고 튀어나오는
시접은 정리한다.

튀어나온 것 정리

⑤ 중심을 연결한 후 시접은
시계방향으로 넘기고
튀어나온 것은 정리한다.
=> starry path 패턴 완성

시접 넘긴 모습

다림질하여 정리한다.

⑥ 짧은 보더(무지)를 연결한 후 긴 것을 연결한다.
시접은 모두 무지 쪽으로 넘긴다.

⑦ 끝 부분 시접을 접어 넣어가며 시침한다.

시접 접는 모습

3, 아플리케하여 앞면 Top 완성하기

① 아플리케 위치에 잘 맞춰 핀을 꽂은 후 아플리케한다.

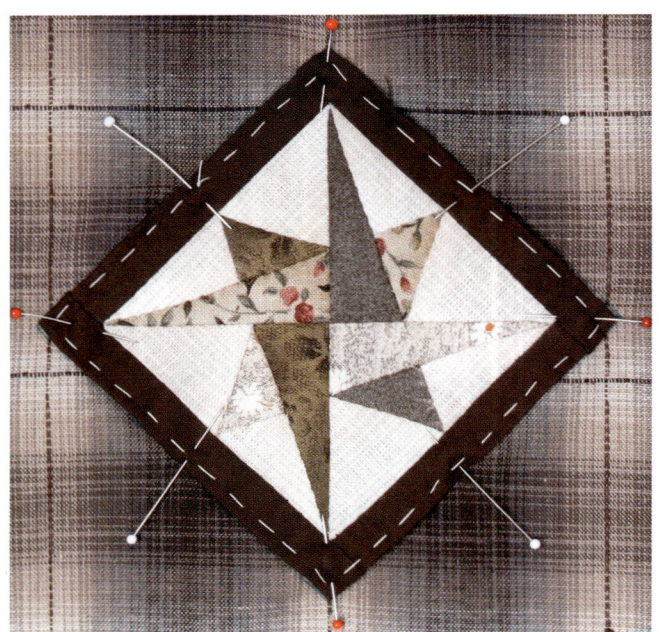

② 아플리케 아래의 바탕천은 시접 0.7cm 정도 남기고 도려낸다.
=> Top 완성

0.7cm

4, 퀼팅하기

완성된 Top을 퀼팅솜 위에 얹는다.

Top 끝에서 0.3cm 안쪽을 시침한 후 전체를 시침한다.

그려놓은 선들을 먼저 퀼팅한다. 나중에 완성선 가까이 퀼팅솜을 정리해야하므로 완성선까지만 퀼팅한다.

패턴 주위는 0.1cm 띄워가며 시접이 넘어간 반대편에 퀼팅한다. (상세 그림 참조)

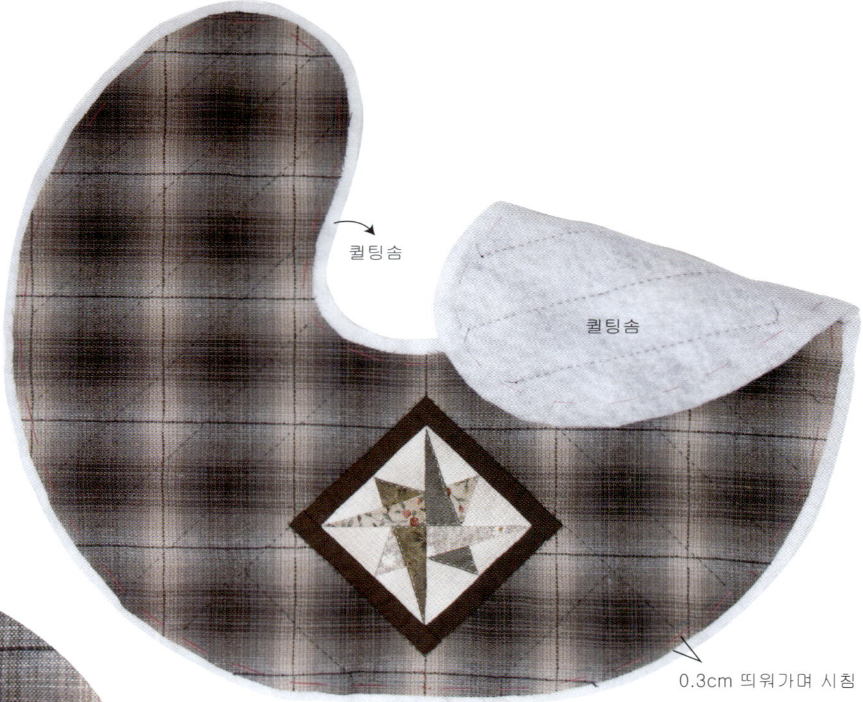

퀼팅솜

퀼팅솜

0.3cm 띄워가며 시침

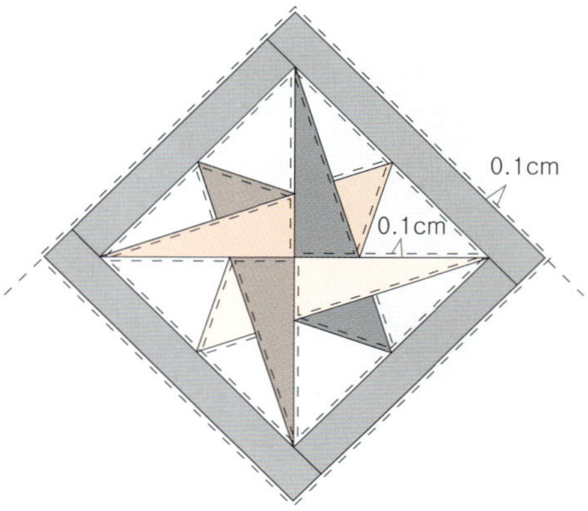

0.1cm

0.1cm

5. 뒷면 잇기

① 대칭으로 재단한 뒷면을
겉끼리 마주 닿게 포갠 후
뒷중앙을 꿰맨다.
가운데에 창구멍으로
10cm를 남긴다.

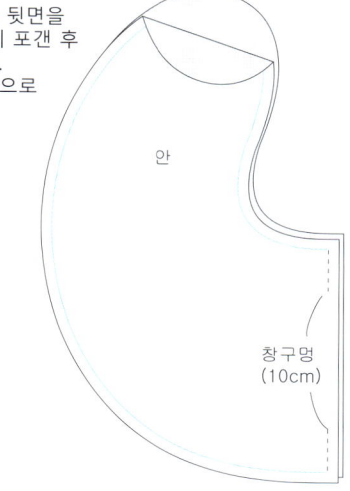

안

창구멍
(10cm)

② 시접은 양쪽으로
가른다.

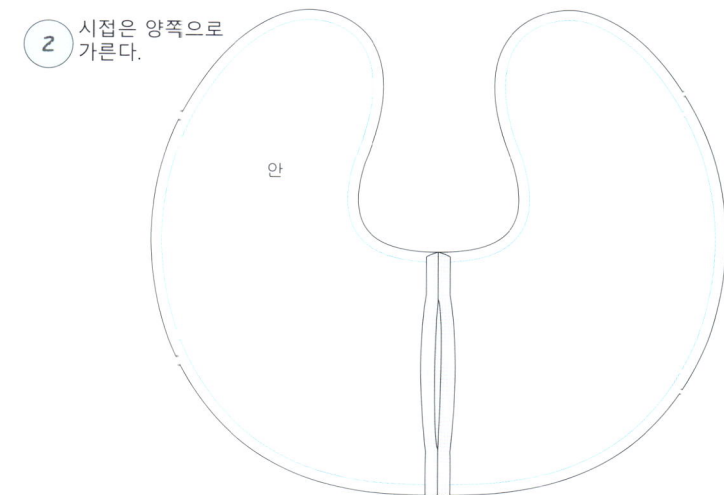

안

6. 완성하기

① 퀼팅해 놓은 앞면 위에 뒷면을 겉끼리 마주 닿게 포갠다.
중앙 위치를 맞춰 핀을 꽂은 후 나머지를 맞춰 핀을 꽂는다.

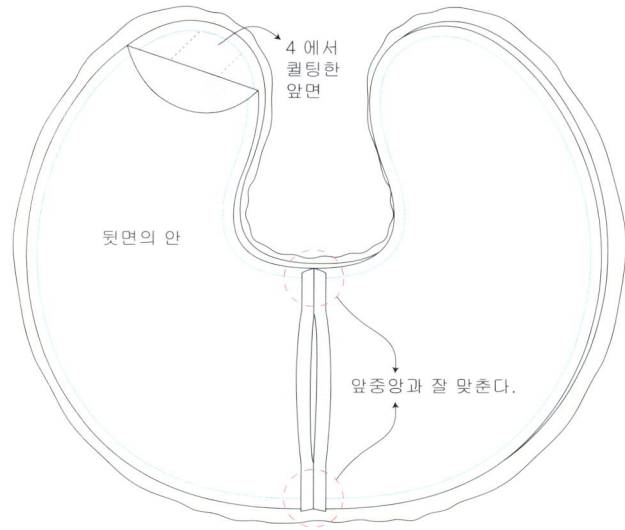

4 에서
퀼팅한
앞면

뒷면의 안

앞중앙과 잘 맞춘다.

② 둘레를 몽땅 꿰맨다.

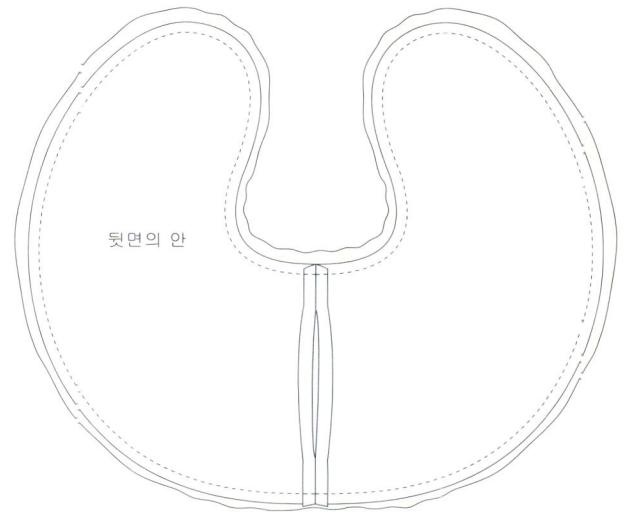

뒷면의 안

③ 퀼팅솜이 보이게 놓고 완성선 가까이 퀼팅솜을 바짝 정리한다.
둘레 전체에 0.5cm 간격으로 가윗집을 준다.

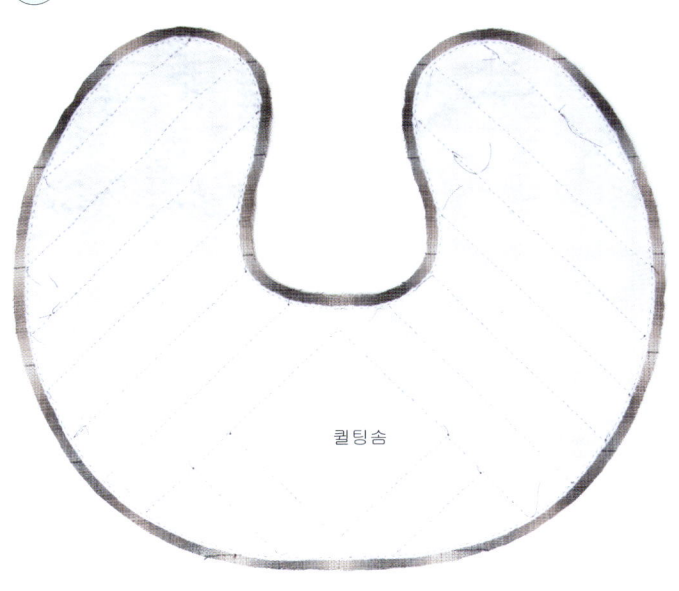

퀼팅솜

④ 겉으로 뒤집어 방울솜을 채우고 창구멍은 공그르기 한다 => 완성
(솜을 너무 많이 넣지 않도록 주의)

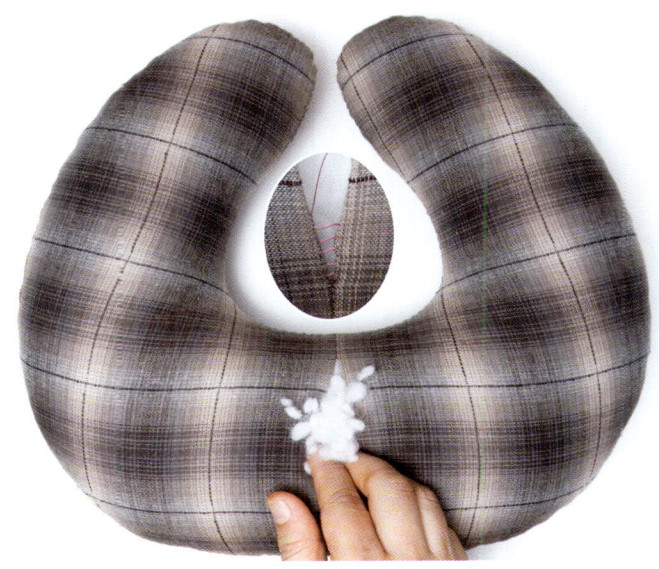

29. 리본 룸슈즈

사랑스러운 리본을 조각 잇기 해
더더욱 사랑스러운 룸슈즈가 되었어요~

참고 :
발가락 끝에서 뒤꿈치까지의 길이가 23cm인
경우에 가장 잘 맞으며 발 길이가 다른 경우는
실물본을 확대하거나 축소하셔서 사용하세요.

이렇게 만들었어요~

♥ **필요한 재료**
도트 무늬 1/4마 ·· 조각 3종 ·· 안감 1/4마
싸개플라스틱(2cm) 2개 ·· 퀼팅솜 접착4온스

♥ **완선크기**
길이 23cm x 높이 6cm x 바닥 8cm

실물본 B면

1. 재단하기 (모두 시접 0.7cm 따로)

① **안감** (안에 재단)
윗부분 안감 2장:전체 실물본을 사용하여
그리고 옆 연결선과 창구멍을 표시한다.

밑면 대칭으로 각 1장씩
뒷중앙, 옆 연결선, 창구멍을 표시한다.

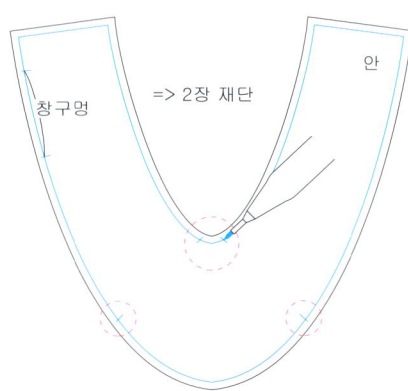

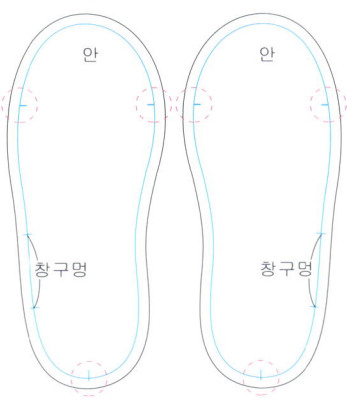

② **도트 무늬** (겉에 재단)
옆면A, B 각 2장씩:
밑면 대칭으로 각 1장씩: 뒷중앙,옆 연결선,창구멍 표시

③ **리본블럭용** (안에 재단)
리본A~D 각 2장씩:
바탕A~F 각 2장씩:

④ **리본 중심용 : 2장** (안에 재단)
싸개단추 만들기

a. 재단 후 0.3cm
안쪽을 홈질한다.

b. 싸개용 플라스틱의
오목한 부분이
보이게 올려놓는다.

c. 잡아당겨
마무리한다.

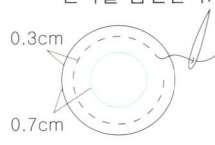

오목면

2.밑면 만들기

1 퀼팅솜 위에 도트 무늬 겉이 보이게 놓고 그 위에 안감의 안이 보이게 포개어 핀을 꽂는다. 표시한 곳을 맞춘 후 나머지 사이를 맞춘다.

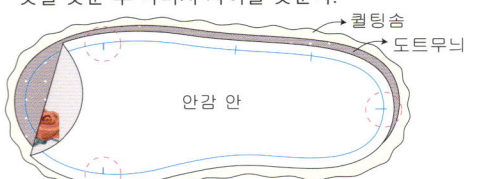

퀼팅솜
도트무늬
안감 안

2 창구멍을 남기고 꿰맨다.

안감 안

3 퀼팅솜이 보이게 놓고 완성선 가까이 퀼팅솜을 정리한다.

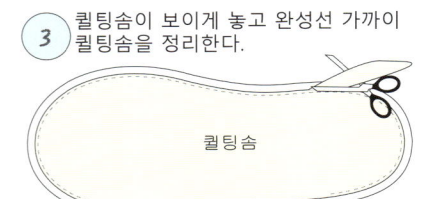

퀼팅솜

4 창구멍을 제외한 나머지 부분에 0.5cm 간격으로 가윗집을 준 후 겉으로 뒤집는다.

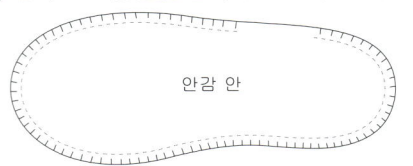

안감 안

5 창구멍은 공그르기 한 후 접착솜이 붙도록 다림질한다.밑면 퀼팅라인 실물본을 중앙에 놓고 퀼팅선을 그린다.

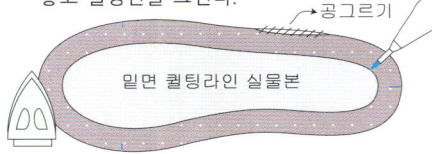

공그르기
밑면 퀼팅라인 실물본

6 그린 선대로 퀼팅한다 => 밑면 완성

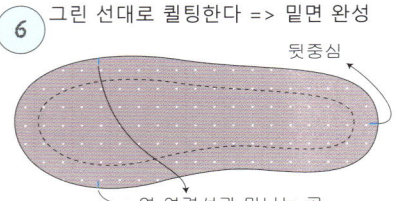

뒷중심
옆 연결선과 만나는 곳

3.윗부분 Top 만들기

1 재단한 천들을 겉면이 보이게 배치한다.

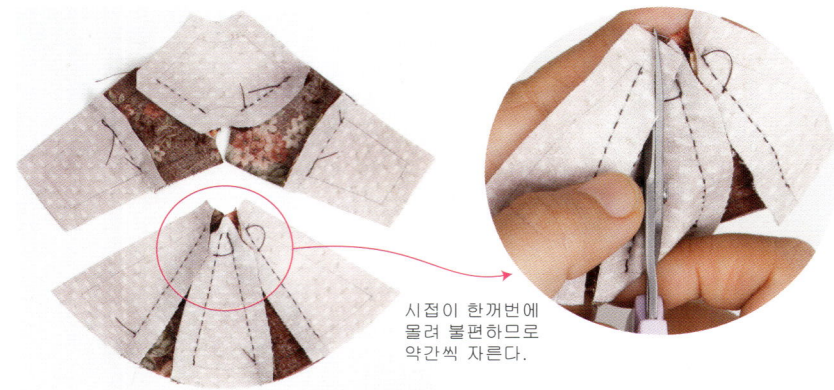

2 사진처럼 각각 연결한다. 시접은 짙은색 쪽으로 모두 넘긴다. 시접이 한꺼번에 몰리는 중심 부분은 시접을 약간씩 잘라낸다.

시접이 한꺼번에 몰려 불편하므로 약간씩 자른다.

3 파란선 표시 부분을 잘 맞춰 연결한다. 시접은 화살표시 방향으로 넘긴다.

4 옆면을 각각 꿰맨 후 시접은 옆면 쪽으로 넘긴다. => Top 완성

시접 넘긴 모습

4. 윗부분 퀼팅하기

① 퀼팅솜 위에 Top 겉면이 보이도록 놓고 그 위에
안감의 안이 보이게 포갠 후 잘 맞춰 핀을 꽂는다.
표시 부분을 먼저 맞춘 후 나머지 사이를 맞춘다.

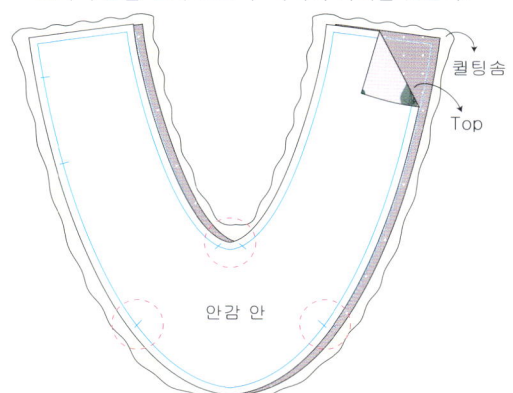

② 창구멍을 남기고 꿰맨다.

③ 퀼팅솜이 보이게 놓고 완성선 가까이
퀼팅솜을 정리한다.

④ 코너와 곡선 부분에 가윗집을 준 후 겉으로
뒤집어 모양을 정리한다.

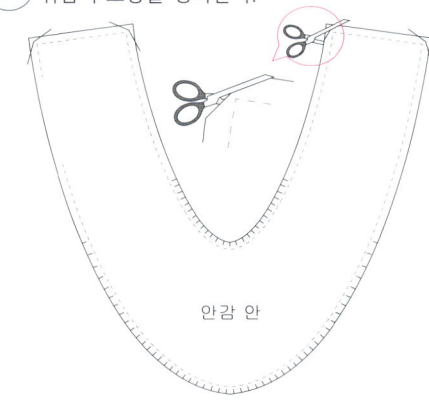

⑤ 창구멍은 공그르기 한 후 접착솜이 붙도록
다림질한다. 입구가 될 곳 끝에서 0.7cm
안쪽으로 선을 그린다.

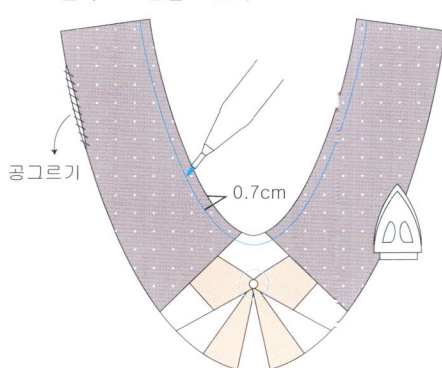

⑥ 시침한 후 실물본을 참조하여 퀼팅한다.
중심용 싸개단추를 공그르기로 단다.

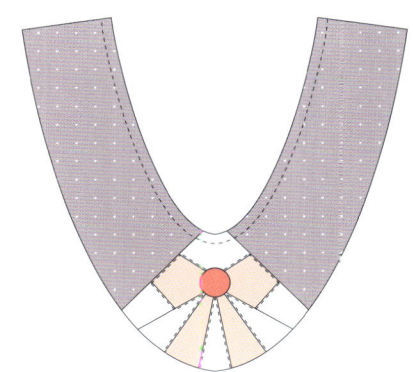

5. 윗부분 완성하기

뒷중심을 겉끼리 마주 닿게 핀을 꽂은 후 겉끼리 공그르기 하여 연결한다. (안감 쪽은 공그르기 할 필요 없음)

6. 윗부분과 밑면 연결하기

겉끼리 마주 닿게 핀을 꽂는다. 뒷중심과 옆 연결선을 각각 맞춰 핀을 꽂은 후 나머지 사이를 맞춘다.
윗부분의 겉면과 밑면의 겉면을 공그르기 한다. (안감 쪽은 공그르기 할 필요 없음)

7. 겉으로 뒤집으면 완성

같은 방법으로 대칭이 되게
나머지 한 짝을 만든다.

30. 메신저 토끼 인형

귀여움이 가득 묻어있는 인테리어 소품으로 강추!!

두 귀를 쫑긋 세우고
초롱초롱한 눈망울을 반짝이는
귀여운 토끼의 임무는 메모를 전하는 것~

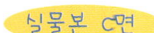

♥ 필요한 재료
Body용 광목··옷··토션레이스 30cm··눈(5mm) 2개··펠릿··방울솜··수실··마끈

♥ 완성크기
가로 10cm x 높이 20cm x 밑폭 7.5cm   실물본 C면

1.재단하기

① 광목 (안에 재단)
Body 2장:(시접 0.5cm 따로)
손: 3.5 x 10cm (시접 포함)

② 옷 (안에 재단) (시접 0.7cm 따로)
본체:
맞춤선
3곳을
표시한다.

소매 2장:

2.Body 만들기

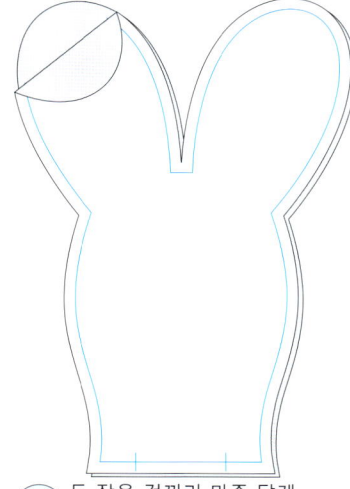

① 두 장을 겉끼리 마주 닿게 포개어 핀을 꽂는다.

② 창구멍을 남기고 꿰맨다.

③ 가윗집을 준 후 겉으로 뒤집는다.

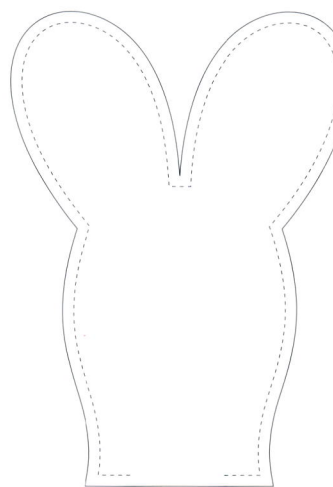

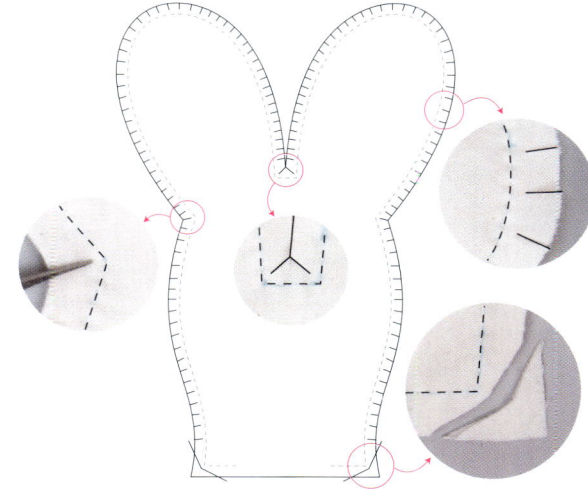

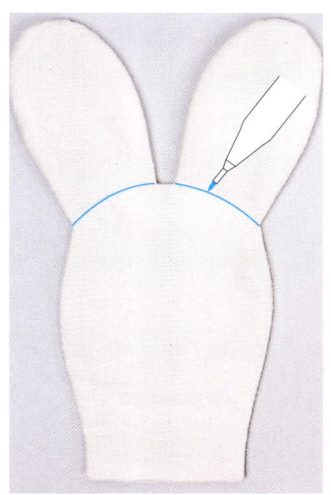

④ 모양을 정리한 후 귀 경계선을 약간 둥글게 그린다.

⑤ 귀에 그린 선을 홈질한 후 당겨서 주름을 잡는다.

⑥ 방울솜을 잘 채운다.

⑦ 창구멍을 공그르기로 막는다.

3.목에 장식할 레이스 준비하기

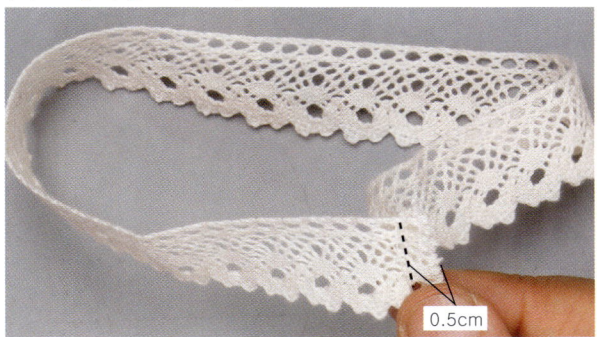

0.5cm

① 30cm로 자른 레이스 끝을 0.5cm 시접으로 꿰매 원통형을 만든다.

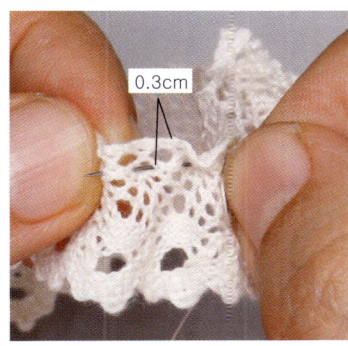

0.3cm

② 위에서 0.3cm 아래를 0.5cm 간격으로 홈질한다.

③ 나중에 목에 씌운 다음 당길 것이므로 실은 마무리하지 않고 그대로 남겨둔다.

4. 옷 만들기

밑중앙

옆중앙

① 겉끼리 마주 닿게 반을 접은 후 옆을 꿰맨다.

② 시접은 양쪽으로 가른다. 꿰맨 곳이 중앙이 되게 밑중앙과 맞춘 후 아래를 꿰맨다.

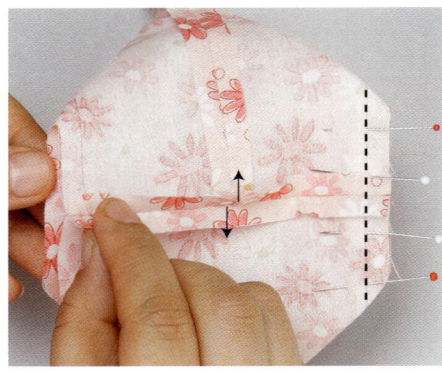

③ 꿰맨 곳 시접은 가른 후 옆중앙과 맞춰 핀을 꽂는다. 양쪽을 꿰맨 후 겉으로 뒤집는다.

0.5cm

④ 위에서 0.5cm 띄운 곳을 뒷중앙에서 시작하여 0.3~0.4cm 간격으로 홈질한다. 나중에 body를 넣고 잡아당길 것이므로 처음과 끝 부분 실은 10cm씩 남긴다.

⑤ 실을 약간 당겨서 주름 잡은 후 펠릿을 1/4 가량 채운다. 가운데는 비워두고 바깥쪽에 방울솜을 채운다.

⑥ 완성된 body를 넣고 ④에서 남겨두었던 실을 당긴 후 묶어 고정한다.

⑦ 목 둘레를 반박음질하여 좀 더 확실하게 고정시킨다.

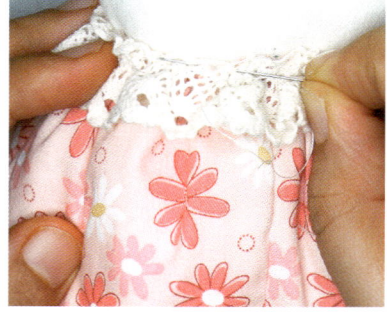

⑧ 준비한 레이스를 목에 맞춰 주름잡고 반박음질로 고정시킨다. 옷 끝이 약간 가려지게 꿰맨다.

5. 손 만들기

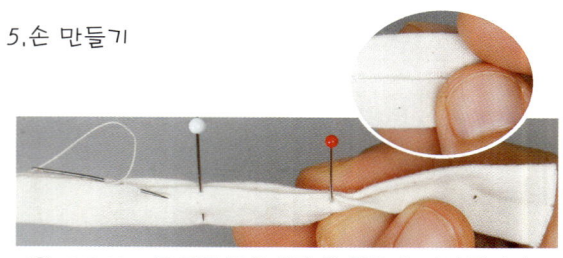

① 3.5x10cm로 자른 것을 길게 반 접은 후 다시 접어서 공그르기 한다.

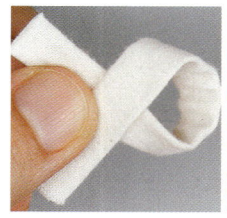
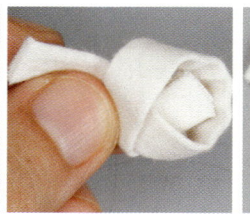

② 사진처럼 진행하여 가운데가 묶인 상태로 만든다.

6. 팔 만들기

① 소매 양 옆의 시접을 접는다.

② 겉끼리 마주 닿게 반을 접어 꿰맨 후 겉이 보이게 뒤집는다.

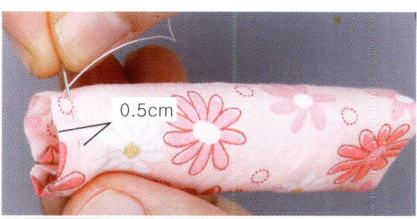
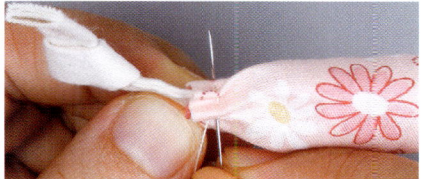

③ 좁은 쪽 둘레를 홈질한다. 손을 끼워 넣고 잡아당긴 후 빠지지 않게 고정한다.

④ 다른 한쪽도 같은 방법으로 홈질한 후 펠릿을 조금 넣고 잡아당겨 마무리한다.

⑤ 같은 방법으로 나머지 소매도 완성한다.

⑥ 팔을 옷 끝에서 1.5cm 내려온 옆 중앙에 꿰댄다.

7. 완성하기

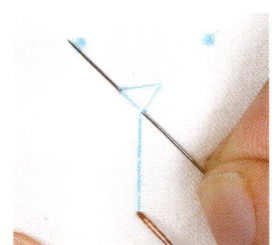
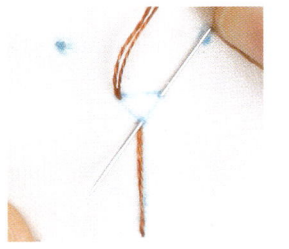
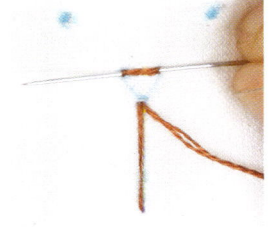
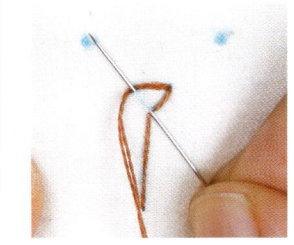
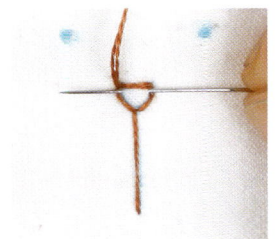

① 적당한 곳에 코와 눈을 그린 후 코를 수놓고 눈을 단다. 코는 수실 2겹으로 밑에서 시작하여 위 사진 순서대로 삼각형 주위를 꿰맨 후 삼각형 안쪽을 메꾼다.

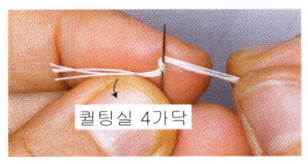
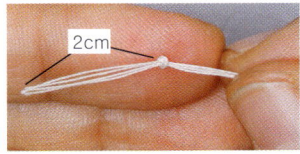
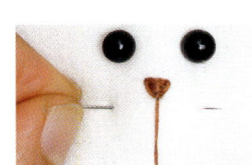

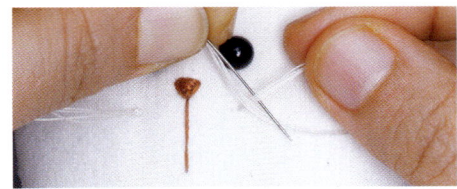

② 수염은 퀼팅실 4겹을 매듭지어 만든다. 먼저 퀼팅실 2겹을 바늘에 끼운 후 끝을 나란히 잡아 2cm 되는 곳에 매듭을 짓는다. 수염 위치에 바늘을 찔러 반대편 수염 위치로 바늘을 뺀 후 천 바로 위에 매듭을 짓고 실을 2cm 남기고 자른다.

③ 귀에 마끈을 묶어 장식하면 완성

31. 토끼 턱받이

소중하고 귀여운 아가를 더 예쁘고 돋보이게 해주어요~

이렇게 만들었어요~

♥ 필요한 재료
바탕 2종(윗부분 1/8마, 아래 약간)··토끼 4종··안감··눈(4mm) 2개··퀼팅솜 2온스··비접착식 벨크로··수실 3종

♥ 완성크기
가로 21.5cm x 세로 29cm

1. 재단하기

① 안감 (안에 재단) (시접 0.7cm 따로)
전체 실물본: 창구멍, 중앙위치 2곳
아래 연결부분 2곳을 표시한다.

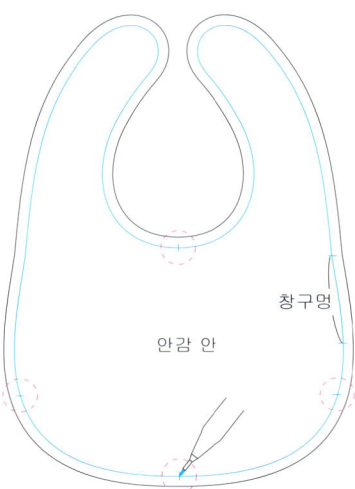

창구멍

안감 안

② 바탕 (겉에 재단) (시접 0.7cm 따로)
윗부분: 중앙과 아플리케할 귀위치
긴수염 도안을 표시한다.

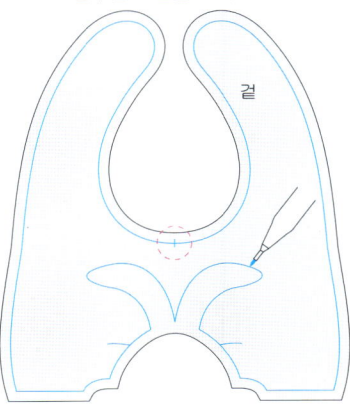

겉

아랫부분: 중앙위치를 표시한다.

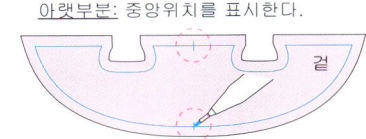

겉

③ 토끼용 (겉에 재단) (시접 0.5cm 따로)
귀 2종: 대칭으로 각 1장씩 재단 후 아래처럼 준비한다.

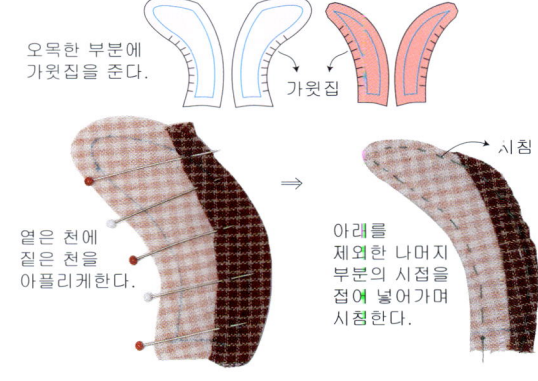

오목한 부분에
가윗집을 준다.

가윗집

옅은 천에
짙은 천을
아플리케한다.

시침

아래를
제외한 나머지
부분의 시접을
접어 넣어가며
시침한다.

얼굴: 눈과 수놓을 곳을 표시하여 재단한 후 윗부분 시접을 접어
넣어가며 시침한다.

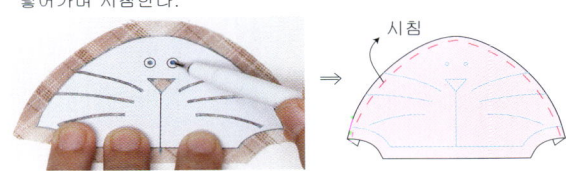

시침

발 2장: 시접을 접어 넣어가며 시침한다.

④ 비접착식 벨크로 (시접 x)
부드러운 부분과 깔끄러운 부분을 각각 실물본대로 재단한다.

2. 아플리케하여 Top 만들기 (빨간선으로 표시된 부분을 바느질한다.)

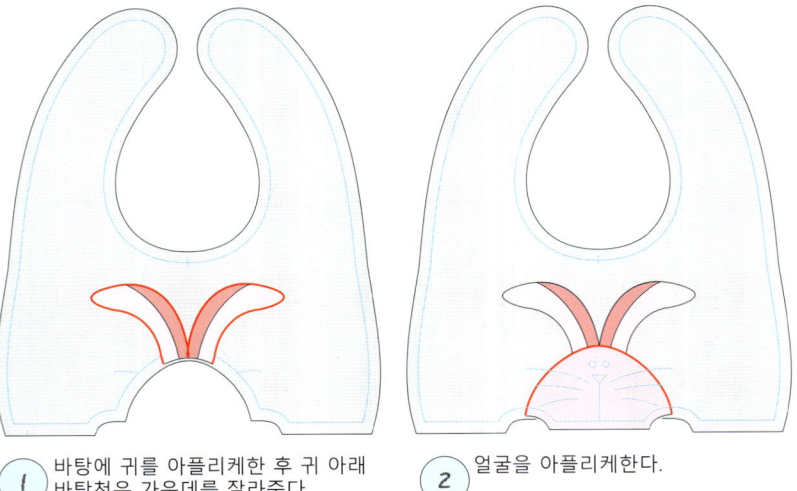

① 바탕에 귀를 아플리케한 후 귀 아래 바탕천은 가운데를 잘라준다.

② 얼굴을 아플리케한다.

③ 바탕 아랫부분을 아플리케한다.

④ 발을 아플리케한다.
=> Top 완성

3. 퀼팅솜 위에 Top을 올려놓고 주위를 대충 시침한다. 수를 놓기 위한 것으로 가장자리와 얼굴 부분을 시침한다.

→ 퀼팅솜

4. 수실 2겹으로 수를 놓는다.

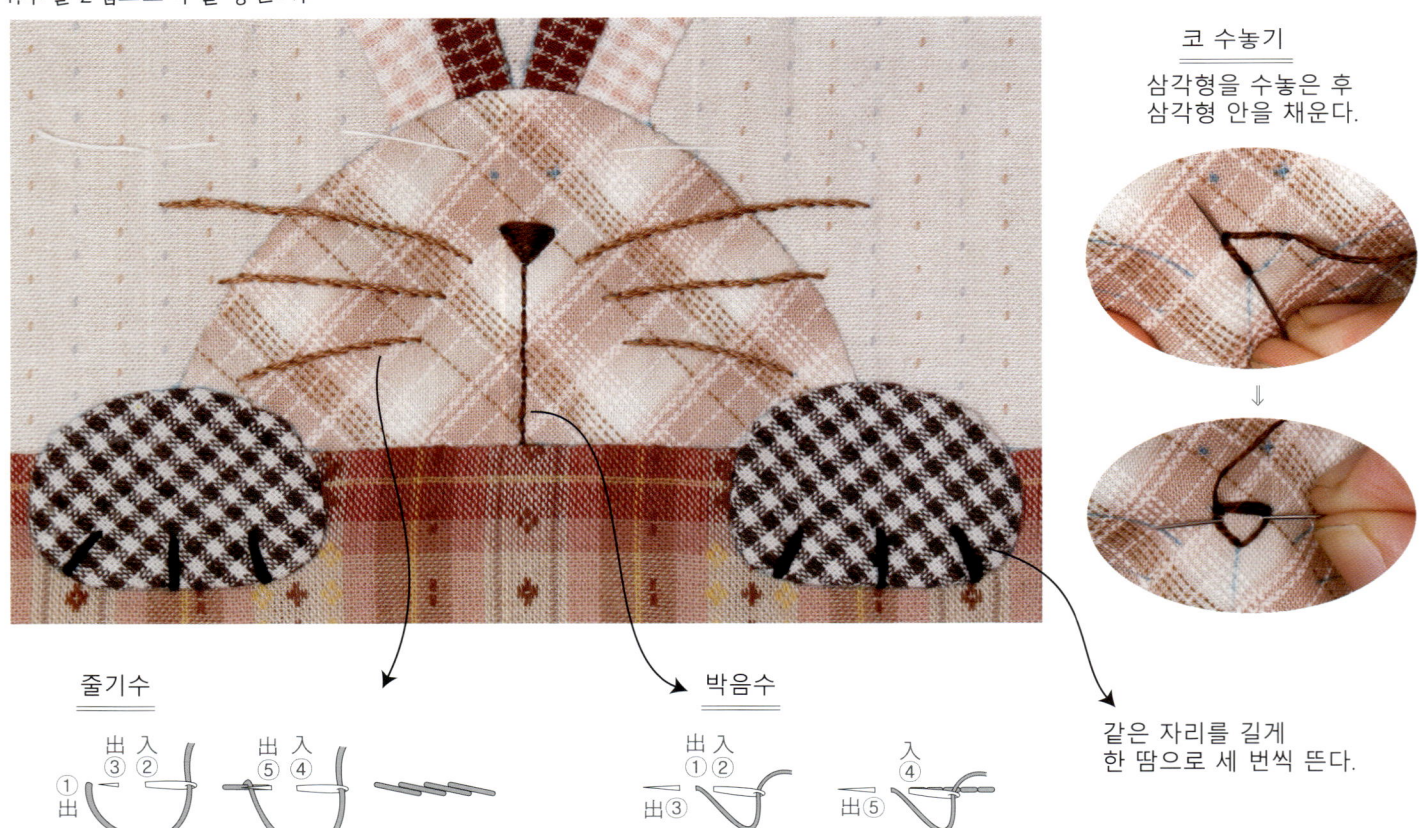

줄기수

出 入
③ ②

出 入
⑤ ④

① 出

박음수

出 入
① ②

出 ③

入 ④

出 ⑤

코 수놓기
삼각형을 수놓은 후 삼각형 안을 채운다.

⇩

같은 자리를 길게 한 땀으로 세 번씩 뜬다.

5,수를 놓은 Top 위에 안감을 포갠다.
　안감에 표시해 둔 중앙과
　아래 연결선을 맞춰
　핀을 꽂은 후
　나머지 사이도
　맞춰 핀을 꽂는다.

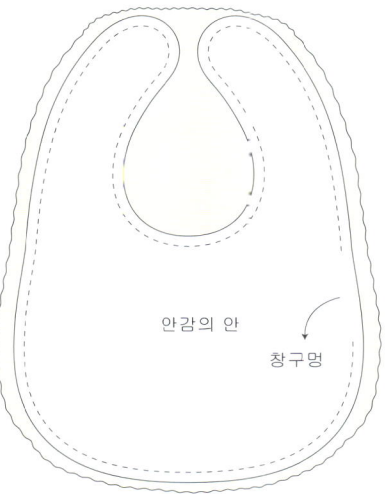

퀼팅솜
Top

안감의 안

6,창구멍을 남기고 꿰맨다.

안감의 안

창구멍

7,퀼팅솜을 완성선 가까이 정리한다.

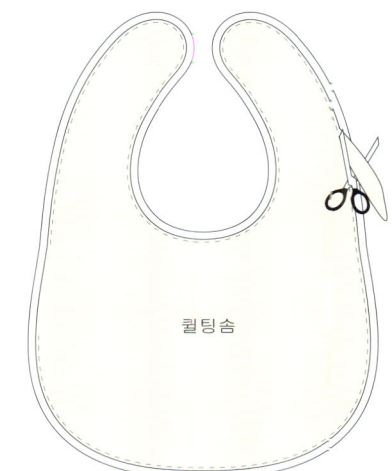

퀼팅솜

8,안감 쪽이 보이게 놓고 창구멍을 제외한 나머지 부분에 0,5cm 간격으로 가윗집을 준다.

9,겉으로 뒤집어 모양을 정리한 후 창구멍은 공그르기 한다.

10,외곽선 안쪽으로 0,7cm 퀼팅선을 그린다.

11,퀼팅한다.
　시침한 후 외곽선에 그려놓은 선과
　아플리케 주위를 0.1cm 띄워가며 퀼팅한다.

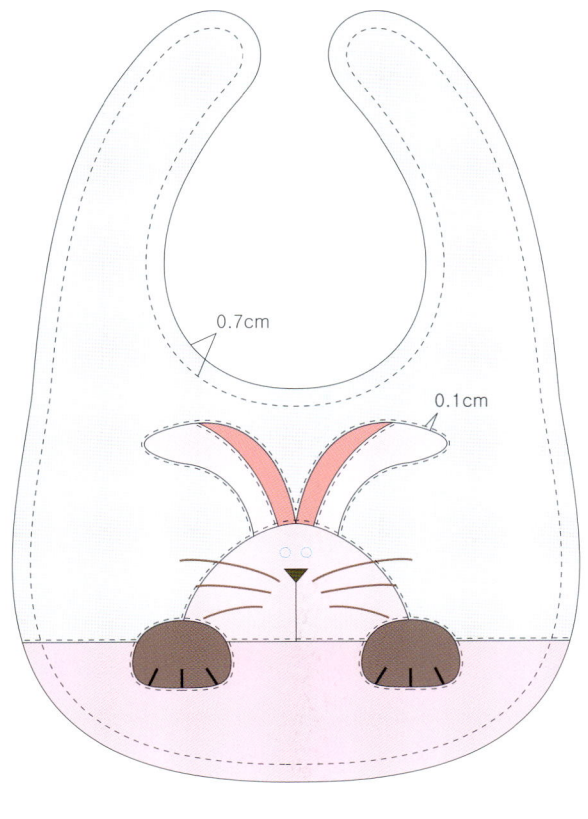

0.7cm

0.1cm

12,눈과 벨크로를 달아 완성한다.
　눈은 안감까지 떠지게 달고
　벨크로는 퀼팅솜까지만 떠지게
　감침하여 단다.

벨크로의
깔끄러운 부분

벨크로의
부드러운 부분

이렇게 만들었어요~

♥ **필요한 재료**
크리스마스 원단 1/8마 ‥ 리스 틀 용 프라스틱(가방바닥) ‥ 퀼팅솜 3온스 ‥ 리본 1.5x150cm
장식종(지름 2cm) 2개 ‥ 금줄 80cm

♥ **완성크기**
가로 18cm x 세로 23cm (리본 포함)   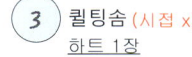실물본 D면

1. 재단하기

① 크리스마스 원단 (시접 바깥쪽 2cm, 안쪽 0.7cm 따로)
하트 2장: 안에 재단

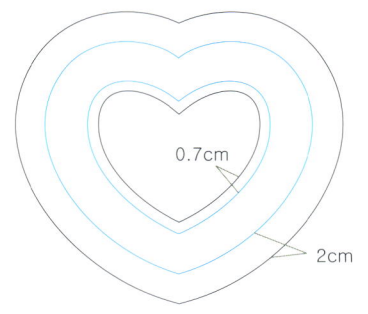
0.7cm
2cm

② 프라스틱 (시접 x)
하트 2장

③ 퀼팅솜 (시접 x)
하트 1장

프라스틱
퀼팅솜

주의:구분 편의상 프라스틱은 검정과 흰색을 사용했으나
원단이 얇은 경우엔 흰색 프라스틱을 사용할 것

2. 리스 틀 만들기

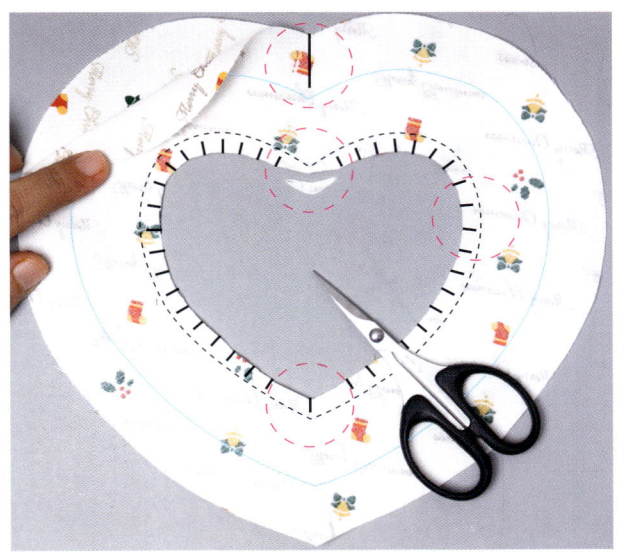

① 겉끼리 마주 닿게 포갠 후 안쪽 하트모양을 꿰맨다.
사진처럼 가윗집을 준다.

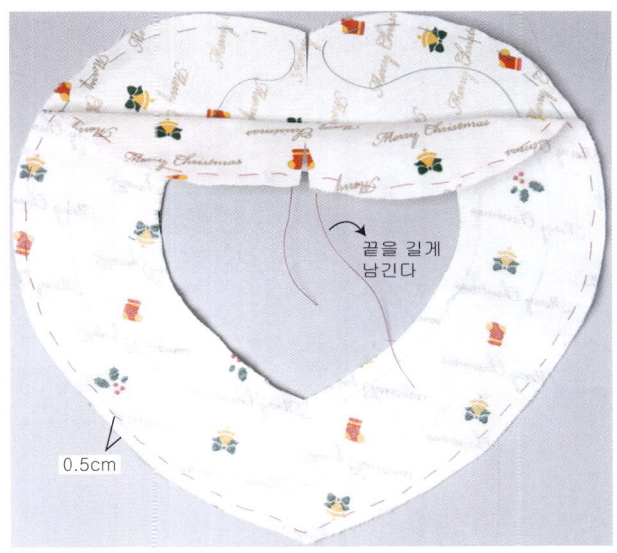
끝을 길게 남긴다
0.5cm

② 중심 부근에서 시작하여 끝에서 0.5cm 안쪽을 각각 시침한다.
나중에 잡아당길 것이므로 실은 양쪽으로 길게 남겨둔다.

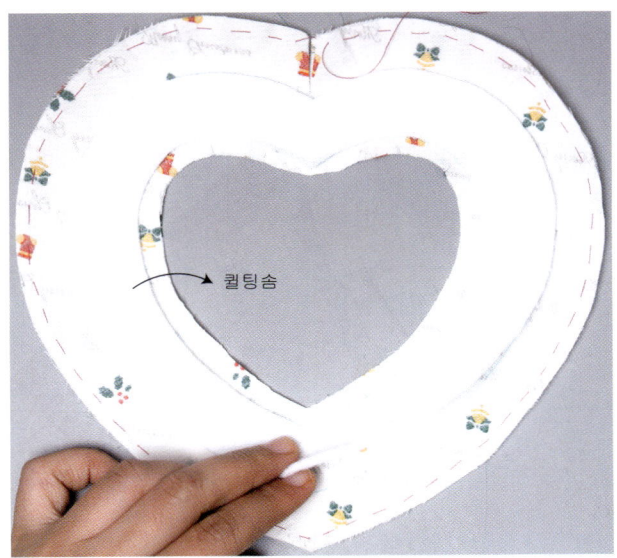
퀼팅솜

③ 한쪽 면 위에 퀼팅솜을 올려놓는다.

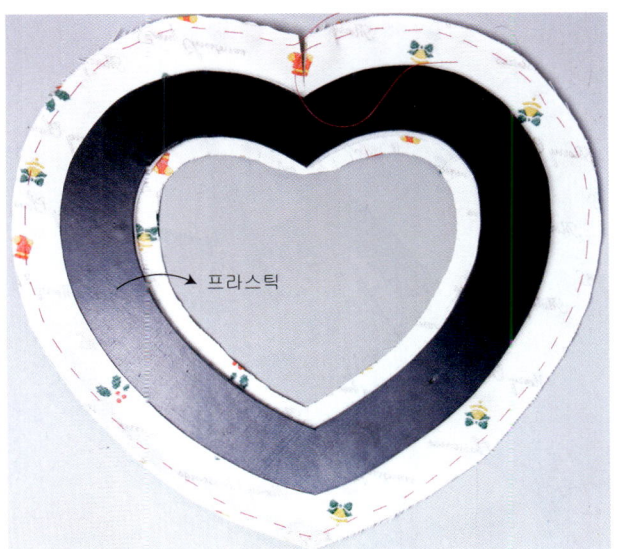
프라스틱

④ 퀼팅솜 위에 프라스틱을 올려놓는다.

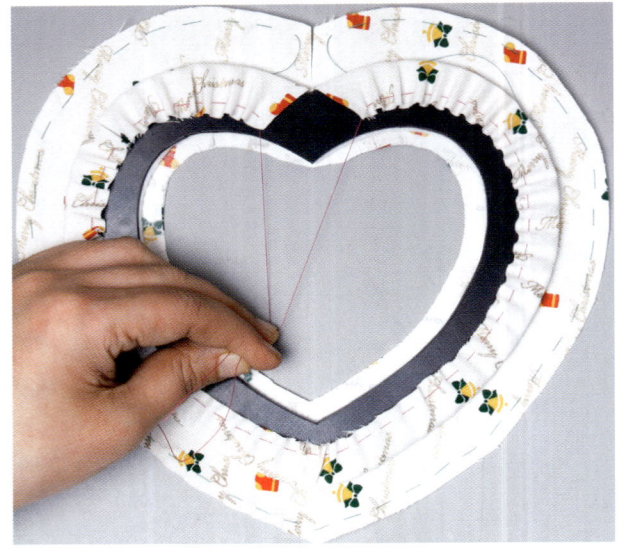

⑤ 프라스틱 모양따라 천이 오므라들도록 실을 잡아당긴다.

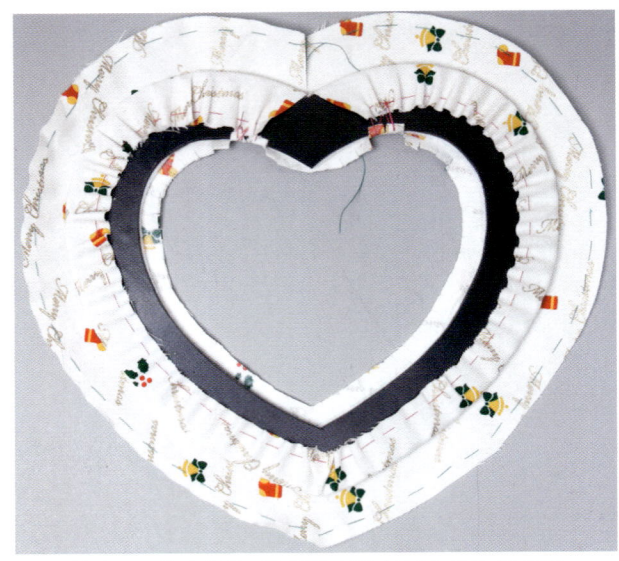

⑥ 실이 느슨해지지 않도록 안쪽 시접 부분과 여러 번 꿰매 고정시킨다.

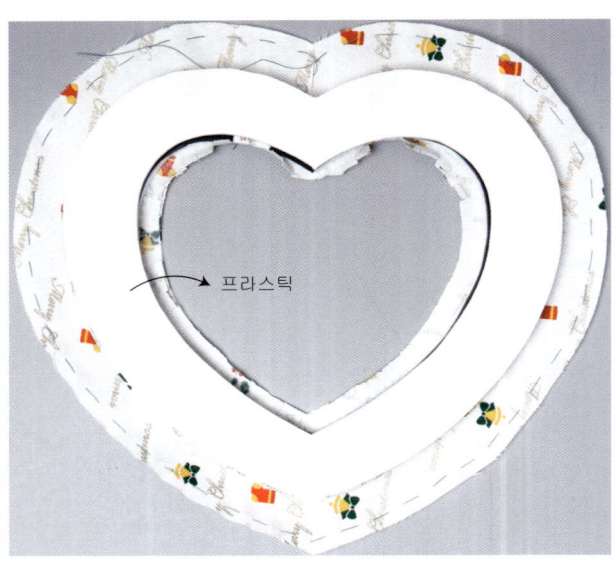

프라스틱

⑦ 그 위에 나머지 프라스틱 한 장을 올려놓는다.

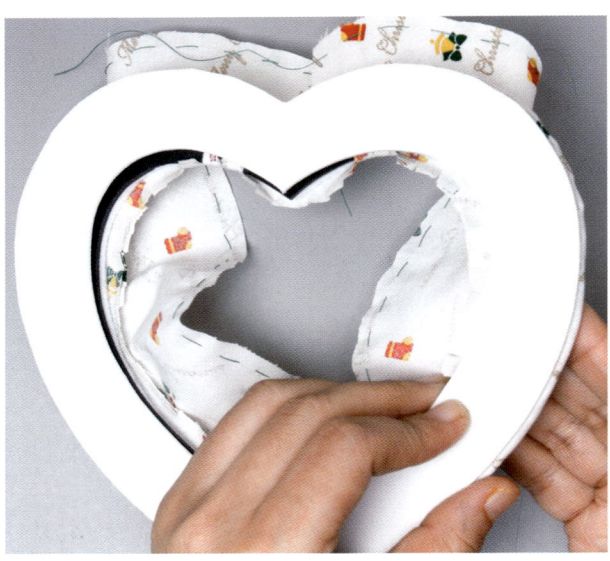

⑧ 아래에 있는 천을 하트 안쪽 공간으로 밀어 넣어 위로 빼낸다.

⑨ 하트 모양따라 정리한다.

⑩ 시접을 안쪽으로 밀어 넣으며 군데군데 핀을 꽂는다.

⑪ 끝 부분 시접을 안(사이)으로 밀어 넣어 군데군데 핀 꽂은 모습

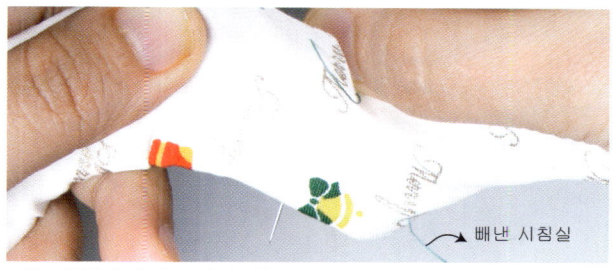

빼낸 시침실

⑫ 양쪽에 남겨 놓았던 시침실에 바늘을 끼운 후 사이로 빼내어 시침실이 각각 하트의 안쪽 공간으로 나오게 한다.

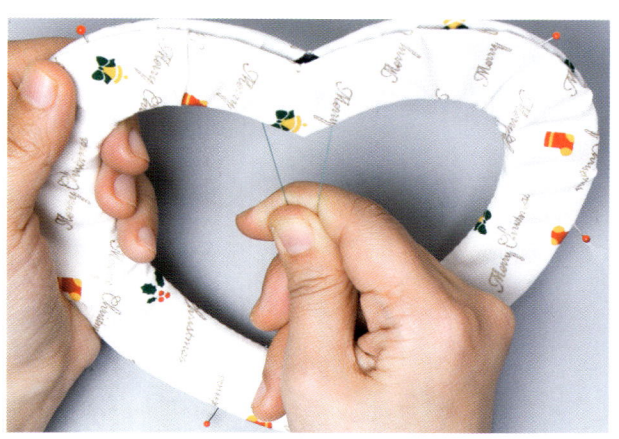

⑬ 프라스틱 모양따라 천이 오므라들도록 실을 잡아당긴다.

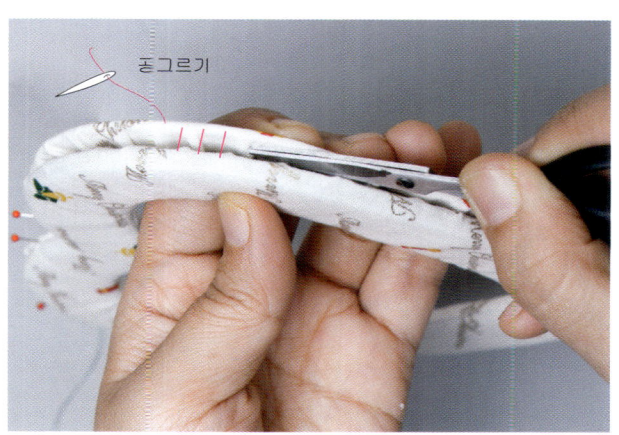

공그르기

⑭ 앞면과 뒷면을 공그르기로 붙인다. 일자드라이버나 가위 끝을 이용해 시접을 좀 더 안쪽으로 밀어 넣어가며 공그르기 한다.

⑮ 리스 틀 완성

Tip 리스 틀을 원으로 만들면 훨씬 쉽습니다. 다양한 크기의 원을 그려서 만들어 보세요.

3.리본 두르기

리본 80cm 사용

리스 틀 뒷면

① 뒷면에 사진처럼 걸쳐 핀을 꽂는다.

리스 틀 앞면

② 리스 틀 앞면이 보이게 놓고 리본을 감아 나간다.

1cm

리스 틀 앞면

③ 다 두른 후 1cm 여유를 두고 자른다.

④ 리본 끝을 안으로 접어 넣고 감침으로 정리한다.
금줄로 고리를 만들어 윗부분 중앙에 꿰맨다.

4.장식 리본 만들기

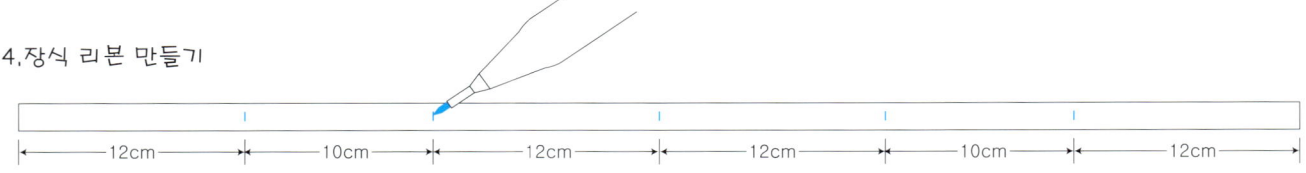

12cm 10cm 12cm 12cm 10cm 12cm

① 리본에 위 처럼 표시한다.

② 표시한 모습

③ 첫 번째 표시한 곳과 두 번째 표시한
곳을 맞춰 바늘을 위에서 아래로 뺀다.
(리본의 긴 쪽이 아래에 있음)

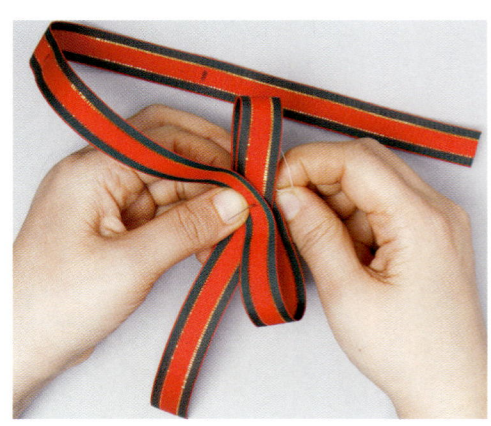

④ 아래에 있는 리본을 위로 올려 첫 번째 표시한
곳 위에 세 번째 표시한 곳을 맞춰 놓고 바늘을
아래에서 위로 통과한다.

⑤ 같은 방법으로 리본을 다시 아래로 보내고 바늘도 위에서 아래로 보낸다.

⑥ 리본을 위로 올려 마지막 표시한 곳을 맞춰 꿰맨다.

⑦ 주름을 잡기 위해 중심을 가로질러 2땀 뜬다.

⑧ 실을 잡아당겨 주름 잡은 후 중심을 빙 둘러 두세 번 감은 후 풀리지 않게 마무리한다.

⑨ 금줄(50cm)로 리본 중심을 3~4번 감은 후 두번 묶는다. 남아 있는 줄에 종을 매달 것이므로 줄이 양쪽으로 비슷하게 남게 감는다

⑩ 금줄에 종을 끼운 후 리본 중심에서 6cm 되는 위치에 끝을 두 번 묶어 고정시킨다. 금줄 끝은 0.5cm 정도 남기고 정리한다.

5, 완성하기

완성된 리본을 아래 중앙에 위치 잡아 꿰맨다.
꿰맨 실이 보이지 않게 리본의 날개 안쪽을 꿰매준다.
리본의 끝은 적당하게 남기고 정리한다.
(리본의 끝이 풀리지 않게 하려면 라이터 불로 끝을 살짝 녹여준다.)

리본의 날개 안쪽을 이용해 꿰매는 모습

33. 하트 장미 리스

시들지 않는 장미 한 송이 한 송이에 마음을 담아요~

이렇게 만들었어요~

♥ **필요한 재료**

초록 1/4마 ·· 진초록 ·· 장미 6종 1/4마씩 ·· 퀼팅솜 3온스
리스 틀 용 프라스틱(가방바닥) ·· 고리용 끈 ·· 글루건

♥ **완성크기**

가로 21cm x 세로 19cm   실물본 D면

1. 재단하기

① 초록

하트 2장: 안에 재단 (시접 바깥쪽 2cm, 안쪽 0.7cm 따로)
잎: 8x8cm 4장, 7x7cm 2장 (시접 포함)

② 진초록

잎: 8x8cm 4장, 7x7cm 2장 (시접 포함)

③ 장미 6종 (시접 포함)

A(중심): 각 6~7장
B(작은 꽃잎): 각 10~16장 짝수로 재단
D(큰 꽃잎): 각 8~12장 짝수로 재단

④ 프라스틱 (시접 x)

하트 2장

⑤ 퀼팅솜 (시접 x)

하트 1장

2. 리스 틀(32.크리스마스 리스 참조), 장미와 잎(03.장미 코사지 참조)을 각각 만든다,
  샘플엔 큰 장미 27개, 작은 장미 10개가 사용되었으나 붙이는 간격에 따라 유동적일 수 있음.

3. 퀼팅솜이 있는 면에 잎을 시침핀으로 고정시켜가며 배치한다,   4. 글루건을 사용하여 잎을 고정한 후 장미를 고정한다,

5. 뒷면 중앙에 고리 용 끈을 꿰매면 완성

주의 : 글루는 쉽게 굳으므로 신속하게 작업하고 붙인 후 굳을 때까지
       눌러주어 확실히 고정시킨다.

34. 사랑스런 리본 쿠션

인테리어 소품으로 빠질 수 없는 쿠션
중앙 패턴을 다른 것으로 패치해 넣어도 좋아요~

♥ **필요한 재료**

바깥보더 무지 1/2마·· 앞면 안감(45x45cm)·· 중간보더(4.5x130cm 또는 1/8마)·· 블럭(바탕 1/8마, 조각4종)
바인딩 3.5x165cm·· 쿠션지퍼 39~40cm·· 퀼팅솜 3온스·· 쿠션솜 40x40cm

♥ **완성크기**

가로 40cm x 40cm (쿠션솜을 넣지 않았을 때)   실물본 D면

1. 재단하기 (모두 안에 재단)

① 바깥보더 무지

바깥보더 4장: 실물본 (시접 0.7cm 따로)
뒷면 2장: 40x20cm (시접은 아래 지시대로 따로)

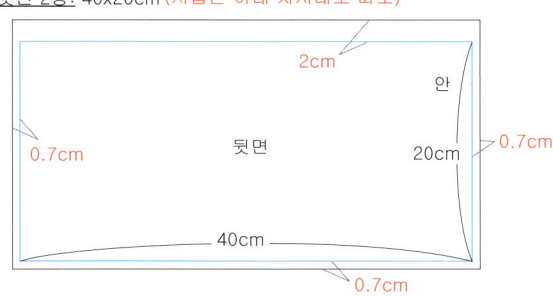

2cm / 안 / 0.7cm / 뒷면 / 20cm / 0.7cm / 40cm / 0.7cm

② 중간보더 (ㅅ 접 0.7cm 따로)

중간보더 실물본 4장: 띠보더(줄무늬)를 사용할 경우 무늬를 맞춰 재단한다.

③ 블럭용 (시접 0.7cm 따로)

I(중심): 1장
B,E,G,H: 사진을 참조하여 각 4장씩 재단
A,C,D,F: 바탕용으로 각 4장씩

바탕 재단 예:

F F C C
D D A
D D A A

2. 중간보더와 바깥보더 잇기

중간보더와 바깥보더를 완성에서 완성선까지 꿰맨 후
시접은 바깥보더 쪽으로 넘긴다 => 4장 만든다.

3. Top 만들기

다림질로 시접을 정리해가며 꿰매고 분홍색 점선 원으로 표시한 곳은 시접을 들춰가며 꿰맨다. 꿰맨 시접은 화살표 방향으로 넘긴다.

① 빨간선 부분을 각각 연결한 후 파란선 부분을 연결한다.

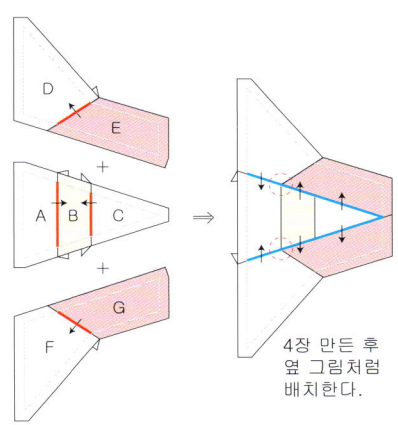

D
E
A B C
G
F

4장 만든 후
옆 그림처럼
배치한다.

H H
I
H H

② 초록선 부분을 각각 연결한다.

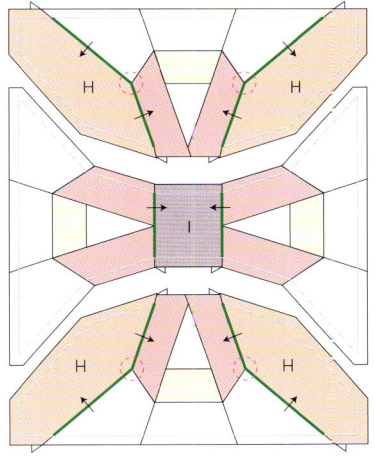

H H
I
H H

③ 파란선 부분을 연결하여 블럭을 완성한다.

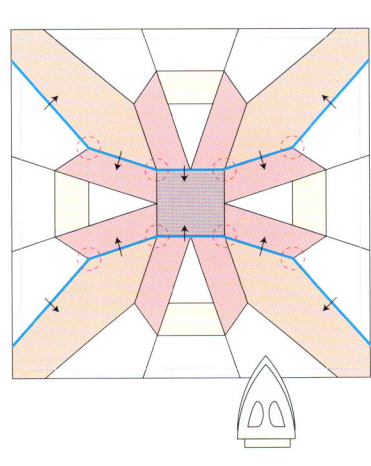

④ 연결해 놓은 보더를 초록선 부분을 꿰매 블럭에 연결한다.

⑤ 보더의 사선 부분(빨간선)을 꿰매고 다림질하여 정리한다.

⑥ 보더에 퀼팅선을 그린다.
=> Top 완성

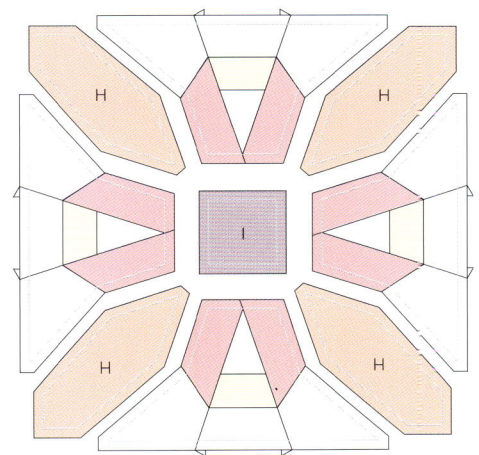

0.7cm
2cm
2cm
0.7cm

4.앞면 완성하기

1 안감의 안쪽 면에 퀼팅솜을 올려놓고 그 위에 Top을 겉이 보이게 올려놓는다. 가장자리를 시침한 후 전체적으로 충분히 시침한다. 조각 연결선에서 0.1cm 띄워가며 시접이 넘어간 반대편에 퀼팅하고 보더에 그려놓은 선을 퀼팅한다. 보더 대각선은 퀼팅하지 않는다.

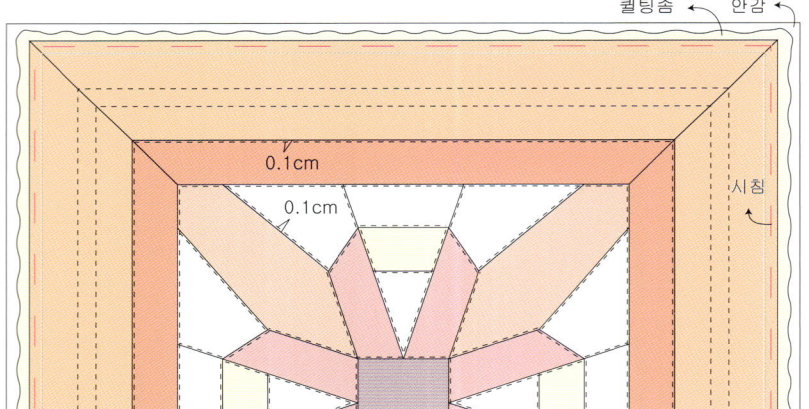

2 가장자리 시침을 제외한 나머지 시침은 제거하고 Top에 맞춰 퀼팅솜과 안감을 정리한다.
=> 앞면 완성

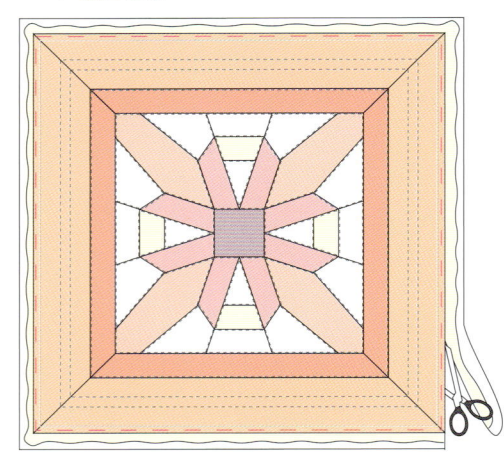

5.뒷면 만들기

1 2cm 시접 부분이 겉끼리 마주 닿게 포갠 후 양 끝에서 3cm까지를 각각 꿰맨다.

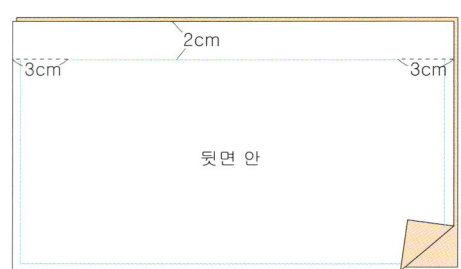

2 위에 있는 것은 2cm 시접을 앞으로 접고 밑에 있는 것은 위에 있는 것과 0.2cm 차이 지게 뒤로 접는다.

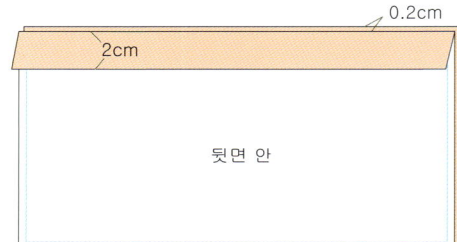

3 프라스틱 지퍼를 39cm로 자른 후 양 끝에서 각각 0.5cm 위치를 감침한다.

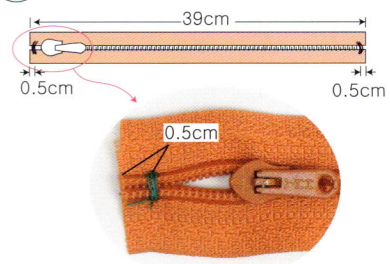

4 천 아래에 지퍼를 중앙에 맞춰 놓고 핀을 꽂은 후 반박음질로 지퍼가 물리지 않게 바짝 꿰맨다.

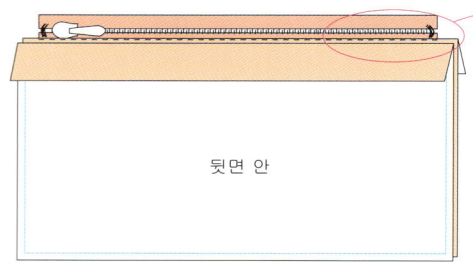

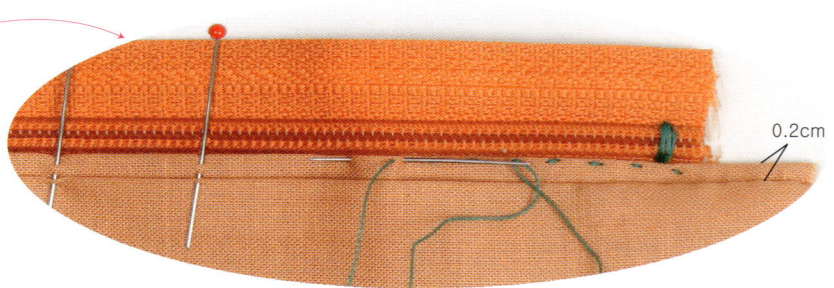

5 위에 있는 천을 겉이 보이게 위로 올린 다음 그림처럼 선을 그린다. 위 천과 아래 천이 0.2cm 가량 겹치게 핀을 꽂는다.

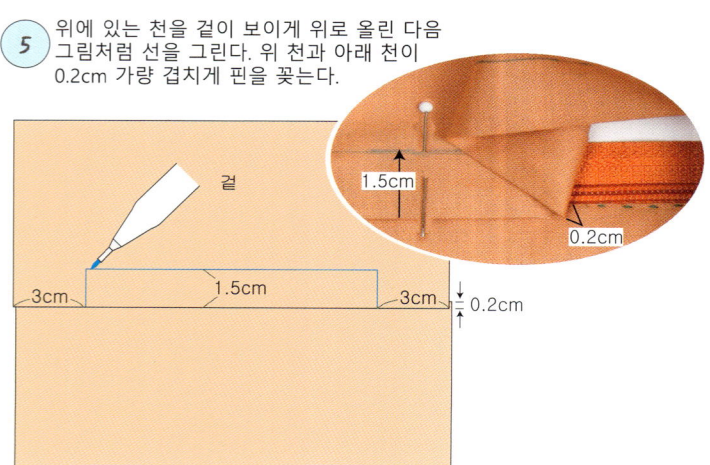

6 오른쪽 아래에서 시작하여 그림처럼 왼쪽 아래 끝까지 반박음질로 꿰맨다.
=> 뒷면 완성

6. 앞면과 뒷면 포개기

앞면과 뒷면을 안끼리 마주보게 포갠 후 천 끝들을 잘 맞춰 핀을 꽂는다. 끝에서 0.3cm 안쪽을 시침한다.

주의: 퀼팅을 한 앞면은 크기가 줄어들어
보이나 뒷면과 같은 크기이므로 먼저
끝과 끝을 맞춰 핀을 꽂은 후 사이사이를
잘 맞춰 시침한다.

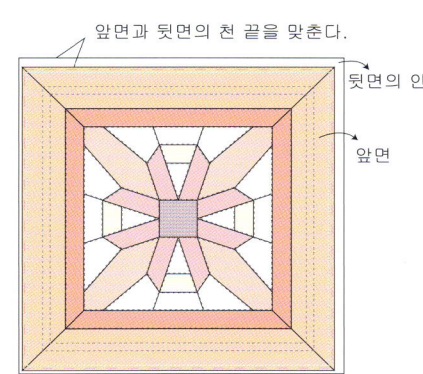

앞면과 뒷면의 천 끝을 맞춘다.

뒷면의 안

앞면

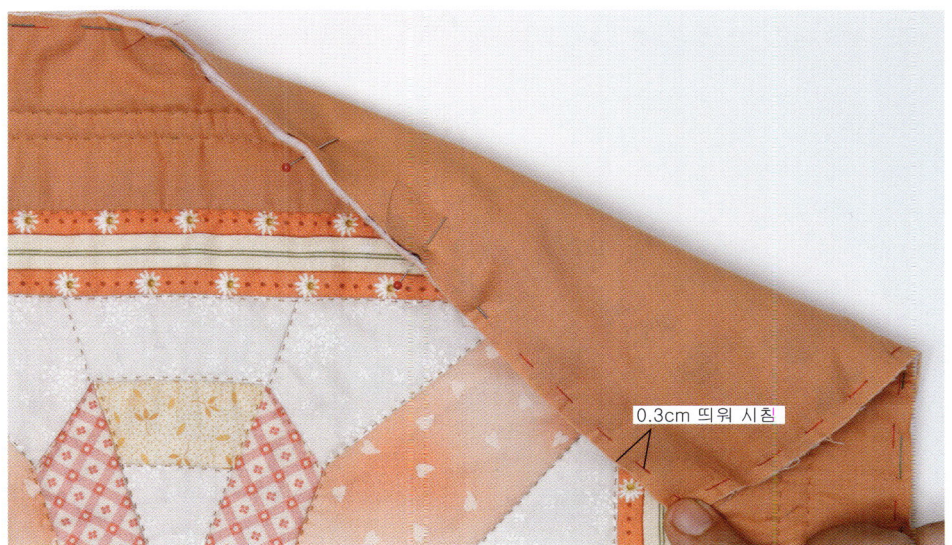

0.3cm 띄워 시침

7. 바인딩하기

둘레를 한쪽 면 중앙에서 시작하여 바인딩(3.5x165cm) 처리한다.

주의 : 직선 바인딩은 천을 탱탱하게 당겨가며
핀을 꽂은 후 바느질해야 바인딩이 예쁘게 마무리된다.

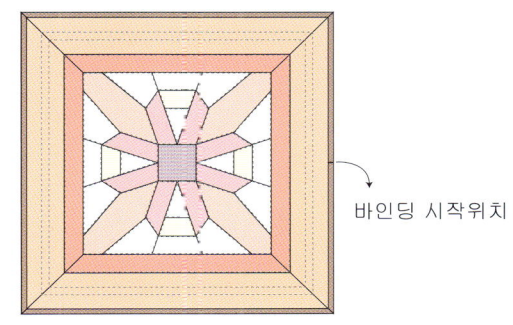

바인딩 시작위치

각진 곳 바인딩 하는 방법

① 바인딩 천의 안쪽에 0.7cm선을 그린다.

바인딩천의 안   0.7cm

② 0.7cm 접고 핀을 꽂는다.
2cm가량 남겨놓고 꿰매기
시작하여 끝에서 0.7cm
남겨둔 곳까지만 반박음질로
꿰맨 후 되박음하여
바늘은 뒤로 빼놓는다.

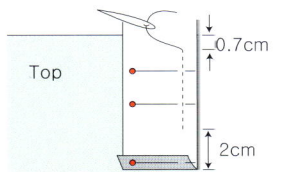

0.7cm

Top

2cm

③ Top과 바인딩
끝 부분이
나란하게
넘긴다.

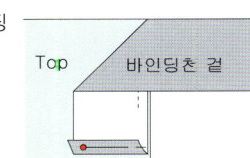

Top   바인딩천 걸

④ 그림처럼 다시 넘긴다.

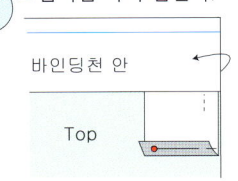

바인딩천 안

Top

⑤ 끝부터 꿰매기
시작하여 다른 쪽
끝에서 0.7cm
남겨놓은 곳까지
꿰맨 후 되박음질하여
바늘은 뒤로 빼놓는다.

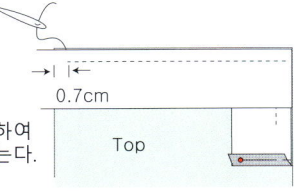

0.7cm

Top

⑥ 3~5를 반복하여
코너를 처리하고
마지막에는 시작할
때처럼 2cm 남겨둔
곳까지만 꿰맨 후
0.7cm 접고 나머지
여유분은 정리한다.

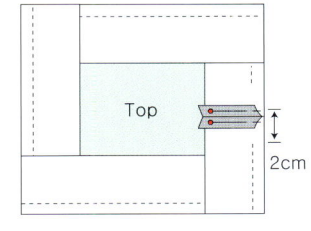

Top

2cm

⑦ 양 끝을 들춰서
연결한다.

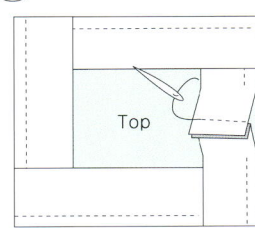

Top

⑧ 시접은 가른 후 꿰매지 않았던
처음과 끝 부분 4cm를 마저 꿰맨다.

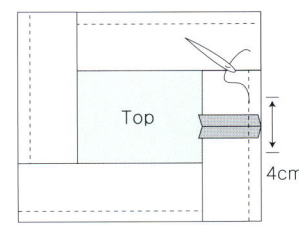

Top

4cm

⑨ 뒤집거 안쪽에서 0.7cm를
접어 넣어가며 공그르기 한다.

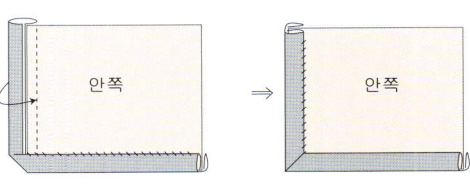

안쪽   →   안쪽

8. 쿠션속을 넣으면 완성

35. 다이아몬드 파우치 & 쇼퍼백

단순한 4조각 패턴의 중심에 다시 4조각 패턴을 마름모꼴로 아플리케하고
중심에는 반짝반짝 빛나는 캡보석(구멍알란)으로 포인트를 주어
단아한듯하면서도 화려해요~

이렇게 만들었어요~

♥ **필요한 재료**

쇼퍼백 : 바탕 1/2마 ·· 조각 2종 1/8마 ·· 안감 1/2마 ·· 캡보석(구멍알란) 4mm 12개 ·· 꿰매는 자석
퀼팅솜 (본체:5온스,여밈용:접착 2온스) ·· 바닥용 프라스틱 11.5x27cm ·· 핸들
파우치 : 바탕 1/4마 ·· 조각 2종 1/8마씩 ·· 안감 1/8마 ·· 캡보석(구멍알란) 4mm 8개 ·· 지퍼 25cm ·· 퀼팅솜 4온스

♥ **완성크기**

쇼퍼백 : 가로 40cm x 세로 21cm x 밑폭 12cm (핸들길이 제외)
파우치 : 가로 23cm x 세로 14cm x 밑폭 9cm

실물본 B면

1, 재단하기

쇼퍼백 재단하기

1 바탕
직선 바인딩: 3.5x86cm (시접 포함)
밑면: 42x14cm (시접 0.7cm 따로)
옆면: 14x21cm 4장 (시접 0.7cm 따로)
여밈장식: 4장 (시접 0.7cm 따로)

2 조각 2종 (안에 재단)
A: 2종 각 24장씩 (시접 0.5cm 따로)
B: 2종 각 24장씩 (시접 0.7cm 따로)
옆 그림처럼
배치하여 재단

3 안감 (안에 재단)
본체: 42x56cm (시접 0.7cm 따로)
바닥 싸개용: 25x 29cm (시접 포함)

파우치 재단하기

1 바탕
직선 바인딩: 3.5x50cm (시접포함)
밑면: 24x12cm (시접 0.7cm 따로)
옆면: 6x12cm 4장 (시접 0.7cm 따로)

2 조각 2종 (안에 재단)
A: 2종 각 16장씩 (시접 0.5cm 따로)
B: 2종 각 16장씩 (시접 0.7cm 따로)

3 단감 (안에 재단)
24x 36cm (시접 0.7cm 따로)

2, A 조각 잇기

순서대로 연결한 후 끝 부분 시접 0.5cm를 접어 넣어가며
시침한다. 시접을 다림질로 정리해가며 작업한다.

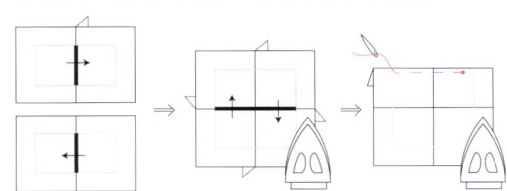

실제 앞모습과 뒷면모습

3, B 조각 잇기

그림처럼 연결한 후
다림질로 정리한다.

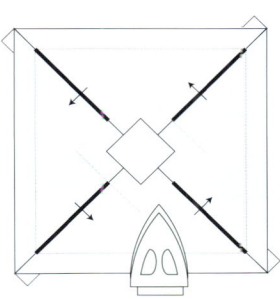

4.블록 만들기

연결된 B조각의 중심에 시침해둔 A조각들을 아플리케한 후
다림질하여 깔끔하게 정리한다.
쇼퍼백은 12장, 파우치는 8장 만든다.

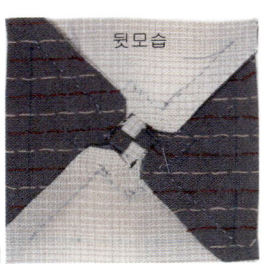

5.Top 잇기 (시접은 화살표 방향으로)

블록들을 연결해
단을 만든다.
쇼퍼백 : 3단
파우치 : 2단

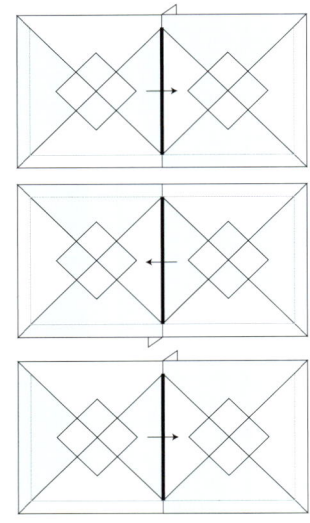
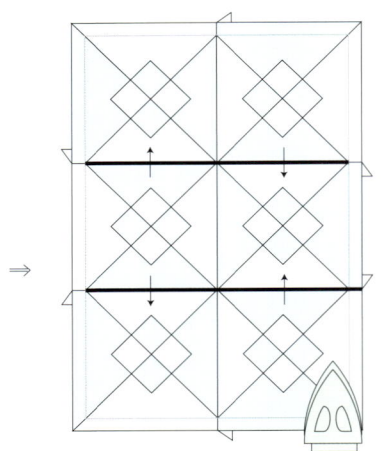

단끼리 연결한다. 시접이 복잡하므로
다림질로 정리해가며 연결한다.

2단을 연결한 실제 뒷면 모습

6.Top 완성하기

① 옆면을 연결한 후
시접은 옆면 쪽으로
넘긴다.

② 밑면을 연결한 후 시접은
밑면 쪽으로 넘긴다.
다림질하여 정리한다.

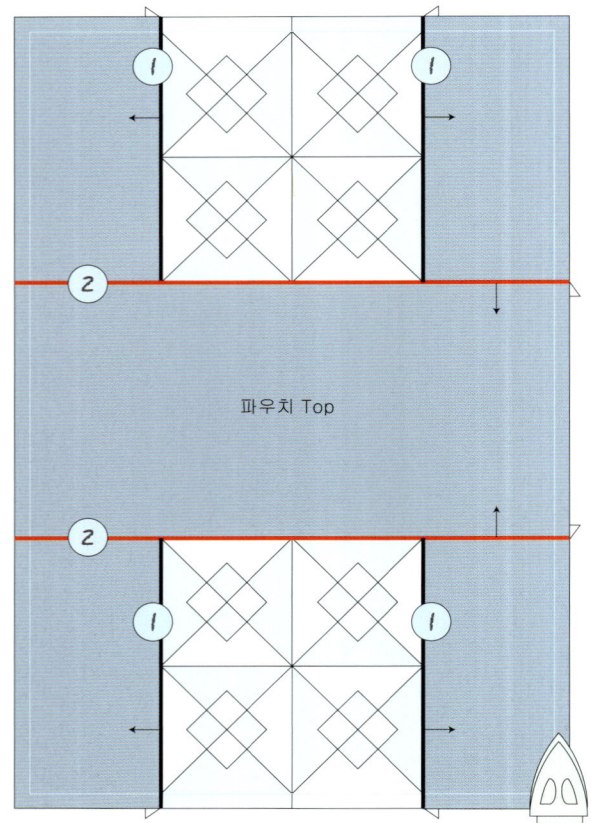

파우치 Top

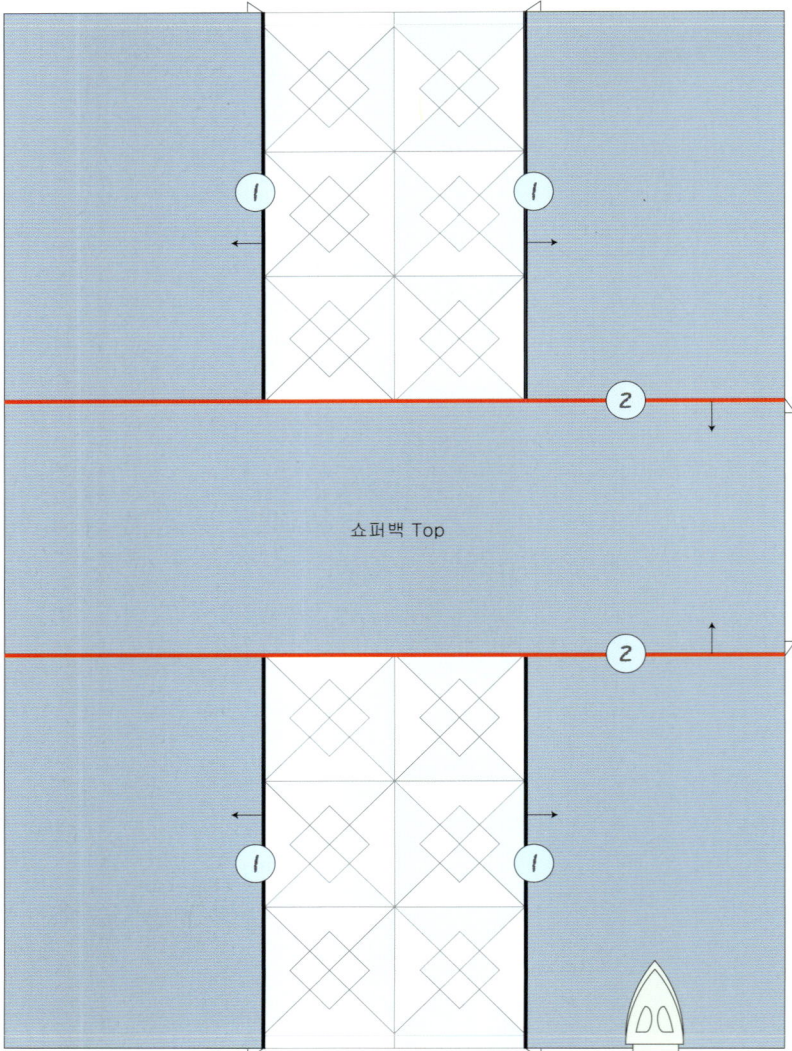

쇼퍼백 Top

7. 퀼팅솜 → Top → 안감순으로 꿰매 뒤집기

1 퀼팅솜 위에 Top의 겉이 보이게 놓고 위와 아래를 각각 시침한다.

Top 끝에서 0.3cm 띄워 시침

퀼팅솜

2 양 옆 퀼팅솜은 그대로 두고 위와 아래 퀼팅솜만 Top에 맞춰 정리한다.

Top에 맞춰 퀼팅솜 정리

퀼팅솜

Top에 맞춰 퀼팅솜 정리

3 그 위에 안감의 안이 보이게 놓고 양 옆을 끝에서 끝까지 꿰맨드-.

안감의 안

4 퀼팅솜이 보이게 놓고 양 옆 퀼팅솜을 꿰맨 곳 가까이 정리한다.

퀼팅솜

5 겉으로 뒤집어 모양을 정리한다. 입구부분은 Top, 퀼팅솜, 안감을 잘 맞춰 핀을 꽂은 후 시침한다. 옆과 밑면에 퀼팅선을 그린다.

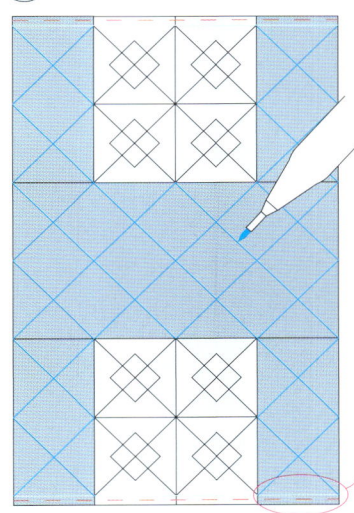

Top, 퀼팅솜, 안감을 잘 맞춰 시침

0.7cm

주의:위와 아래 끝 부분에는 시접분 0.7cm가 있으므로 퀼팅선 그릴 때 Top 끝에서 0.7cm 띄워 그린다.

8. 퀼팅하기

충분히 시침한 후 그려 놓은 선을 퀼팅한다.
조각 연결부분은 0.1cm 띄워가며 시접이 넘어간 반대편에 퀼팅한다.
A조각을 연결한 곳은 퀼팅하지 않고 외곽만 퀼팅한다.

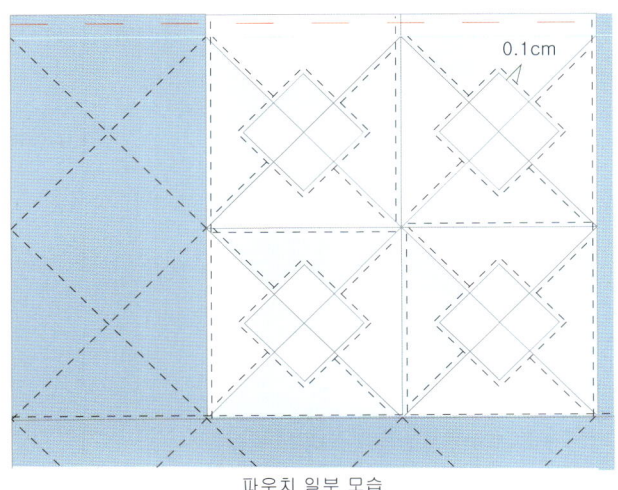

0.1cm

파우치 일부 모습

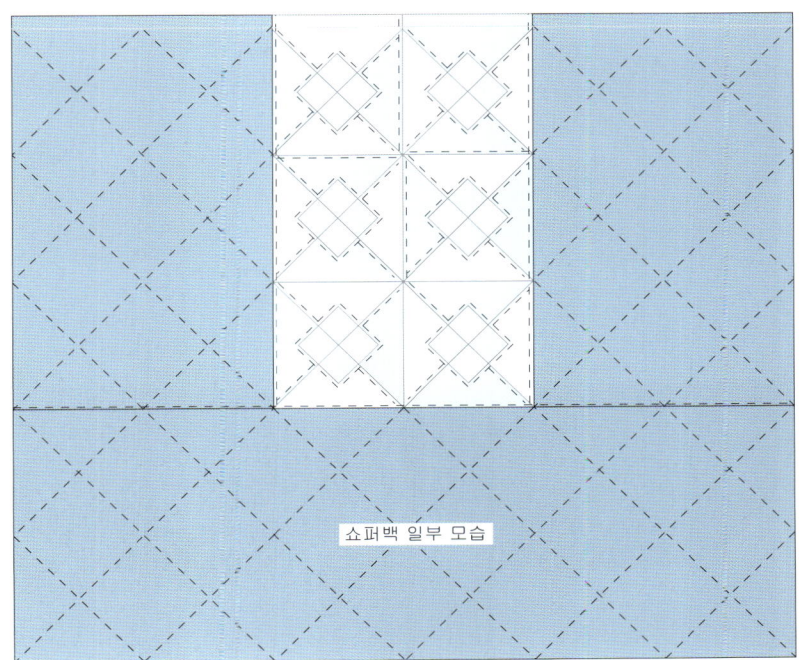

쇼퍼백 일부 모습

9.캡보석(구멍알란) 꿰매기

블럭의 중심에 캡보석을 안감까지 떠지게 꿰맨다.
캡보석에는 X자로 구멍이 있으므로
한쪽 통로를 두번씩 꿰매 X자가 되게 꿰맨다.

10.옆 꿰매기

겉끼리 마주 닿게 반을
접어 핀을 꽂은 후 옆을
공그르기로 연결한다.
마주닿아 있는 겉과
겉만 공그르기한다.

11.밑폭 꿰매기

옆 연결선과 밑중심을 맞춰 핀을 꽂은 후 아래 사진처럼
되게 선을 그린다. 반박음질로 튼튼하게 꿰맨 후 밑면 쪽에
공그르기로 붙인다.

옆 연결선

쇼퍼백:6cm
파우치:4.5cm

쇼퍼백:6cm
파우치:4.5cm

12.가방용 여밈장식 만들기 (샘플에서는 여밈장식의 안감도 바탕천을 사용하였지만 본체용 안감을 사용해도 된다)

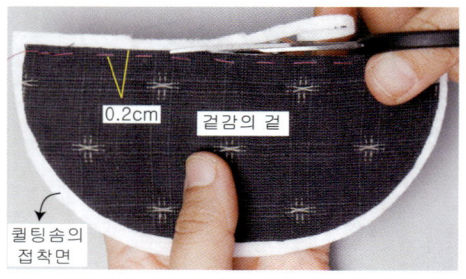

0.2cm

겉감의 겉

퀼팅솜의
접착면

① 퀼팅솜의 접착면 위에 겉이 보이게 올려놓고
윗부분 천 끝에서 0.2cm 띄워 시침한다.
시침한 곳 퀼팅솜은 천에 맞춰 정리한다.

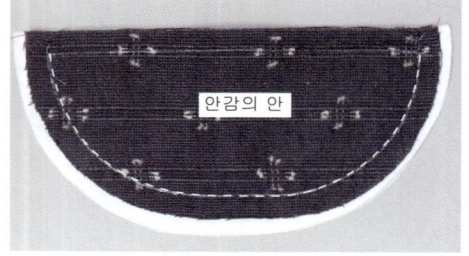

안감의 안

② 그 위에 안감의 안이 보이게 포갠 후
윗부분을 모두 창구멍으로 남기고 꿰맨다.

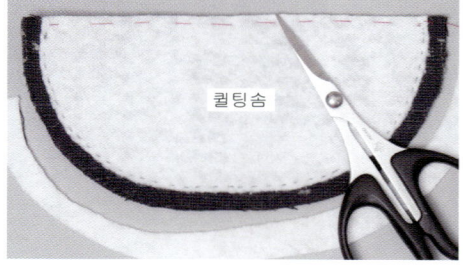

퀼팅솜

③ 퀼팅솜이 보이게 놓고 퀼팅솜을 꿰맨 곳
가까이 정리한다.

안감의 안

④ 다시 안감이 보이게 놓고 곡선 부분에
0.5cm 간격으로 가윗집을 준다.

겉감의 겉

⑤ 겉으로 뒤집어 창구멍 부분의 겉감, 퀼팅솜
안감의 끝을 잘맞춰 시침한 후 다림질한다.

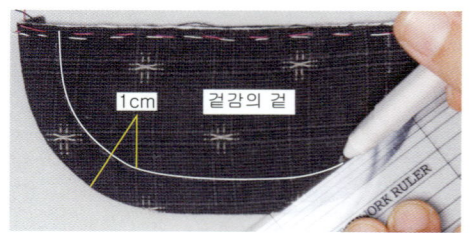

1cm

겉감의 겉

⑥ 창구멍을 제외한 부분에 끝에서 1cm 띄운
퀼팅선을 그린다. => 2개 만든다.

⑦ 퀼팅한 후 중앙에 자석을 각각 꿰맨다. 자석의 끝을 퀼팅선에 맞춘다.
=> 여밈장식 완성

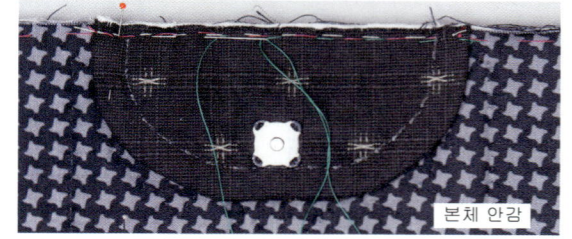

본체 안감

⑧ 가방의 앞면과 뒷면 안쪽 중앙에 각각 시침한다.

13.입구 바인딩하기 (쇼퍼백 : 3.5 x 86cm, 파우치 : 3.5 x 50cm)
겉으로 뒤집어 입구를 바인딩 처리(기본정보 : 원통형 바인딩하는 방법 참조) 한다. 쇼퍼백은 핸들에 가려질 위치(블록에서 1cm 띄운 옆면)에서 시작하고 파우치는 뒤 중앙에서 시작한다. 직선 바인딩의 경우는 탱탱하게 당겨가며 핀을 꽂은 후 바느질해야 깔끔하게 완성된다.

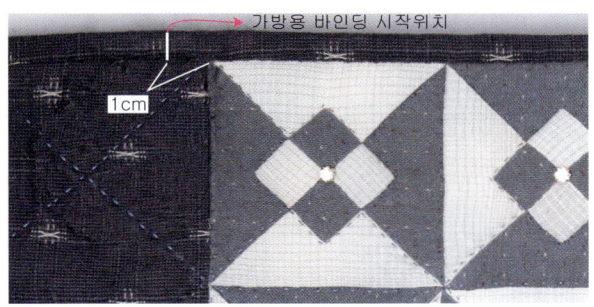
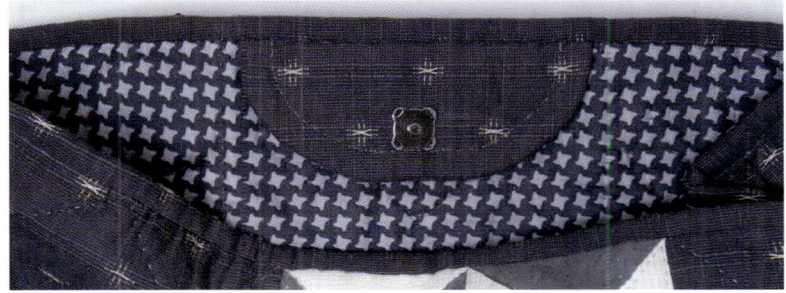

14.쇼퍼백 완성하기 ; 핸들을 꿰매고 바닥 깔개를 만들어 넣는다.

핸들 꿰매는 방법

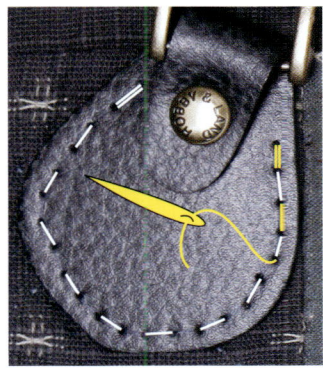

바인딩 끝에서 6cm 띄운 선을 그린다. 핸들을 약간 안쪽으로 기울인 후 끝 부분을 6cm 선에 맞춰 놓고 대충 시침한다. 퀼팅실 2겹으로 꿰맨다.

① 시작 부분은 튼튼하게 두 번 꿰맨 후 바늘을 위,아래로 통과해가며 홈질처럼 꿰맨다.

② 반대편 끝도 튼튼하게 두 번 꿰맨 후 이전과는 반대로 바늘을 통과해가며 꿰맨다.

바닥 깔개 만들기

① 바닥싸개용(25x29cm :시접 포함) 안감을 길게 반을 접고 한쪽 옆과 아래에 1cm 선을 그린 후 꿰맨다.

② 겉으로 뒤집어 바닥용 프라스틱을 집어넣는다. 입구 부분 시접을 안으로 집어넣고 공그르기 하여 마무리한 후 가방 안에 넣는다. 군데군데 꿰매주어도 좋다. (바닥용 프라스틱은 코너를 약간 둥글게 정리한 후 사용한다.)

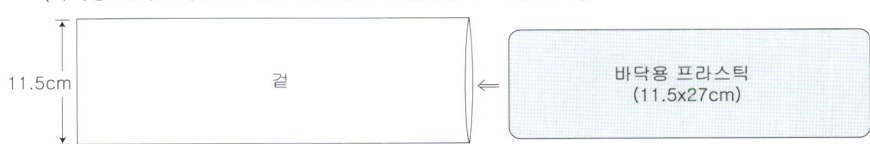

15.파우치 완성하기 ; 바인딩한 곳 안쪽에 지퍼를 꿰매 완성한다.

① 핀은 왼쪽부터 오른쪽으로 꽂는다. 옆 연결선에서 0.7cm 띄운 곳부터 반박음질로 꿰맨다. 지퍼 쇠끝에서 0.6~0.7cm 띄운 위치를 꿰매는데 반박음질할 때 겉으로 드러나는 땀은 0.1cm 정도로 짧게 뜬다.

② 지퍼 아래는 홈질로 정리한다.

③ 반대쪽 지퍼는 핀을 나란히 꽂은 후 겉으로 뒤집어 지퍼를 닫아본다. 앞뒤가 잘 맞춰졌는지 확인한 후 다시 뒤집어 꿰맨다.

36. 골프 힙색 볼파우치

편하고 가벼운 라운딩을 위한 힙색형 볼 파우치로
볼마커랑 세트로 만들면 골프 패션 완성

귀여운 미니 사이즈지만
볼 3개가 너끈히 들어가고
롱티 2개까지 수납 가능한 티꽂이도 있어
여러모로 편리한 볼 파우치예요.

벨트를 통과시켜 사용하는 형식이라
일반 벨트에도 장착 가능해요.

화장품을 수납하는 파우치로
마법에 걸린 날엔 위생용품 파우치로~~

만들기도 쉬우면서 두루두루 사용하기 너무 좋아요~~

♥ **필요한 재료**
볼 파우치 : 바탕체크 1/8마‥조각천 4종‥본체 안감(16×20cm)‥입구 바인딩용(3.5x28cm)‥장식단추(9mm)
퀼팅솜(뚜껑: 접착 2온스, 본체: 3온스)‥귀 자석(15mm)‥티꽂이용 8mm 고무줄 5cm
웨빙 벨트 : 폭 2cm 웨빙 적당량‥웨빙탭‥슐더링(솔더링)‥투터치 버클

♥ **완선크기**
볼 파우치 : 가로 11.5cm x 세로 10cm x 밑폭 2.5cm   실물본 C면

웨빙 벨트 만들기

1. 웨빙 양 끝은 올이 풀리지 않게 라이터로 지진다.
(면 웨빙은 투명 테이프로 감싼다)

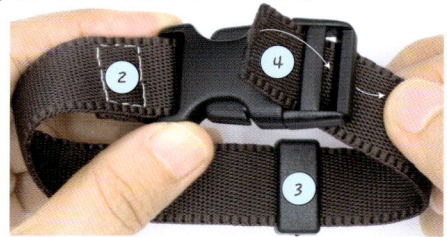

2. 웨빙 한쪽을 구멍 하나만 있는 쪽에 꿰맨다.
끝부분 1cm 가량을 접어 넣고 위와 아래를 왔다 갔다 튼튼하게 꿰맨다.

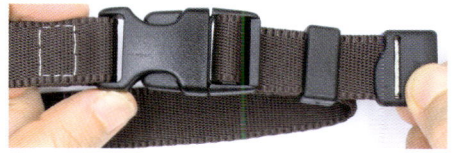

3. 슐더링(솔더링)을 웨빙에 끼워 넣는다.

4. 웨빙 끝을 아래에서 위로 통과시킨 후 화살표 방향으로 통과시킨다.

5. 슐더링(솔더링)을 다시 통과 시킨 후 끝에 웨빙탭을 꿰맨다. 웨빙탭은 길게 한뜬으로 끝과 끝을 통과시켜 꿰매거나 여러 땀으로 위 아래를 통과 시켜가며 꿰맨다.

1. 재단하기

1. 바탕 (시접 0.7cm 따로)
본체 겉감: 겉에 재단
밑중앙과 퀼팅선을 그린다.

뚜껑용 겉감: 겉에 재단
중앙, 아플리케 위치 표시

뚜껑용 안감: 안쪽에 재단
중앙, 창구멍 위치 표시

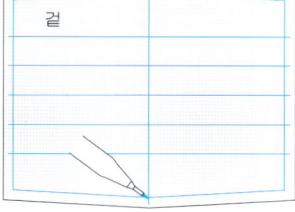

2. 안감 (시접 0.7cm 따로)
본체 안감: 안에 재단

3. 바인딩용 체크 (시접 포함)
입구 바인딩용: 3.5x28cm

4. 조각천 4종 (시접 0.5cm 따로)
실물본 A: 4색 1장씩
안에 재단한 후
옆처럼 꿰매 준비한다.
(완성선까지만 꿰맨다)

각각 꿰맨 후
시접은 화살표
방향으로 넘긴다.

윗 단과 아랫 단들 연결한다.
시접은 화살표 방향으로 넘겨 바람개비 모양을 만든다.

앞모습   뒷모습

시침한 앞모습

시접을 접어 넣어가며 시침한다.

2. 뚜껑 만들기

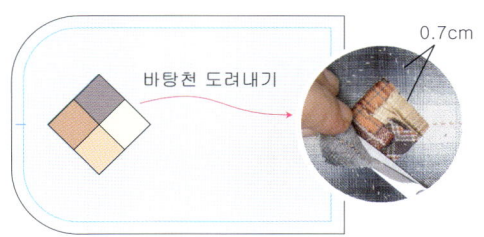
0.7cm
바탕천 도려내기

1. 준비해둔 조각을 아플리케한다. 아플리케 아래의 바탕천은 시접 0.7cm 남기고 도려낸다 => Top완성

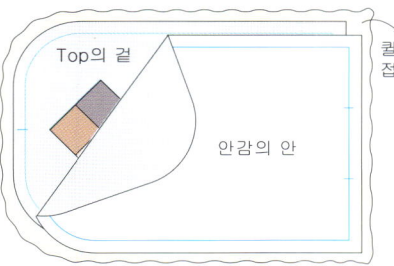
Top의 겉
안감의 안
퀼팅솜의 접착면

2. 퀼팅솜의 접착면 위에 Top 겉이 보이게 놓고 그 위에 안감의 안이 보이게 포갠다.

안감의 안

3. 중앙과 나머지를 잘 맞춰 핀을 꽂은 후 창구멍을 남기고 꿰맨다.

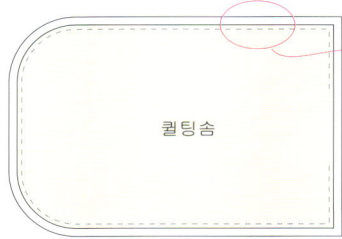
퀼팅솜

4. 퀼팅솜이 보이게 놓고 완성선 가까이 퀼팅솜을 정리한다.

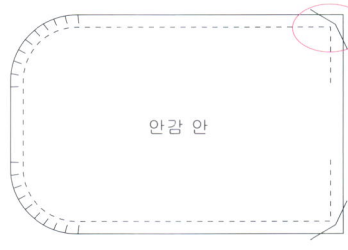
안감 안

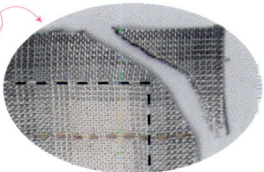

5. 코너와 곡선 부분에 가윗집을 주고 겉으로 뒤집는다.

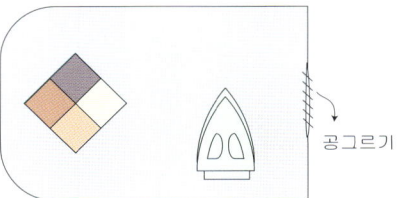
공그르기

6. 창구멍은 공그르기 하고 접착솜이 천에 붙도록 다림질한다.

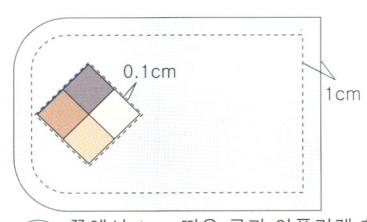
0.1cm
1cm

7. 끝에서 1cm 띄운 곳과 아플리케 한 주위를 0.1cm 띄워가며 퀼팅한다.

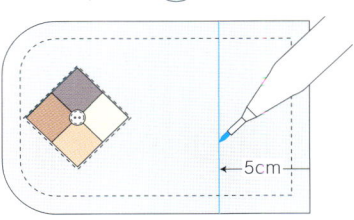
←5cm→

8. 조각의 중심에 단추를 달고 끝에서 5cm 띄운 선을 그린다.

3. 본체 만들기

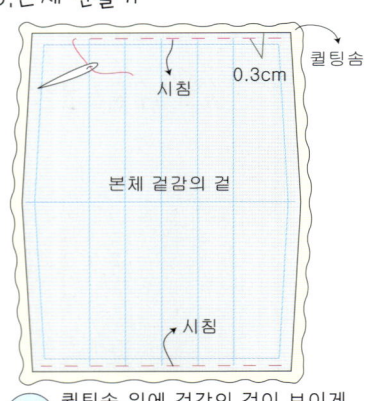

① 퀼팅솜 위에 겉감의 겉이 보이게 올려놓고 위와 아래를 시침한다.

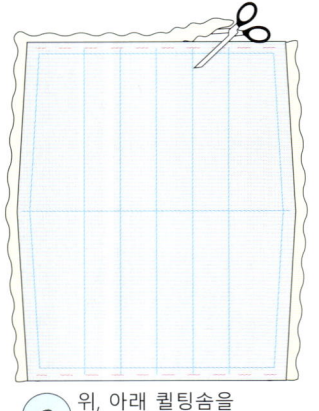

② 위, 아래 퀼팅솜을 겉감에 맞춰 정리한다.

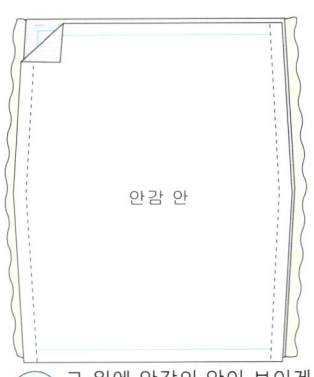

③ 그 위에 안감의 안이 보이게 포갠 후 양 옆을 꿰맨다.

④ 퀼팅솜이 보이게 놓고 꿰맨 곳 가까이 퀼팅솜을 정리한다.

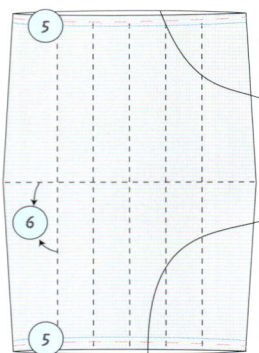

⑤ 겉으로 뒤집은 후 입구부분을 시침한다. 겉감의 끝과 안감의 끝을 잘 맞춰 핀을 꽂은 후 시침한다.

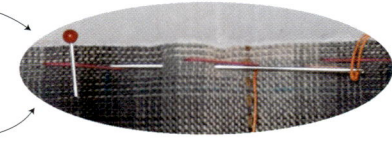

⑥ 전체적으로 시침한 후 그려놓은 퀼팅선을 퀼팅한다.

⑦ 겉감끼리 마주보게 반 접은 후 옆을 공그르기로 연결한다.

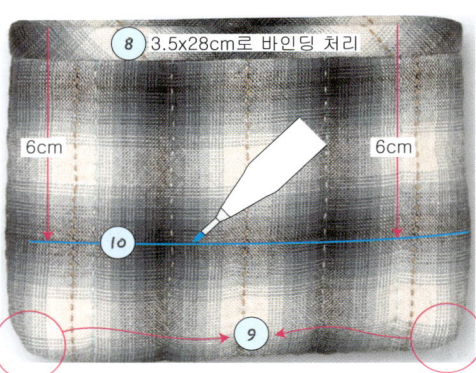

⑧ 3.5x28cm로 바인딩 처리

6cm   6cm

⑧ 겉으로 뒤집어 입구를 뒷중앙에서 시작하여 바인딩 처리한다. (기본 정보 : 원통형 바인딩하는 방법 참조)

⑨ 밑폭이 좌우 각 1.2cm 정도 되도록 아래사진처럼 밀어 넣고 공그르기한다.

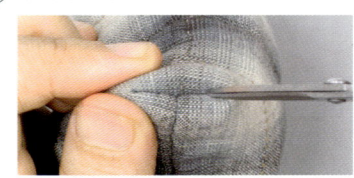

⑩ 뚜껑 끝 위치(바인딩 끝에서 6cm 위치)를 뒷면에 표시한다.(벨트 통로 없는 일반 파우치로 만들 때는 1cm 위치 표시)

⑪ 뒷면 중앙에 티꽂이용 고무줄을 시침한다.

티꽂이용 고무줄

5cm로 자른 고무줄을 반접어 끝부분을 감친다. 접은 부분에서 각각 0.8cm, 1.6cm 되는 곳을 표시한 후 튼튼하게 꿰매준다.

4. 완성하기

벨트 통로

① 본체 뒷면에 그린 선과 뚜껑의 끝을 맞춰 핀을 꽂고 뚜껑의 안쪽 끝과 본체를 공그르기 한다. (분홍선으로 표시된 곳)

② 뚜껑에 그려 놓았던 선을 본체의 안감까지 떠지게 반박음질한다.

③ 바인딩 위 끝과 뚜껑이 닿는 곳(분홍선 표시)을 공그르기로 붙인다.

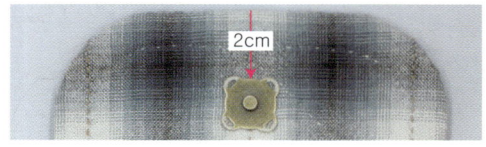

2cm

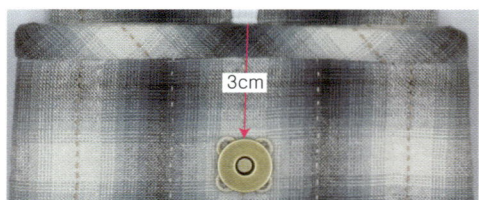

3cm

④ 자석을 꿰맨다. 볼록면은 뚜껑 끝에서 2cm, 오목면은 바인딩 끝에서 3cm 띄운 곳에 꿰맨다.

37. 동그라미 볼마커

자투리천으로 만들어 더 좋은 동글동글 볼마커~~

이렇게 만들었어요~

♥ **필요한 재료**
조각 4종 ‥ 뒷면 ‥ 두께 1mm 네오디움 자석(지름 2.5cm 또는 2cm) ‥ 수실

♥ **완성크기**
지름 3.6cm 실물본 C면

참고: 자석 크기에 따라 창구멍 크기가 달라지므로 지름 2cm 자석을 사용할 때 창구멍이 작아 도구(겸자나 핀셋)나 뒤집는 요령이 필요하다.

1, 재단하기 : 모두 안쪽에 재단

앞면 조각 4종: 각 1장씩 (시접 0.5cm 따로)
뒷면: 1장 (시접 0.5cm 따로)

조각 맞춤선 4곳과 자석 꿰맬 위치를 표시한다.

십자로 가윗집을 준다. 표시한 자석 위치를 벗어나지 않게 정바이어스 방향으로 자른다.

네오디움 자석 코팅하기:

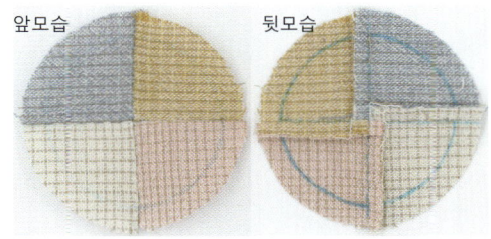

부식방지를 위해 투명 매니큐어를 바른다. 자석이 붙는 핀셋이나 쪽집게 같은 것에 붙여서 측면을 먼저 바른 후 한쪽 면을 바른다. 충분히 굳은 후 반대쪽을 바른다.

네오디움 자석 싸개용: 1장 (자석 + 시접 0.7cm 따로)

2, 꿰매기

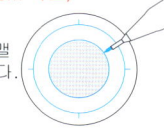 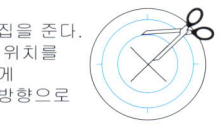

① 두장을 각각 꿰맨다. 시접은 0.3cm만 남겨두고 자르고 화살표 방향으로 넘긴다.

② 위 아래를 연결한다. 시접은 0.3cm만 남겨둔다.

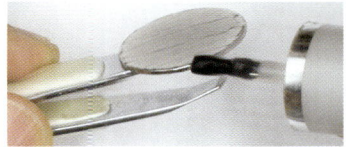

앞모습   뒷모습

③ 시접을 바람개비로 넘긴다.

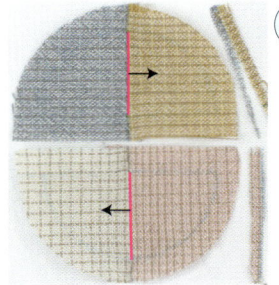

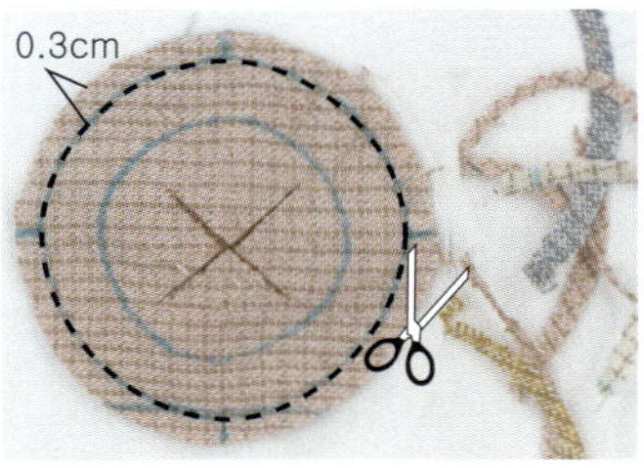

0.3cm

④ 뒷면을 마주보게 포갠 후 표시한 곳과 조각연결선을 잘맞춰 핀을 꽂고 촘촘하게 꿰맨다. 시접이 겹쳐 두꺼운 곳은 되박음해가며 모두 꿰맨 후 시접을 0.3cm만 남겨두고 정리한다.

0.5cm

⑤ 겉으로 뒤집어 모양을 정리한 후 중앙에 X자로 뒷던까지 꿰매지게 수 놓는다. 창구멍은 자석에 가려질 부분이므로 대충 감치거나 그냥두어도 무방하다.

수실 네겹으로 크게 한땀씩

⑥ 자석을 싸개단추 만들듯이 싼다. (부착할 부분에 붙여보아 극성을 확인 후 작업)

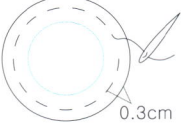

자석 싸개용 원단 끝에서 0.3cm 안쪽을 홈질한다.

잘 붙는 면이 아래로 가게 자석을 놓는다.

밀어내는 면

0.3cm

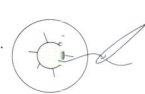

잡아당겨 마무리한다.

⑦ 싸놓은 자석을 뒷면에 공그르기로 붙인다. 앞면에 땀이 떠지지않게 주의.

38.볼마커 탈부착 볼파우치

볼마커를 볼파우치에 착~

스타일리시하면서도
편하게
라운딩 할 수 있어 좋아요~

평상시엔 소품파우치로~
라운딩 할 땐 볼파우치로~~

♥ **필요한 재료**
볼 파우치 : 본체용 질은색‥뚜껑용 열은색‥본체 안감(16x20cm)‥입구 바인딩용(3.5x28cm)‥자석싸개용 원단
퀼팅솜(뚜껑: 접착 2온스, 본체: 3온스)‥귀 자석(15mm)‥두께 1mm 지름 20mm 네오디움 자석
내경 30mm 개고리

♥ **완성크기**
볼 파우치 : 가로 11.5cm x 세로 10cm x 밑폭 2.5cm

실물본 C면

힙색용 볼파우치와 다른점: 뚜껑용 실물본은 길이가 짧은 일반 파우치용 실물본을 사용한다.
아플리케를 하지 않고 자석을 싸서 공그르기한다.
벨트고리에 걸 개고리 작업(티꽂이 포함)을 한다.

1. 재단하기 (입구 바인딩용은 시접포함이고 나머지는 시접 0.7cm 따로)

① 뚜껑용 열은색
뚜껑 겉감: 겉에 재단
중앙 위치 표시
뚜껑 안감: 안쪽에 재단
중앙, 창구멍 위치 표시
고리용: 6cm x 9cm

② 본체용 질은색
본체 겉감: 겉에 재단
밑중앙과 퀼팅선을 그린다.

③ 안감
본체 안감: 안에 재단

④ 바인딩용 체크 (시접 포함)
입구 바인딩용: 3.5x28cm
자석 싸개용: 네오디움 자석 + 0.6cm

2. 뚜껑 만들기 : 아플리케를 생략하고 만든다.

3. 본체 만들기

① ~ ⑨ 동일하게 진행한다.

⑩ 뚜껑 끝 위치(바인딩 끝에서 1cm 띄운 위치)를
뒷면에 표시한다.

4. 네오디움 자석 천으로 감싸기
네오디움 자석을 싸개 단추하듯 만들어 놓는다.
(기본정보 : 자석 관련 사항 참조)

5. 허리고리 걸이용 고리 만들기(티꽂이 포함) (일반 파우치로만 사용할 때는 생략)

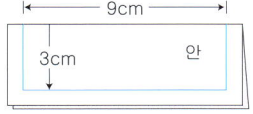

① 고리용 원단을
그림처럼 반 접는다.

② 양옆은 놔두고 아래를
끝에서 끝까지 꿰맨다.

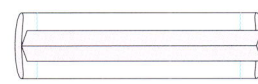

③ 꿰맨곳이 가운데로 오게
한 후 가름솔로 넘긴다.

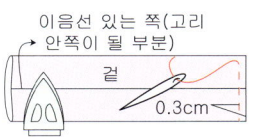

④ 겉으로 뒤집은 후
양끝을 각각 시침한다.

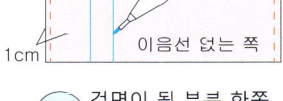

⑤ 겉면이 될 부분 한쪽
끝에서 각각 1,2,3cm씩
띄운 위치를 표시한다.

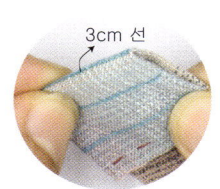

⑥ 3cm 띄운선을 접는다. 2cm 띄운선과 1cm 띄운선을 각각 꿰매주어
티꽂이용 고리를 만든 후 개고리를 한 쪽에 끼운다.

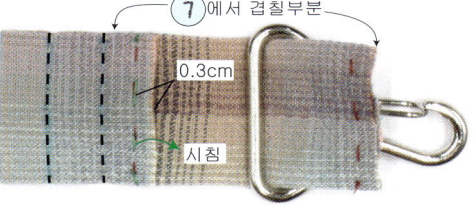

⑦ 위 사진처럼 양끝을 겹치게 포갠 후 초록색으로 표시된 부분을
튼튼하게 꿰맨다.

6. 완성하기

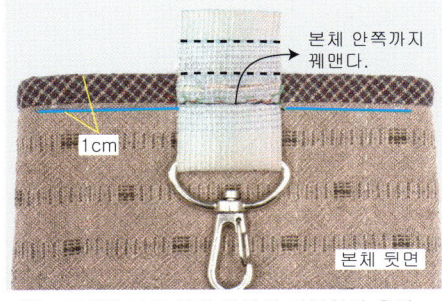

① 고리를 본체 뒷면 중앙에 사진처럼 올려
놓고 아래 바인딩 선에 맞춰 본체 안까지
통과해가며 튼튼하게 꿰맨다.

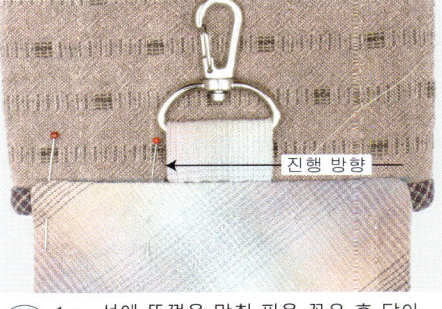

② 1cm 선에 뚜껑을 맞춰 핀을 꽂은 후 닿아
있는 뚜껑의 안감과 본체를 공그르기한다.
고리있는 곳은 뚜껑과 고리를 공그르기한다.

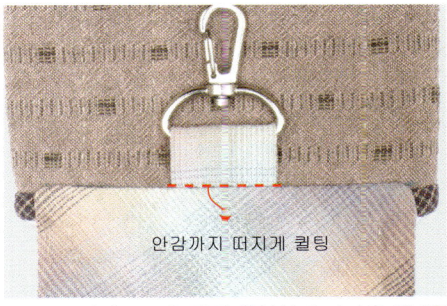

③ 고리있는 곳은 뚜껑 끝부분에 가까운 위치를
본체 안감까지 떠지게 퀼팅해준다.
위 아래를 왔다갔다 튼튼하게 꿰맨다.

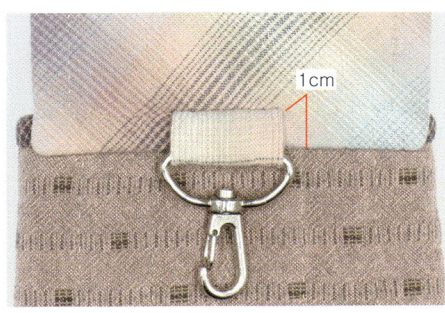

④ 고리를 위로 올려 뚜껑의 1cm 퀼팅선에
맞춰 공그르기한다.

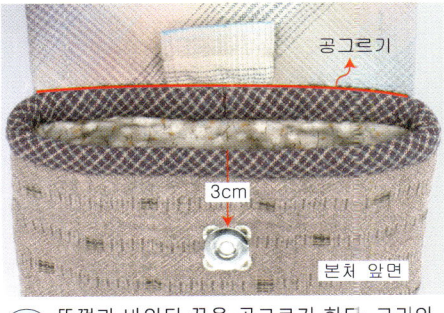

⑤ 뚜껑과 바인딩 끝을 공그르기 한다. 고리와
뚜껑도 공그르기하고 귀자석(◠)을 바인딩
끝에서 3cm 내려온 위치에 꿰맨다.

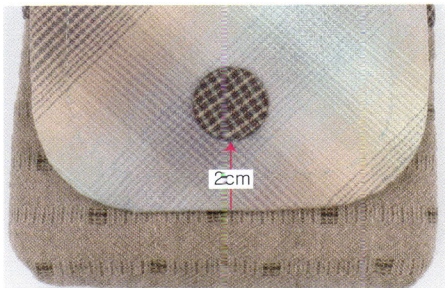

⑥ 뚜껑 끝에서 2cm 띄운 곳에 자석을 꿰맨다.
싸개 자석은 뚜껑 겉면에 공그르기 하고
귀자석(◠)은 안쪽에 감침으로 꿰맨다.

39. 세조각 하트 & 심플 하트 볼마커

너무 앙증맞은 하트~~

굴린이 필수템 볼마커로, 메모홀더용 자석으로
자투리 천으로 뚝딱 만들 수 있어 자꾸 만들게 되는 매력덩이 아이템

이렇게 만들었어요~

♥ **필요한 재료**
조각천(세조각 하트: 3종, 심플하트: 1종)‥네오디움 자석 (지름 2cm 두께 1mm)

♥ **완성크기**
세조각 하트 : 4cm x 3.9cm
심플 하트 : 4.1cm x 3.6cm

실물본 B면

심플 하트는 조각 연결없이 만드는 것으로 방법은 동일하다. 창구멍이 작아 도구(겸자나 핀셋)나 뒤집는 요령 필요.

1, 재단하기 (모두 안쪽에 재단)

조각 2종:실물본 A,B 각 1장씩 (시접 0.5cm 따로)
조각 1종:
　앞면 조각:실물본 C 1장 (시접 0.5cm 따로)
　자석 싸개용:1장 (자석 + 시접 0.6cm 따로)
　뒷면:전체 실물본으로 1장 (시접 0.5cm 따로)
　　정바이어스 방향으로 재단한 후
　　창구멍을 위한 가윗집을 준다.
　　자석 위치를 표시하고 1~2mm 안쪽까지만 자른다.

뒷면 재단 예:

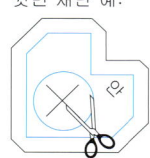

2, 네오디움 자석 천으로 감싸기
네오디움 자석을 싸개 단추하듯 만들어 놓는다.
(기본정보 : 자석 관련 사항 참조)

2, 꿰매기

뒷면 모습

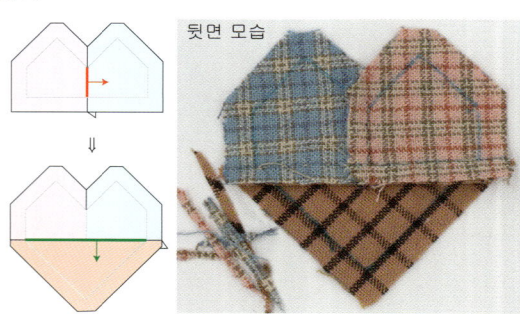

① A와 B를 꿰맨다. 시접은 0.3cm만 남겨두고 자른 후 화살표 방향으로 넘긴다. 여기에 C를 연결하고 같은 방법으로 시접을 정리하고 넘긴다.

② 두장을 겉끼리 마주보게 포갠 후 완성선을 꿰맨다.시접을 0.3cm만 남겨두고 자른다.

③ 겉으로 뒤집어 모양을 정리한 후 싸놓은 자석을 뒷면에 공그르기한다. (앞면에 땀이 떠지지않게 주의)

40. 다용도 자석클립

작지만 쓰임새 너무 많은 말그대로
다용도 자석클립이예요 !!

쇠가 있는 곳이면 어디든 척 붙여
다양한 소품 홀더로~

지갑 대신 간단하게 지폐만 수납하는
머니클립으로~

모자 벨트 신발등에 자유롭게 부착해 쓸 수 있는 볼마커 클립으로~
극성 상관없이 어떤 볼마커라도 같이 쓸 수 있어 더더욱 좋아요~

이렇게 만들었어요~

♥ **필요한 재료**
조각 1종 ‥ 두께 1mm 네오디움 자석 2개(클립 대: 지름 2.5cm, 클립 소 : 지름 2cm

♥ **완성크기**
클립 대 : 7.4cm x 3.4cm
클립 소 : 6.2cm x 2.7cm

(실물본 B면)

Tip
♥ 더 힘있게 잡아주는 것을 선호하면
더 두꺼운 자석을 사용한다.

♥ 볼마커를 떼어낼 때는 위로 들어 올리지 말고
클립 끝으로 밀어서 떼어낸다.

참고: 작은 사이즈 클립은 창구멍이 작아 도구(겸자나 핀셋)나 뒤집는 요령 필요.

1. 재단하기

앞면: 겉에 재단(시접 0.5cm 따로)
네오디움 자석 싸개용: 2장 (시접 0.6cm 따로)

뒷면: 안에 재단 (시접 0.5cm 따로)
창구멍을 위한 가윗집을 준다.
자석 위치를 표시한 후
1~2mm 안쪽까지만 자른다.

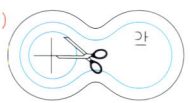

2. 네오디움 자석 천으로 감싸기
네오디움 자석을 싸개 단추하듯 만들어 놓는다.
(기본정보 : 자석 관련 사항 참조)
⇒ 극성 다르게 2개 완성.

3. 꿰매기

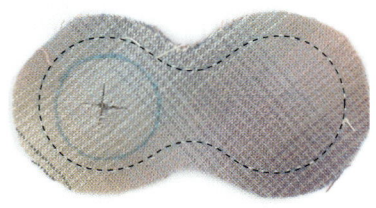

① 두장을 겉끼리 마주보게 포갠 후
완성선을 모두 꿰맨다.

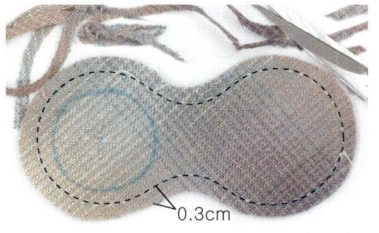

0.3cm

② 시접을 0.3cm만 남겨두고 자른다.

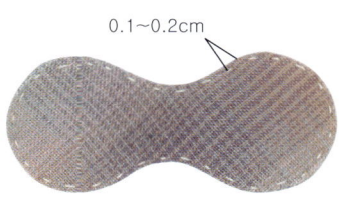

0.1~0.2cm

③ 겉으로 뒤집어 모양을 정리한
후 끝에서 0.1~0.2cm 띄워
퀼팅한다.

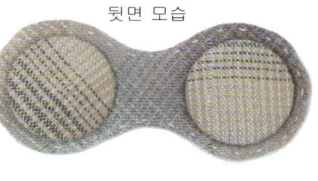

뒷면 모습

④ 뒷면에 자석을 공그르기한다.
앞면에 땀이 떠지지않게 주의.

가볍고 부드러워 더 좋은 퀼트 라운딩 소품들
선물하는 재미가 쏠쏠~
받는 사람도 주는 사람도 행복해요~

41.
양면 하트 퍼터키퍼

두툼하지 않아 옷맵시도 살려주면서
퍼터 커버를 챙길 수 있는
퍼터 커버 홀더~

남들과는 다른 개성 있는 포인트!!
필드에서 스타일을 돋보이게 해주는
실용적인 아이템이에요.

가방이나 키링 참장식으로 써도
넘 사랑스러워요.

이렇게 만들었어요~

♥ 필요한 재료
공통 : 조각천 2종‥13mm 야자단추 2개‥퀼팅솜 3온스‥10mm 23수 헤링본테이프 8cm‥군번줄
퍼터커버 홀더 : 10mm 멜빵집게

♥ 완성크기
6.2cm x 5.5cm (고리 제외)   실물본 B면

1. 재단하기 (정바이어스 방향으로 재단)

빅 하트 :
　앞면:1장 겉면에 재단 (시접 0.5cm 따로)
　뒷면:1장 안쪽에 재단 (시접 0.5cm 따로)
　창구멍을 위한 가윗집을
　중앙에 2cm씩 십자로 준다.

심플 하트 :
　앞면:2장 겉면에 재단 (시접 0.5cm 따로)
　뒷면:2장 안쪽에 재단 (시접 0.5cm 따로)
　창구멍을 위한 가윗집을
　중앙에 1.5cm씩 십자로 준다.

뒷면 재단예

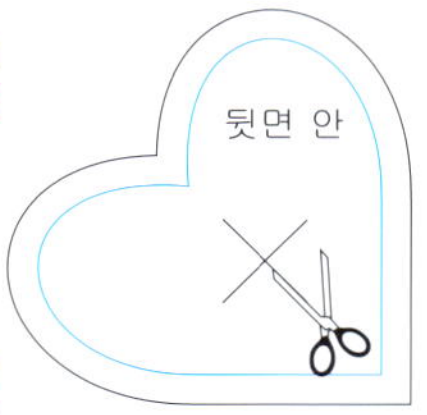

뒷면 안

도구(겸자나 핀셋)나
뒤집는 요령이 있을 경우엔
창구멍을 더 작게 한다.

2. 하트 꿰매기 (손 플하트는 퀼팅솜 없이 만드는 것으로 방법은 동일)

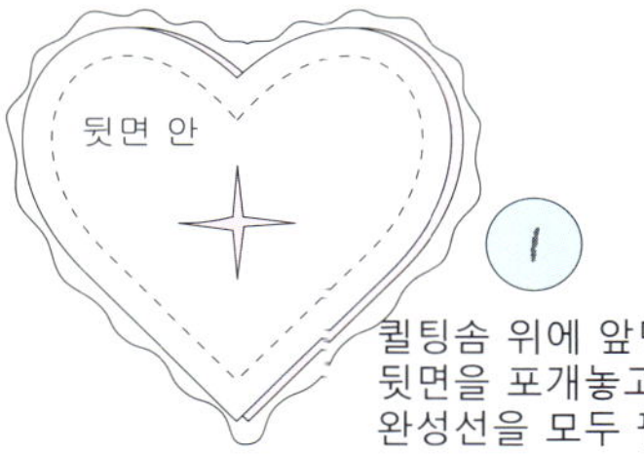

뒷면 안

0.3cm

① 퀼팅솜 위에 앞면과
뒷면을 포개놓고
완성선을 모두 꿰맨다.

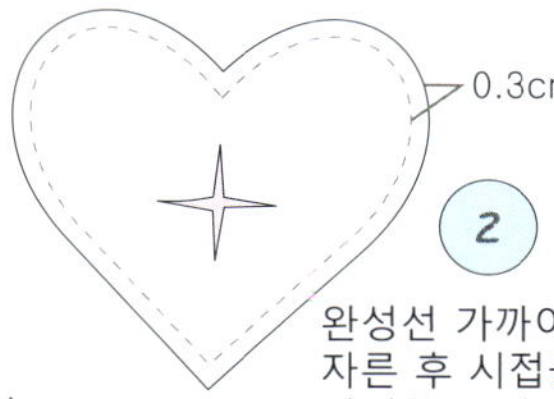

② 완성선 가까이 퀼팅솜을
자른 후 시접을 0.3cm만
남겨두고 정리한다.

③ 겉으로 뒤집어 모양을 정리한다. 창구멍은 가려질 부분이므로 대충
감침하거나 그냥둔다. 빅 하트 1장, 심플하트 2장 만든다.

3. 완성하기

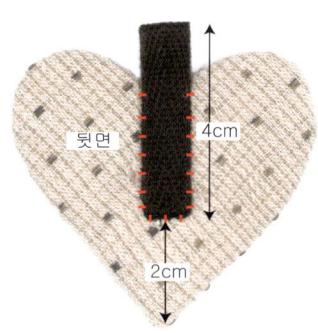

뒷면

4cm

2cm

① 헤링본 테이프를 반 접어
뒷면에 올려놓고 감침해
고정시킨다.

② 심플하트를 뒷면과 앞면에
각각 공그르기로 붙인다

③ 야자단추를 꿰맨다. 앞면과
뒷면을 통과해가며 꿰맨다.

④ 군번줄로 멜빵집게와
하트 를연결한다.

42. 눈사람 메모꽂이

너무 앙증맞고 귀여워서
보는 이마다 탐을 내는 인테리어 소품!!

절대 녹지 않으니
한여름에 미리 겨울을 선물해보세요~~

이렇게 만들었어요~

♥ **필요한 재료**
Body ‥ 모자 ‥ 머플러
눈(4mm) 2개 ‥ 단추(9mm) 2개 ‥ 방울솜 ‥ 메모꽂이
속 채울 재료(프라스틱, 랩에 싼 폐건전지 AA size, 방울솜)

♥ **완성크기**
가로 6.5cm x 높이 11cm x 폭 3cm (모자 길이 포함)   실물본 D면

1. 재단하기

① **Body**

앞, 뒷면 각1장씩   (시접 0.5cm 따로)
앞면은 겉에 그리고 뒷면은 천 안쪽에 그린다.
앞면에는 창구멍, 중앙, 눈, 단추위치를
뒷면에는 창구멍과 중앙 위치를 표시한다.

밑면:1장(시접 0.5cm 따로)
안쪽에 그린다.
양옆, 앞중앙, 뒷중앙을
표시한다.

앞면   뒷면

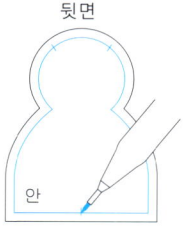
안

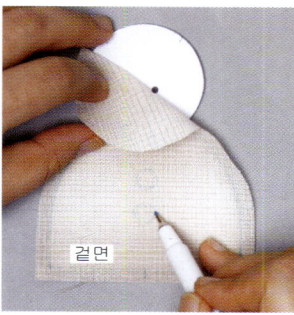

눈과 단추위치는
사진처럼 천
아래에 본을 놓고
비춰지는 것을
따라 표시한다.

겉면

② **머플러** (시접 X)

1.5cm x 21cm 로 자른 후
사방 0.5cm 정도씩 올을 푼다.
===> 머플러 만들기 참조

③ **모자** (시접 포함)

11.5cm x 6cm 로 자른다.
겉면 윗부분에 1cm 선을 그린 후 0.5cm정도 올을 풀어준다.

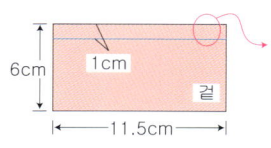
6cm   1cm   겉   11.5cm

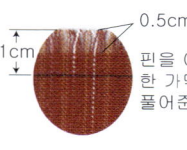
0.5cm   1cm   핀을 이용하여 한 가닥씩 풀어준다.

④ **속 채울 재료준비**

프라스틱 1장 (시접 X) : 밑면이 울퉁불퉁하지
않도록 하기 위한 것으로 상품포장에
쓰이는 프라스틱 같은 것을 사용한다.

폐건전지 AA size : 눈사람이 각정되게
서있을 수 있도록 하기 위한 것으로
세탁을 대비해 랩으로 싸서
밀폐시켜 준비한다.

랩으로 감싼 건전지
프라스틱 본대로 자른 프라스틱
방울솜

2. 머플러 만들기

1.5cm x 21cm 로 자른 천을 핀을 이용하여 한가닥씩 풀어준다.
사방 0.5cm 정도씩 올을 푼다.
재단시 결을 잘 살펴 재단해야 올을 풀었을 때
비뚤어지지 않는다.

3. 모자 만들기

겉   0.5cm   0.7cm

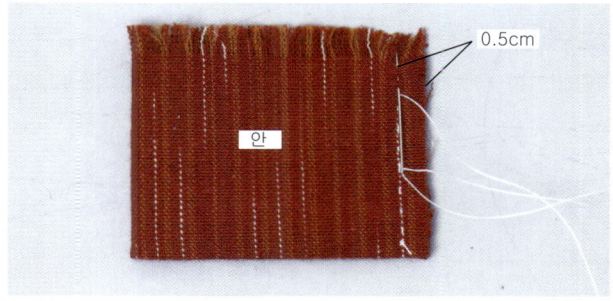
0.5cm   안

① 모자 아래부분은 0.5cm를 접은 후 0.7cm가량을 또 접어 모자 단을 만든다.

② 겉끼리 마주 닿게 반을 접은 후 0.5cm 시접으로 옆을 꿰맨다.

안

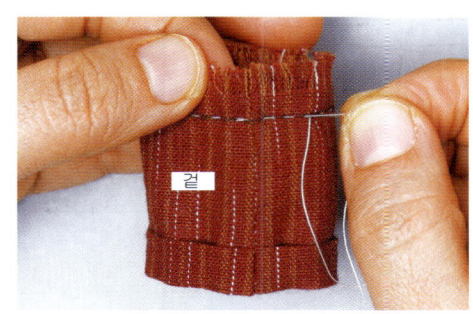
겉

③ 시접을 양쪽으로 넘긴다.

④ 겉으로 뒤집은 후 윗부분에 그려놓았던 1cm 위치를 0.3cm 땀 간격으로 홈질한다.

⑤ 당겨서 마무리하면 모자완성.

4,본체 만들기

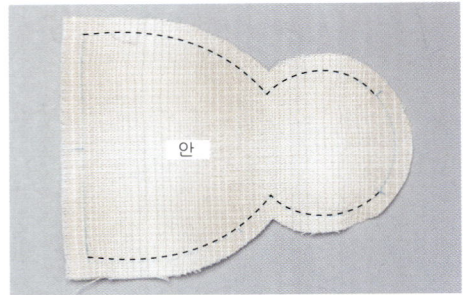

1. 앞면과 뒷면을 겉끼리 마주 닿게 포갠 후 창구멍과 밑면을 제외하고 꿰맨다.

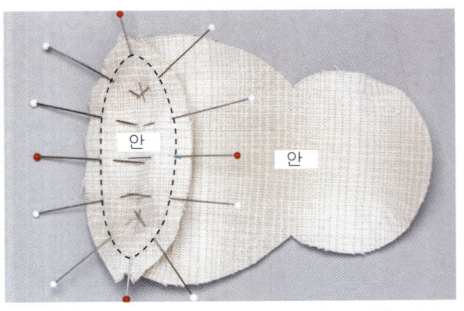

2. 밑면을 맞춰 핀을 꽂는다. 옆과 중앙을 먼저 맞춰 핀을(빨간색 핀) 꽂고 나머지를 맞춘다. 앞뒤 확인해가며 꿰맨다.

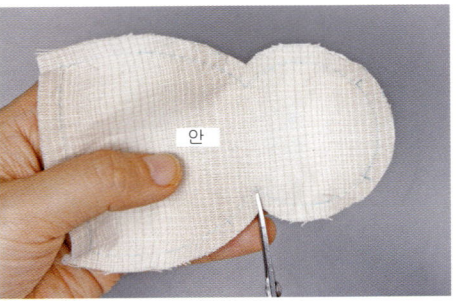

3. 사진처럼 쏙 들어간 부분에는 완성선 0.1cm 전까지 가윗집을 주고 창구멍을 제외한 곡선 부분에는 완성 0.2cm 전까지 가윗집을 준다. 가윗집은 0.4~0.5cm 간격으로 준다.

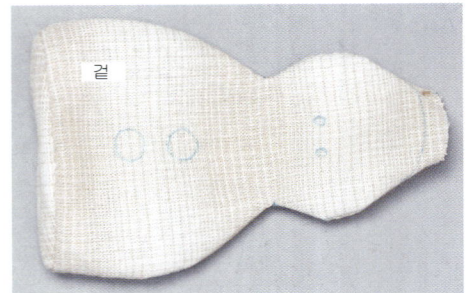

4. 겉으로 뒤집어 모양을 정리한다.

5. 본대로 잘라 놓은 프라스틱을 넣는다.

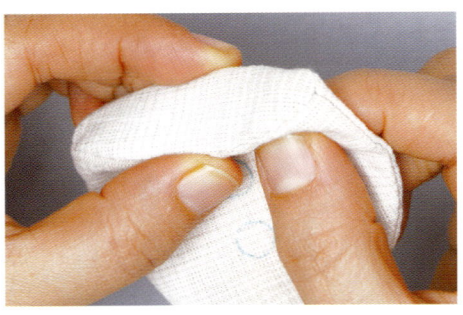

6. 아랫면 중앙에 위치하도록 잘 정리한다.

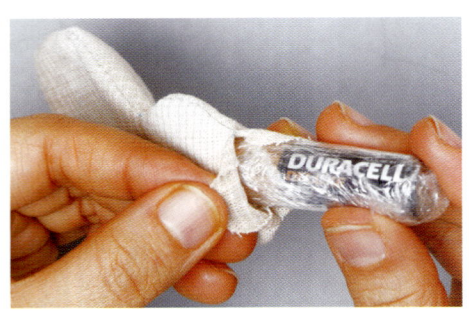

7. 랩으로 감싼 건전지도 아랫면 중앙에 위치하도록 넣는다.

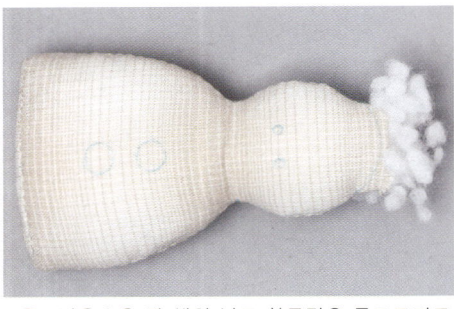

8. 방울솜을 잘 채워 넣고 창구멍은 공그르기로 막는다.

9. 단추와 눈을 단다.

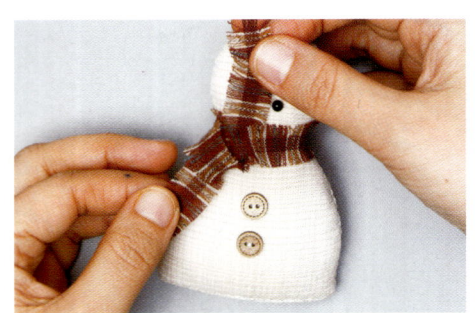

10. 만들어 놓은 머플러를 두른다.

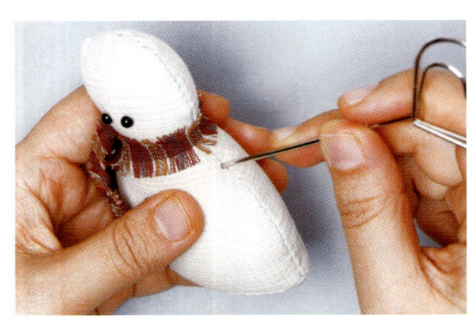

11. 목에서 1cm 정도 내려온 곳에 메모꽂이를 끼워 넣는다. (바늘 땀 사이로 밀어 넣는다)

12. 모자를 씌워주면 완성.

Basic Information

알아두어야 할 기본 정보

완전 기초적인 사항은 필자의 저서 "왕초보 퀼트하기"를 참조 바랍니다.

실물본은 바로 오려서 사용하실 수도 있으나
되도록이면 원본은 보관하시고 복사를 하신 후 사용하시길 권해드립니다.

도안 옮기는 방법

주의 : 라이트박스나 먹지를 이용할 경우 마분지에 붙인 실물본은 사용할 수 없으므로 여분의 도안을 미리 복사해 두는 것이 좋다.

도려낸 본을 천 겉면에 올려놓고 그리기

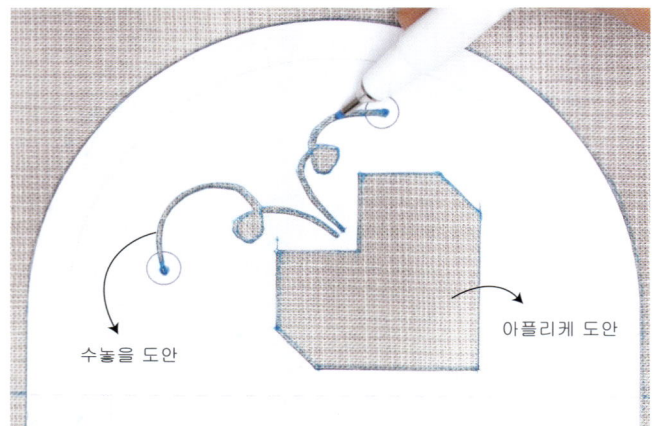

수놓을 도안

아플리케 도안

아플리케할 위치를 그리거나 수놓을 도안이 간단한 경우에 사용하는 방법으로 아플리케 위치는 외곽선을 도려내 그리고, 수놓을 도안은 도안의 양쪽을 조금씩 도려내어 펜이 들어갈 공간을 만들어 그린다.

실물도안 위에 천을 놓고 비치는 것을 따라 그리기

원단이 엷은 경우에 주로 사용하는 방법으로 좀 더 잘 비치게 하기위해 라이트박스를 이용하기도 한다. (라이트박스 : 내부에 조명이 있고 조명을 덮고 있는 윗부분이 유리나 아크릴 등으로 되어 있는 박스)

수예용 먹지(챠코페이퍼) 이용하기

먹지 안

도안을 옮길 천 위에 먹지를 안이 보이게 놓는다.
(도안이 위치한 곳보다 조금 여유있게 사용)

먹지 위에 도안종이를 잘 맞춰 올려놓는다.
도안을 따라 송곳으로 0.1~0.2cm 띄워가며
꾹꾹 눌러 천에 점이 묻어나게 한다.

천에 나타난 모습

Tip

간이 라이트박스 만들기

준비물:
  높이가 같은 상자 2개
  유리 또는 아크릴판
  스탠드(조명)

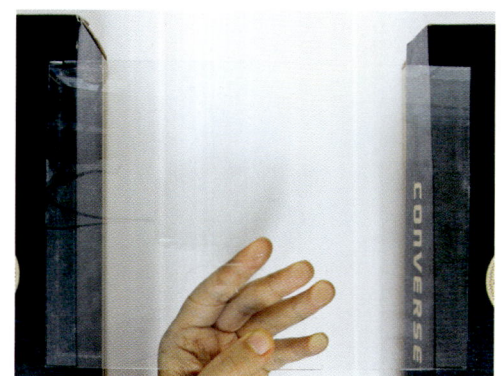

상자의 간격을 벌려서 놓고 그 위에 유리나
투명 아크릴판을 올려놓는다.

유리 아래에는 스탠드를 놓고 위에는 도안과 천을
포개어 놓는다. 비치는 것을 따라 도안을 그린다.

기본 바느질 방법

홈질 (Running Stitch)

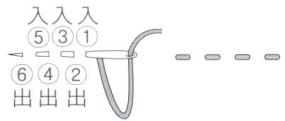

조각잇기 할 때나 퀼팅 할 때 사용하는 바느질법으로
한 땀 한 땀 뜨기보다는 서너 땀을 한꺼번에 뜬다.

조각잇기에는 1cm에 3~4땀 솜을 채우는 인형의 경우에는 4~5땀
들어가게 땀을 뜬다. 그러나 퀼팅솜과 안감을 대고 퀼팅하는 경우에는
사용하는 퀼팅솜에 따라 땀이 약간씩 더 넓어지게 된다.
처음 퀼팅을 하게 되면 땀이 넓게 떠지지만 자꾸 하다 보면 땀의 간격은
줄일 수 있으므로 처음에는 조금 넓게 떠지더라도 일정하게 뜨도록 한다.

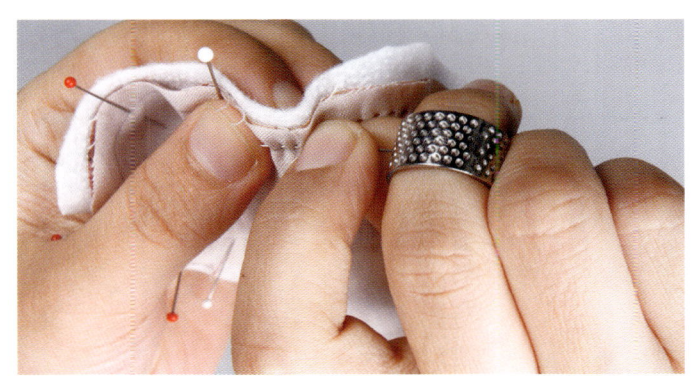

반박음질 (Half Back Stitch)

홈질보다는 튼튼하고 박음질보다는 성근
바느질 방법으로 두꺼운 것을 꿰맬 때나
지퍼를 꿰매는 경우에 주로 사용한다.

 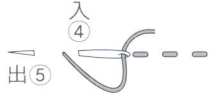

일반적인 반박음질은 땀 간격이 일정하게 뜬다.

지퍼를 꿰맬 때는 겉에 드러나는 땀을 짧게 뜬다.

공그르기 (Blind Stitch)

공그르기는 창구멍을 막거나 완성된 것끼리 연결해 주거나 할 때
땀이 보이지 않도록 뜨는 바느질 방법으로 퀼트에서 홈질처럼
빈번하게 쓰이는 중요한 바느질 방법이니 확실하게 익혀둔다.

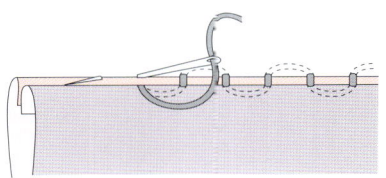

점선은 천 속으로 들어가
보이지 않는 땀을 의미한다

아래의 예는 가방옆을 공그르기하는 사진으로 가방의 앞면과 뒷면을 겉끼리 마주보게한 상태에서 앞면의 겉과 뒷면의 겉을 공그르기 하는 과정이다.

1 시작 부분은 튼튼하게 두세 번 정도
   땀을 뜬다.

2 실이 나온 곳 바로 맞은 편에 바늘을 찔러
   한 땀을 뜬다. 같은 방법으로 맞은 편을 왔다
   갔다하며 서너 땀을 뜬다.

3 꿰맨 실이 안보이게 살짝 당긴다. 이때 너무
   잡아당겨 쭈글해지지 않도록 주의한다.

퀼팅하는 방법

a.매듭은 잡아당겨서
  안으로 숨긴다.

겉감
퀼팅솜
안감

b.되박음하듯 한 땀 뒤에서부터 시작하여
  겉과 안이 고르게 떠지도록 홈질한다.
  1cm 안에 2~4땀이 떠지게 한다.

c.끝에서는 되박음 하되
  바늘이 실을 뚫고 나오게한다.

d.근처로 바늘을 넣어 2cm쯤 간 후 나오게해서
  솜 사이에 실이 2cm정도 남아 있게 한다.

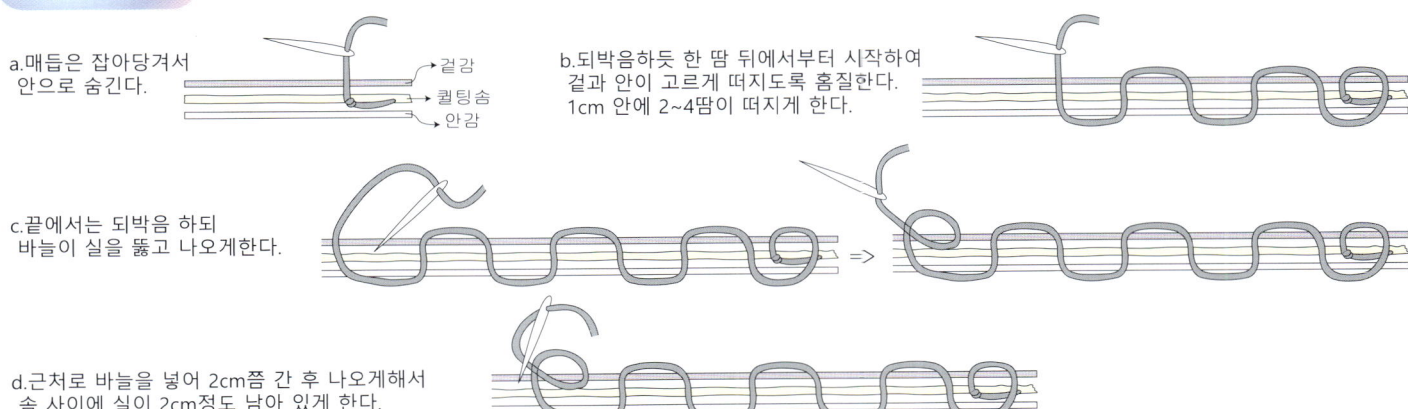

기본 바느질 방법

창구멍을 남기고 꿰맨 후 뒤집어야 하는 것들은 가윗집을 잘 주어야 모양이 예쁘게 나온다. 끝이 잘드는 가위의 끝을 사용해 가윗집을 준다.
퀼팅솜과 같이 꿰맨 것은 퀼팅솜을 꿰맨 곳 가까이 자르고 가윗집을 준다.

오목한 부분	볼록한 부분	튀어 나와 각이진 곳

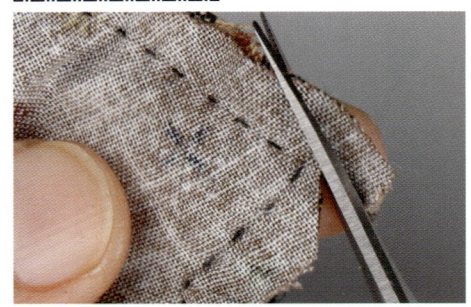

들어간 곳을 이등분하는 느낌으로 자른다. 사진처럼 깊숙한 곳은 모서리에서 2mm 정도 남게 자르고 그리 깊숙하지 않은 곳은 3mm 정도 남게 자른다. 아플리케 천들도 같은 방법으로 가윗집을 준다.

3~5mm 간격으로 완성선에서 3mm 띄운 곳까지 자른다. 아플리케는 시접 자체를 3~5mm정도만 두므로 볼록한 부분에는 따로 가윗집을 주지 않아도 된다.

모통이 꿰맨 곳에서 2mm 정도만 남겨두고 산 모양으로 깍아준다. 아플리케의 경우에는 모서리 끝에서 3mm 가량 남긴다.

 Tip 이 책에 수록된 볼마커처럼 조그만 작품들의 경우는
시접을 0.3cm 만 남겨두고 정리한 후 가윗집을 생략하기도 한다.

시침하는 방법

퀼팅하기 전에 충분히 시침을 해야 퀼트의 완성도를 높일 수 있다.
시침한 것은 퀼팅이 끝난 후에 제거한다.

a.시침실(굵으며 잘 뜯어지는 실)에 매듭을 굵게 짓는다.

b.좌우를 시침한 후 상하를 시침한다. 중앙에서 바깥쪽으로 향하도록하여 안감까지 떠지도록 듬성듬성 홈질한다. 끝에서는 되박음한 후 실을 자른다.

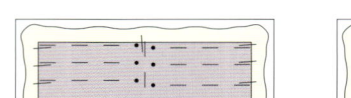
안감
퀼팅솜
Top

c-1.작은 작품은 가로와 세로로 시침을 진행한다.

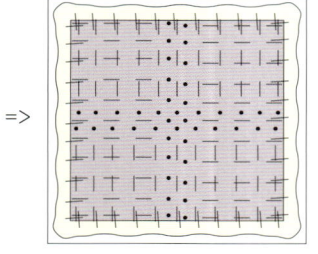

c-2.큰 작품일 경우에는 방사형으로 시침을 하고 수틀을 끼고 퀼팅한다.

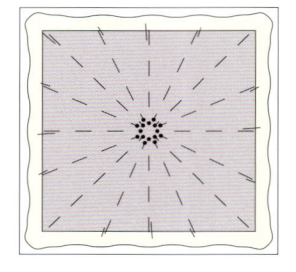
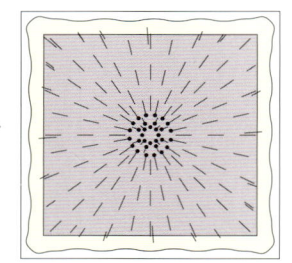

 Tip 바인딩으로 마무리 될 곳에는 Top 끝에서 0.3cm 안쪽을 가는 실(일반 재봉실)로 시침을 해두면 좋다.
바인딩을 하면 가려지므로 퀼팅이 끝나도 제거하지 않고 그대로 둔다.

바인딩용 천 재단하기

바인딩에는 정바이어스 방향이 가장 좋다. 그러나 정바이어스 방향으로 재단하기 위해서는 천의 필요량이 많아지므로 곡선을 포함하지 않은 직선을 바인딩할 때는 푸서방향(약간 신축성이 있는 결방향)을 사용하기도 한다. 식서방향(신축성이 없는 결방향)은 바인딩으로 사용해서는 안된다. 곡선이 포함된 곳을 바인딩할 때는 꼭 정바이어스 방향으로 재단하여야 한다.

주의 : 바인딩을 푸서방향으로 재단한 경우에는 꼭 핀을 탱탱하게 꽂아가며 바느질해야 완성했을 때 쭈글거리지 않는다.

정바이어스 재단하는 방법:

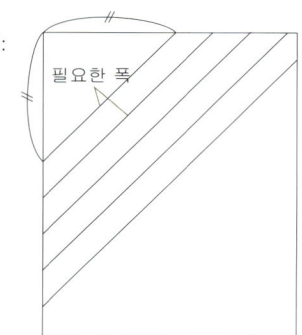
필요한 폭

a.필요한 폭으로 길이보다 조금 여유있게 계산하여 자른다.
보통 바인딩은 3.5cm폭을 사용한다.

b.연결한다.

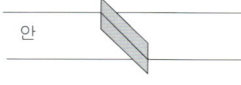
0.7cm
안   겉

c.시접은 가른다.

안

d.튀어나온 곳은 자른다.

안

원통형 바인딩하는 방법

적용 예 : 허니베어 필통, 다이아몬드 파우치 & 쇼퍼백

① 바인딩 천의 안쪽에 0.7cm 선을 그린다.

바인딩 천의 안   0.7cm

② 0.7cm 접고 핀을 꽂은 후 2cm 남겨 두고 꿰매기 시작한다.

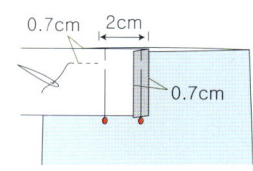

③ 끝에서도 시작처럼 2cm 남겨둔 곳까지만 꿰매고 시작 부분과 맞춰 접은 후 0.7cm 남기고 여유분은 자른다.

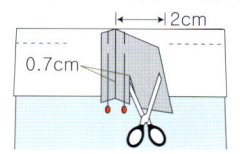

④ 처음 접은 부분과 끝에서 접은 부분을 들춰서 연결한다.

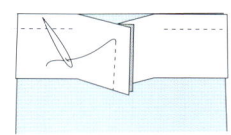

⑤ 시접들 가름솔로 넘긴 후 꿰매지 않은 나머지를 꿰맨다.

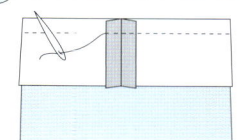

⑥ 뒤집어 안쪽에서 0.7cm씩 접어 넣어가며 공그르기 한다.

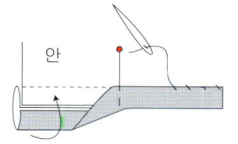

안

각진 곳 바인딩하는 방법

적용 예 : 모노톤 장지갑, 사랑스런 리본 쿠션

① 바인딩 천의 안쪽에 0.7cm 선을 그린다.

바인딩 천의 안   0.7cm

② 0.7cm 접고 핀을 꽂는다. 2cm가량 남겨놓고 꿰매기 시작하여 끝에서 0.7cm 남겨둔 곳까지만 반박음질로 꿰맨 후 되박음하여 바늘은 뒤로 빼놓는다.

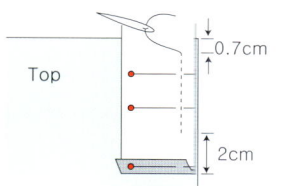

Top   0.7cm   2cm

③ Top과 바인딩 끝 부분이 나란하게 넘긴다.

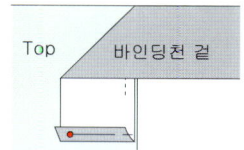

Top   바인딩천 겉

④ 그림처럼 다시 넘긴다.

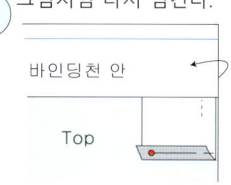

바인딩천 안   Top

⑤ 끝부터 꿰매기 시작하여 다른 쪽 끝에서 0.7cm 남겨놓은 곳까지 꿰맨 후 되박음질하여 바늘은 뒤로 빼놓는다.

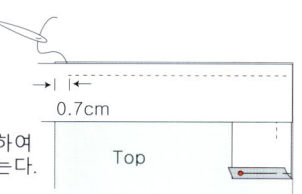

0.7cm   Top

⑥ 3~5를 반복하여 코너를 처리하고 마지막에는 시작할 때처럼 2cm 남겨둔 곳까지만 꿰맨 후 0.7cm 접고 나머지 여유분은 정리한다.

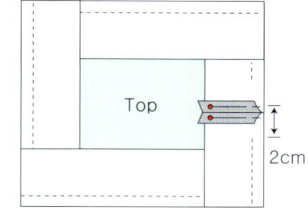

Top   2cm

⑦ 양 끝을 들춰서 연결한다.

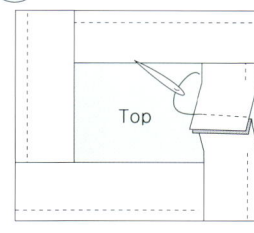

Top

⑧ 시접은 가른 후 꿰매지 않았던 처음과 끝 부분 4cm를 마저 꿰맨다.

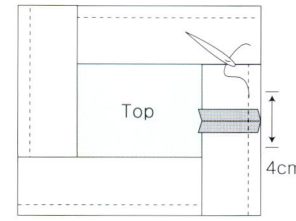

Top   4cm

⑨ 뒤집어 안쪽에서 0.7cm를 접어 넣어가며 공그르기 한다.

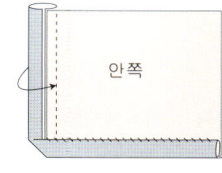 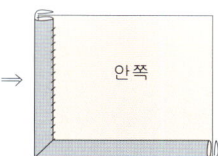

안쪽   →   안쪽

둥근 곳 바인딩하는 방법

적용 예 : 스위트홈 통장집, 엔젤래빗 반지갑

처음과 끝은 각진 곳 바인딩하는 방법과 동일

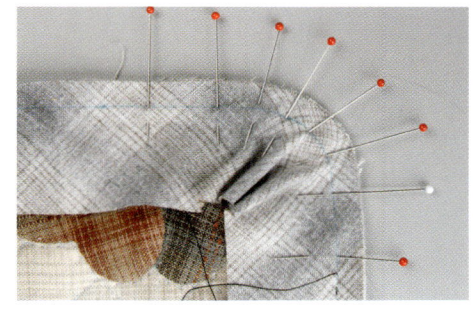

바인딩 천을 바깥쪽에 맞춰가며 핀을 촘촘히 꽂는다. (이때 안쪽은 쭈글거리며 여유가 있는 상태)

뒤집어 안쪽에서 0.7cm 접어 넣어가며 핀을 꽂은 후 공그르기한다.

지퍼 꿰매는 방법

적용 예 : 허니베어 필통, 다이아몬드 파우치 & 쇼퍼백

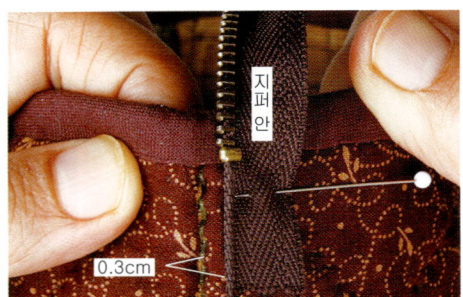

① 지퍼 쇠끝을 옆선과 나란하게 하여 핀을 꽂는다. 옆선에서 0.3cm 정도 띄운다.

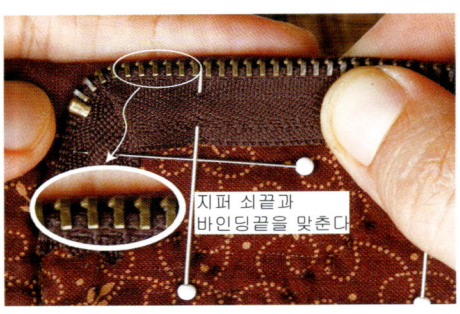

② 사진처럼 꺾어 핀을 꽂는다. 지퍼 쇠끝과 바인딩 끝을 맞춰가며 탱탱하게 핀을 꽂아 나간다.

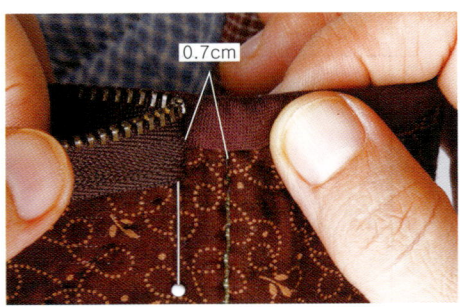

③ 옆면 연결선에서 0.7cm 띄운 곳까지만 핀을 꽂는다.

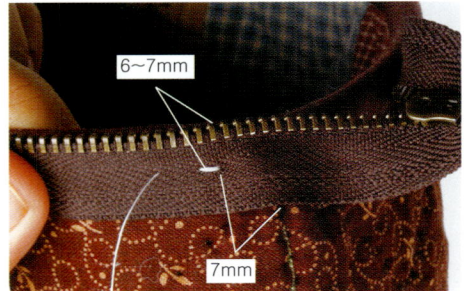

④ 지퍼 쇠끝에서 0.6~0.7cm 내려온 위치를 옆면에서 0.7cm 띄운 곳부터 꿰매기 시작한다. 처음은 튼튼하게 여러 번 되박음하여 꿰맨다.

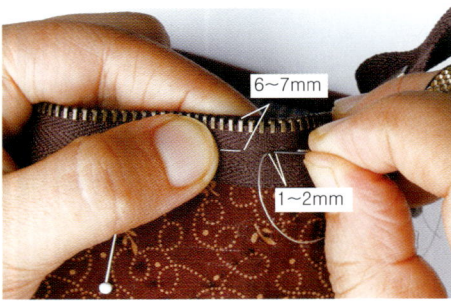

⑤ 홈질로 꿰매도 되나 땀이 너무 크게 떠지면 반박음질로 꿰맨다. 반박음질할 경우 보이는 땀이 0.1cm 정도 되게 뜬다.

⑥ 끝 부분에서도 튼튼하게 여러 번 꿰맨다.

⑦ 지퍼 아래는 들뜨지 않도록 홈질로 정리한다.

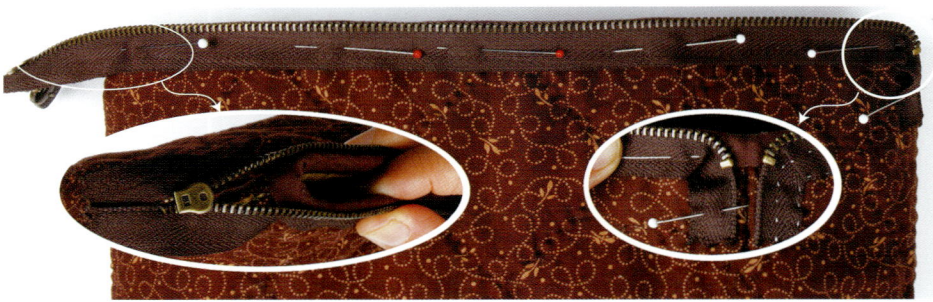

⑧ 반대쪽 지퍼는 양 끝을 각각 꿰매진 쪽과 같도록 맞춰 핀을 꽂고 난 후 나머지 사이를 맞춰 꽂는다. 지퍼를 꿰매기 전에 앞 뒤가 잘 맞는지 확인하기 위해 핀은 지퍼와 나란히 꽂는다.

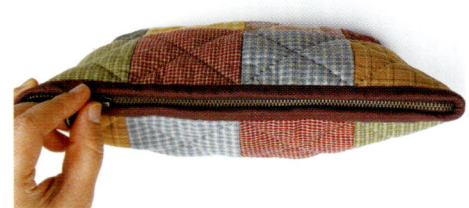

⑨ 겉으로 뒤집어 지퍼를 닫아본다. 앞 뒤가 잘 맞았는지 확인 후 잘 맞지 않았으면 핀을 다시 꽂고 또 확인하여 앞 뒤를 꼭 맞춘다.

⑩ 같은 방법으로 지퍼를 꿰맨다. 지퍼가 맞물려 있는 쪽은 옆선에서 0.7cm 남겨둔 곳까지만 꿰매도록 한다. 지퍼 아래는 홈질로 정리한다.

자석 관련 사항

적용 예 : 스마트톡, 자석홀더, 볼마커, 핸드폰 지갑

이 책에 사용된 자석의 종류

원형 네오디움 자석: 볼마커나 메모홀더용 작품에 사용 (이책에서는 지름 20~25mm 두께 1mm 를 주로 사용)

네오디움 자석은 강력한 자력을 지녔으나 수분에 부식될 수 있고 열에 약하고 잘 깨지기 쉽다.
볼마커는 작고 납작하게 만들어야하므로 지름 20mm 두께 1mm를 주로 사용한다.

부식 방지 방법 :

1. 투명 매니큐어를 칠해 코팅해준다.

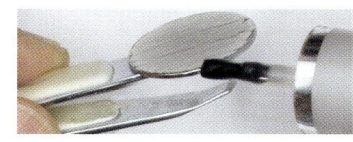

자석이 붙는 핀셋이나 족집게 같은 것에 붙여서 칠을 해주면 편리하다.
측면을 먼저 바른 후 한쪽 면을 바른다. 충분히 굳은 후 반대쪽을 바른다.
(여러개를 작업할 때는 서로 붙지 않도록 주의)

2. 세탁을 하고 난 후에는 수건으로 꾹꾹 눌러 물기를 최대한 없애준다.(깨지지 않게 조심)
3. 시원한 드라이 바람으로 말려준다. (뜨거운 바람 X)

사용시 주의 사항 :

극성 확인하고 부착 : 자성이 없는 철판면에 붙일 때는 어느쪽이든 무관하지만 자성을 띤 곳에 붙일 때는 극성을 확인 후 부착하여야 한다
부식 주의 : 수분에 부식되어 녹이 나기 쉬우므로 주의한다.
열에 약함 : 80도 이상이나 그 이하이더라도 고온에 지속적으로 노출되면 자력이 약해지므로 주의한다.
파손 주의 : 넓고 얇을수록 잘 파손되므로 더 주의한다.

우레탄 고주파 자석: 세탁을 자주해야하거나 탈부착 스마트톡용 작품에 사용

우레탄으로 밀봉해 놓아 세탁이 가능한 자석으로
종류가 다양하지 않고 크기가 크다는 단점이 있다.

우레탄 고주파자석
20mm 실제 모양

강력형 이방성 고무자석: 핸드폰 지갑에 사용 (이책에서는 두께 1.5mm 사용)

자력은 네오디움에 비해 약하지만 세탁과 사이즈에 자유롭다. (등방성 고무자석은 자력이 약하므로 사용 X)

사용시 주의 사항 :
7~80도 이하에서만 사용하고 다른자석과 같이 사용하거나 가까이 두면 자성이 무너지므로 주의한다.

네오디움 자석 천으로 감싸기

네오디움 두께 1mm : 0.6cm
네오디움 두께 2mm : 0.7cm

① 원단에 네오디움 자석을 올려놓고 둘레를 그린 후
   시접을 두고 재단한다.

② 부식방지를 위해 투명 매니큐어로
   코팅한다. 충분히 굳힌 후 다음
   작업을 한다.

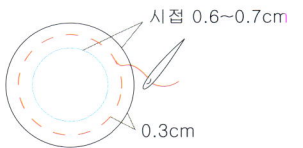

시접 0.6~0.7cm

0.3cm

③ 싸개용 원단 끝에서 0.3cm
   안쪽을 빙둘러 홈질한다.
   (홈질 간격 0.5~0.6cm)

④ 붙일 것과 극성을 확인 후
   잘 붙는 면을 아래로 가게
   자석을 놓는다.

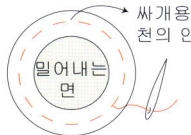

싸개용
천의 안

밀어내는
면

⑤ 실을 잡아당긴 후
   느슨해지지 않게
   되박음하고 마무리한다.

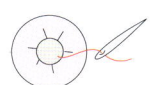

사진과 일러스트 보면서 따라하는

퀼트선물 만들기

초판 1쇄 발행 2011년 6월 1일
개정증보판 1쇄 발행 2021년 9월 17일

지은이·일러스트·사진 ♥ 류현숙
펴낸곳 ♥ 퀼트사랑
편집 및 인쇄감리 ♥ 한길 D&P (02-2274-3833)
작품사진 ♥ G1 Studio 이성우

출판등록 ♥ 2007.6.25 제 2007-4호
편집실 ♥ 경기도 이천시 증포동 신세기타운 A동 퀼트사랑
전화 ♥ 0505-505-3010
팩스 ♥ 0505-505-3011
메일 ♥ quiltbook@daum.net
홈페이지 ♥ www.quiltsarang.co.kr

ISBN 978-89-960042-6-4
값 19,000원